KB131660

다른 몸들을 위한 디자인

다른 몸들을 위한 디자인

1판 1쇄 인쇄 2023. 1. 30.
1판 1쇄 발행 2023. 2. 7.

지은이 사라 헨드렌
옮긴이 조은영

발행인 고세규
편집 이승환 | 디자인 조은아 | 마케팅 정희윤 | 홍보 장예림
발행처 김영사
등록 1979년 5월 17일(제406-2003-036호)
주소 경기도 파주시 문발로 197(문발동) 우편번호 10881
전화 마케팅부 031)955-3100, 편집부 031)955-3200 | 팩스 031)955-3111

이 책의 한국어판 저작권은 (주)이와이에이를 통한 저작권사와의 독점 계약으로 김영사에 있습니다.
저작권법에 의해 한국 내에서 보호를 받는 저작물이므로 무단전재와 무단복제를 금합니다.

값은 뒤표지에 있습니다.
ISBN 978-89-349-4339-6 03330

홈페이지 www.gimmyoung.com   블로그 blog.naver.com/gybook
인스타그램 instagram.com/gimmyoung   이메일 bestbook@gimmyoung.com

좋은 독자가 좋은 책을 만듭니다.
김영사는 독자 여러분의 의견에 항상 귀 기울이고 있습니다.

다른 몸들을 위한 디자인

What Can a Body Do?

장애,
세상을
재설계하다

사라 헨드렌
조은영 옮김

Sara Hendren

김영사

나를 믿어준 내 학생들과
에이다에게 이 책을 바칩니다.

∞

영어로 '빌딩building'이라는 말에는 건설이라는 '짓는build 행위'와 건물이라는 '지어진 것built'의 이중 현실이 들어 있다. 동사이자 명사이며, 행위이자 결과이다. '건축architecture'은 영속성을 추구하지만, '빌딩'은 언제나 짓고 또다시 짓는 과정이다. 아이디어는 고체이고 팩트는 유체이다. 팩트에 맞춰 아이디어가 수정될 수 있을까?

_스튜어트 브랜드, 《건물은 어떻게 배우는가How Buildings Learn》

장애는 용감한 투쟁도 '역경에 맞서는 용기'도 아니다. 장애는 예술, 즉 기발한 삶의 방식이다.

_닐 마커스, 무용가

What Can a Body Do?

차례

작가의 말

'우리 몸은 기존에 지어진 세계와 어디에서 어떻게 만나는가'라
는 이 책의 주제는 코로나19 팬데믹 상황에 보란 듯이 미해결
상태로 돌아갔다. 우리는 마스크와 장갑을 끼고 조심스레 밖을
나서면서 마트와 공원, 거리에서 일어날 모든 신체 접촉의 순간
을 계산한다. 또 조만간 시작될 '뉴노멀' 단계를 궁금해한다. 공
공장소에서는 어떻게 행동해야 하며, 서로 얼마나 거리를 두어
야 하는가. 확실한 것은 아무것도 없다.

　　나는 가까운 미래에 관한 담론과 예상되는 타임라인을 들
으며 오래전부터 나를 부르던 사람들의 이야기로 계속해서 되돌
아갔다. 세상에 제 몸을 적응시키고 또 그 몸을 위해 세상을 새롭
게 만드는 방법에 관해 누구보다 많은 지혜를 보여준 그 사람들
이 이 책의 주인공이다. 최신 뉴스에서 벗어나 낯선 자료와 함께
과거를 돌아보고 저 너머를 살피는 일은 현재를 뛰어넘는 통찰력
으로 미래를 내다보는 데 도움이 될 수 있다. 장애인은 언제나 자
신의 몸과 구축된 세계 사이에 자리한 장벽을 마주하고 살아왔
다. 그들이 오랫동안 던져온 질문이 우리 모두에게 새삼 강렬하
게 다가온다. 잃은 것을 복원하는 것만이 바람직한 미래인가? 아
니면 거듭 상상되길 요청하는 새로운 가능성들이 있을까? 우리가

함께 개조해나갈 곳을 발견할 단서는 어디에나 있다. 신경써서 살펴보기만 한다면.

2020년 5월, 매사추세츠주 케임브리지에서

누구를 위해
지어진 세계인가?

'작은 사람', 저신장 장애인을 위한
강연대와 놀라운 실험실.
장애는 어디에 있는가?
보편적 보조의 대상인 우리 몸.

다만 어느 날 문득 '왜'라는 의문이 솟아오르고,
놀라움이 동반된 권태의 느낌 속에서 모든 일이 시작된다.
– 알베르 카뮈

키가 작은 어맨다를 위해 탄소섬유판으로
제작한 휴대용 강연대.
세 번의 조작으로 설치할 수 있다.
경첩으로 연결된 판을 펼친 다음,
숨어 있는 자석으로 고정한다.

세상의 모든 몸은 제 주위의 건설환경built environment(자연환경 이외의 모든 인공적인 환경을 가리키는 용어-옮긴이)과 매일 불화하며 살아간다. 우리 몸은 계단과 싱크대, 지하철 승강장 같은 장애물을 때로는 쉽고 우아하게, 때로는 힘겹고 서투르게 지나간다. 이렇게 보면 모든 장기를 끌어담고 꾸역꾸역 목적지를 향하는 우리 몸뚱이는 기적이자 일상이다. 어쩌면 당신은 날카로운 칼을 다루면서 그 그립감을 즐길지도 모르고, 사무실 의자에 앉거나 일어설 때 자기도 모르게 움찔하며 놀랄 수도 있다. 출입구와 시설물 주변의 혼잡, 붐비는 거리에서 서로 부대끼는 사람들의 소란스러운 움직임을 저 위에서 내려다보면 수백만 배로 증폭된 춤, 끝없이 펼쳐지는 안무가 보이리라. 우리가 건설환경을 만나는 방식은 몸과 세상, 둘 모두에 달린 문제이다. 어느 누구에게나 완벽하게 맞춤한 해결책은 없다. 하지만 우리 몸이 물체를 만날 때 살갗이 금속과 콘크리트, 플라스틱과 접촉하는 순간의 영상을 느리게 재생할 수 있다면 그 안에 꼭꼭 채워진 정보들이 보일 것이다. 이 사실을 어맨다보다 잘 아는 사람은 없다. 추위가 매서웠던 1월의 어느 날, 내가 일하는 보스턴 외곽의 대학 캠퍼스로 그가 찾아왔다. 어맨다는 그 학기에 개설된 내 디자인 수업에서 20여 명의 공대생과 협업하기 위해 초대된 첫 손님이었다.

어맨다는 미술사학자이자 현대미술 큐레이터이다. 오스트레일리아에서 태어나 캘리포니아주로 이주한 지 오래지만, 여전히 말투에는 고향의 억양이 남아 있었다. 현대미술에 종사하는 사람답게 기하학무늬의 옷을 입고 학생들 앞에서 편안하게 이야기하는 모습에서 전문가다운 분위기가 물씬 풍겼다. 어맨다는 '작은 사람 Little People', 저신장 장애인이다. 120센티미터 남짓한 키는 평균 신장의 범위에서 한참 벗어난다. 강의실에 등장한 어맨다는 이 강의의 커리큘럼 자체였다. 공간의 규모, 전등 스위치의 높이, 전기 콘센트의 위치, 책상과 의자 크기까지, 그의 존재가 여느 평범한 강의실을 새삼스럽게 바라보게 했기 때문이다. 실제로 생소하다는 듯 주위를 돌아보는 학생도 있었다.

　어맨다는 노트북에 준비해온 슬라이드를 보여주며 예술가나 박물관과 협업하여 전시에 생기를 불어넣는 일 등 전반적인 큐레이터의 업무를 시각적으로 설명했다. 작품을 일반적인 높이보다 낮게 설치하여 저신장 장애인은 물론이고 휠체어를 탄 사람이나 아이들도 쉽게 볼 수 있게 시도한 현대사진전을 예로 들기도 했다. 학생들은 어맨다가 하는 일뿐 아니라 평소의 일상과 이 세상에서 그의 몸이 겪는 일에도 궁금증을 품고 있었다. 어맨다는 단순한 초청 강사가 아니었기 때문이다. 그는 우리와 함께할 아이디어를 들고 왔다. 어맨다 자신과 나, 그리고 학생들이 참여할 프로젝트에 대한 제안이었다. 어맨다는 가구한 점을 의뢰했다.[1] 어맨다의 직업과 신체적 특수성에서 기인한 필요를 충족할 도구, 즉 미술관에 전시를 보러 온 관람객을 환영하거나 발표할 때 사용할 강연대였다.

　강연대는 뜨거운 분위기에 어울리는 물건이다. 점심 일정이 늦어지기 전에 행사를 마무리하려고 진행자가 마이크를 두드리며 청중을 조용히 시키는 그런 곳에 어울리는 가구다. 졸업식, 판촉 행사, 세미나, 설교 등 수많은 공식 의례에서 확실한 보조 기능을 하기 때문에 굳이 언급할 가치도 없어 보인다. 전 세계 호텔 회의실과 강당의 평범한 배경의 일부로서 천편일률적인 형태를 하고 놓여 있는 강연대가 얼마나 많을지 상상해보라. 하지만 강연대는 또한 그 뒤에 서게 될 사람에 대한 기대상을 물체의 형태로 가감 없이 보여주는 사물이기도 하다. 강연대는 이 세계가 신장 150센티미터 이상인 사람들을 위해 설계되었다고 말한다.

어맨다는 제 키에 맞는 강연대를 원했다. 일반적인 강연대 뒤에 별도로 장비를 설치해 공간의 어색한 규모에 매번 제 몸을 맞춰야 하는 불편함 없이 강연할 수 있기를 바랐다. "그 별도의 장비라는 게 보통은 작은 발판 같은 것이겠지요?" 어맨다가 우리에게 말했다. 평생 그런 식으로 적응해왔지만 더는 그러고 싶지 않았던 것이다. 어맨다는 보다 유연한 디자인을 원했다. 대학원 석사 논문 발표 때 사용하려고 그는 바퀴 달린 원목 강연대를 주문한 적이 있다. 그날의 발표에 쓰기에는 더없이 만족스러웠지만 무거워서 휴대할 수가 없었다. 그래서 새로운 디자인을 찾아 우리 수업에 온 것이다. 새 강연대는 높이가 어맨다의 키에 맞아야 한다는 기본 조건은 물론이고 그 이상의 기능을 수행해야 했다. 출장 갈 때 가지고 다니려면 간단한 형태로 접히고, 우아하고 단순한 조작으로 설치할 수 있고, 들고 다니기 쉽도록 가볍고, 종이를 올릴 수 있게 넓어야 하고,

노트북과 물병의 무게를 버티고 여러 번 사용해도 망가지지 않을 만큼 튼튼해야 했다. 기성품 중에서는 이런 조건에 맞는 물건이 없었다.

학생들은 이 도전의 기술적 제약에 이내 관심을 보였다. 추운 겨울 아침 수업인데도 강의실이 후끈 달아올랐다. 그러나 기술적 조건 외에도 학생들이 알아야 할 것이 더 있었다. 어맨다는 자신에게 장애가 있다고disabled 말한다. 다른 능력을 갖췄다거나differently abled, 특수한 어려움을 겪는다는specially challenged 식으로 돌려 표현하지 않는다.* 다른 장애인처럼 어맨

---

* 이 책에서 나는 '장애인disabled'이라는 말과 '장애가 있는 사람people with disabilities'이라는 말을 혼용할 것이다. 또한 '정상인normal'이라는 말 대신 '비장애인nondisabled'이라고 쓸 것이다. 많은 이들이 어맨다와 같은 이유로 '장애인'이라는 말을 쓰고, 또 써야 한다고 주장한다. 어맨다의 몸 상태를 기술하기 위해서가 아니라 우리 문화가 "장애를 가하는 것은 세상이다"라는 현실을 인지하게 하기 위함이다. 어떤 이들은 진단된 상태보다 사람을 강조하기 위해 '인간 본위'의 언어를 선호한다. 그러나 나는 '불구의handicapped', 또는 '특수한 요구special needs'라는 단어를 사용하지 않으려고 한다. 이런 말들은 장애라는 '문제'의 중심을 개인에게 두기 때문이다. 물론 이런 표현을 사용하는 사람도 많다. 나는 장애인을 지칭하는 용어들을 내 장애인 친구와 멘토들로부터 배웠지만 이것이 절대적으로 옳은 것은 아니다! 언어는 까다롭고 또 진화한다. 언어는 문화가 사람들에 대한 이야기를 서로에게 전달하는 방식의 중요한 부분이다. 또한 이 책에서 시간을 많이 들여 다룰 주제는 아니지만, 언어에서는 정치적 변화가 일어나기도 한다. 올바른 용어를 사용하고 싶은 비장애인 독자에게 조언하자면, 가장 좋은 방법은 장애가 있는 사람에게 직접 자신을 어떤 말로 설명하면 좋을지 겸손하고 정중하게 묻는 것이다. 그리고 그릇된 용어를 바로잡는 데 그치는 것이 아니라, 장애의 여부와 상관없이 자신의 삶을 장애인 권익 옹호 활동과 밀접하게 연결된 것으로 보는 데 에너지와 시간을 써보기 바란다. 장애에 대한 새로운 깨달음이 당신의 삶을 어떻게 바꿀 수 있을까?

다도 장애라는 말을 스스로 선택해서 사용하고, '왜소증dwarfism 이 있는 사람'이라는 표현보다 선호한다. 장애가 있다는 말은 어맨다에게 자신을 낮잡아 부르는 말이 전혀 아니다. 어맨다 는 자신을 장애인으로 만드는 세상에서 살고 있다고 거침없이 말할 것이다. 그는 매일 수십 가지 방법을 동원해 기존의 건설 환경에 맞춰서 살아야 한다. 그의 몸이 이 세상을 만나는 방식 이 바로 어맨다를 장애인으로 만들고 있다. 또 어맨다는 자신에 게 장애가 있다는 말이, 어맨다 자신과 비슷하든 아니든 기존의 '지어진 세계built world'와 쉽게 어울리지 못하는 몸을 가진 다른 이들과 그 불화의 경험을 공유한다는 뜻임을 알고 있다. 그것은 비장애인 학생이라면 오래 숙고해야 이해할 수 있고, 겉으로 드 러나든 아니든 장애가 있는 학생은 늘 인지하고 있는 미묘한 사 실이다. 그러나 그 예상치 못했던 언어가 예상치 못한 프로젝트 로 이어졌다. 우리 앞에 놓인 과제는 어맨다의 몸을 방에 맞추 는 도구가 아니라, 반대로 일시적으로나마 방을 어맨다에 맞추 는 도구였다.

　　학생들은 당연히 보철장치, 즉 보조기술 장치의 설계와 제작에 자신의 공학 실력을 발휘할 요량으로 이 수업을 신청했 다. 보철장치란 몸이 정상적인normal 기능의 범위에서 벗어나는 사람들을 위한 도구와 장치를 말한다. 학생들은 이 수업을 자신 이 지금까지 배운 모든 기술을 적용할 좋은 기회로 여겼다. 복 잡한 수학 방정식, 목재와 금속으로 실습한 기술들, 물리적 세 계의 밑바탕을 이루는 아름다운 문법으로서 자신이 아는 역학

원리를 총동원할 생각이었을 것이다. 어맨다와의 첫 회의에서 학생들의 마음은 이미 질주하고 있었다. 의뢰인은 풍선처럼 부푸는 강연대를 기대할까? 아니면 원터치 텐트처럼 자동으로 프레임이 펼쳐지는 스타일? 학생들은 어디까지나 선의를 실천하고자 직접 물건을 제작할 기회를 찾아 이 수업을 신청했다.

그러나 어맨다는 학생들의 계산에 없던 존재였다. 그는 노련한 대중 강연자로서 강의실을 휘어잡았다. 그리고 이 강의실에서 제 몸 그대로의 편안한 상태로 우리에게 단 하나의 특별한 의뢰를 했다. 어맨다는 당연히 쓸모 있는 물건을 원했다. 그러나 단순히 기능만을 조건으로 내세우지 않았다. 그 요청은 어맨다의 소망에서 나왔다. 미미하게나마 세상의 모습이 지금보다 유연해질 수 있지 않을까 하는 바람에서 시작된 상상력의 소산이었다. 선의를 가진 학생들이 막연히 짐작했던 것과 달리, 어맨다가 원하는 것은 의료기기로서의 보철장치가 아니었다. 어맨다는 오직 소수만 공유하는 특수한 상황에 맞는 물건을 함께 만들자고 제안했다. 키가 작은 사람을 위한 강연대. 한 사람을 위한 맞춤형 디자인이다. 적어도 처음 볼 때는 그랬다.

디자이너는 '브리프brief'라는 것을 손에 들고 일한다. 브리프는 고객이나 공동작업자가 과제의 목적을 간단명료하게 제시한 문서로 건물, 놀이터, 제품 등 협업의 목표를 이루는 데 필요한 것들이 적혀 있다. 디자이너에게 주어진 과제를 해결해야 할 "문제"라고 불러도 좋다. 실제 많은 사람이 그렇게 부른

다. 그러나 디자인을 오직 **문제** 해결의 측면에서 접근하다 보면
핵심을 놓치기 쉽다. 좋게 말해 브리프는 수없이 많은 방식으
로 처리할 수 있는 **질문으로** 채워져 있다. 브리프는 요구사항을
레시피 스타일로 적어둔 목록이 아니라, 디자인이 나아갈 길이
자 상상의 결과물이며 목표를 향해 열린 자세로 작업하라는 권
고문이다. 다양한 해석의 여지가 있다는 것이 불안할 수는 있겠
지만, 내가 공대생에게 애써 가르치려는 것이 이런 종류의 생성
적generative 만남이다. 디자인 팀의 작업이 시작되면 밑그림과
커피 컵이 널브러진 정신없는 작업대에서 제작과 회의가 끝없
이 이어진다. 바로 그 안에 우리 앞에 놓인 도전이 있고, 목적지
에 가기 위해 선택해야 하는 수많은 길이 있다. 팀은 실용적 디
자인과 심미적 디자인을 두고 선택의 갈림길에 선다. 제 기능을
다하면서 서사까지 끌어낼 물건을 만드는 가장 좋은 방법은 무
엇일까? 그 물건은 어떤 식으로 작용할까? 그게 왜 중요할까?
어디서부터 시작해야 할까? 다양한 분야에서 활동하는 디자인
전문가들의 공통된 의견에 따르면 디자인에는 역사학자 존 헤
스킷John Heskett이 "유용성과 유의성utility and significance"[2]이라고
요약한 두 가지 요소가 모두 혼합되어 있어야 한다. 우리가 일
상에서 사용하는 물건은 일을 하는 도구로서의 실용성과 표현
력을 모두 겸비해야 한다는 주장의 간결하고 상식적인 표현이
다. 그러나 생각해보라. 디자인에 요구되는 이 두 덕목은 소위
매머드급 과제다. 제대로 작동하는 것은 기본이고 우아한 존재
감과 다루는 맛이 있으며, 편리하고 튀지 않고 저렴하면서도 사

용자로 하여금 선뜻 집어들게 하고, 또 뭔가 생각하게 하는 매력 넘치는 물건을 만드는 게 과연 쉬운 일일까? 하지만 이런 버거운 조합은 많은 사람이 디자인에 흥미를 느끼는 이유이기도 하다. 디자인은 그저 기능이 더 뛰어난 쥐덫better mousetrap(매력적인 신제품을 뜻하는 말이지만 주로 기업의 제품 중심적 사고를 꼬집는 표현으로 쓰인다-옮긴이)을 만드는 임무도, 닥치는 대로 시도하는 실험도 아니다. 휴대전화 케이스나 토스터 오븐을 위한 새롭고 번드르르하기만 한 배색의 문제만도 아니다. 디자인은 저것들을 다 요구한다. 유용성과 유의성을 제대로 혼합하려면 저울질을 잘해야 하고 적절한 기회도 있어야 한다. 결코 만만치 않은 조합이다.

어맨다가 제시한 브리프는 비교적 구체적이고 평범했지만 보철 디자인 맥락에서는 굉장히 참신했다. 내 수업을 수강하는 공대생들은 어디까지나 기술 자체만을 염두에 두고 수업에 들어왔고, 의수나 의족, 보청기나 길잡이용 지팡이처럼 감각장애를 교정하는 장비에 관심이 있었다. 수업 초반에 이야기를 나눠보니 학생들은 배운 기술을 이용해 치료 차원에서 신체 기능을 복원하는 도구를 제작할 생각이었다. 이들은 함께 작업할 사람들을 위해 재능을 기부하고 그 과정에서 작은 것이라도 배울 수 있는 만남을 기대했다.* 당연히 내 수업이나 연구실에서도 그런 종류의 보철장치를 다룬다. 우리는 앞이 보이지 않는 사람들이 이메일을 읽을 때 사용하는 초고속 문자-음성 변환 소프트웨어나 최신 디자인의 휠체어 등 최첨단 기술로 생산된 보철

장비를 사용하는 사람들에 관한 기사를 읽거나 그들과 직접 만나서 이야기한다. 어쨌거나 이 수업은 공학 수업이고, 이곳에서 기술은 모어母語이자 우리가 물려받은 학습 방식이다. 그러나 보조공학에 따뜻한 영웅주의가 추가되면 효과가 증폭된다. 장애의 경험에 기계의 기능이 감성적으로 결합한 사례가 강조되는 것이다.[3] 그러면 학생들은 주어진 과제를 어디까지나 공학 중심으로 생각하면서, 망가지고 결함 있는 몸을 치료하고 암묵적으로는 죽음까지 방지하는 도구를 만들어 문제를 해결한다고 확신하기 쉽다. 이런 유의 기술 이야기가 그렇게 인상적인 것도 그래서이다. 눈앞에서 도움과 보조의 깃발이 휘날리고 있으니 당연하다.[4]

     그러나 어맨다의 브리프는 부분적으로 그런 기대를 뒤엎었기 때문에 나와 학생들 모두 거부할 수 없이 빠져들어갔다. 어맨다가 원하는 것은 제 몸을 고치거나 교정하는 것이 아니었다. 어맨다는 조금도 그럴 생각이 없었다. 독자가 굳이 고집한다면, 어맨다의 강연대를 두고 순수한 보철장치라고 말할 수도

---

*   앨리슨 케이퍼Alison Kafer가 "치유적 상상curative imaginary"이라고 이름 붙인 것에 많은 이들이 지나치게 의존하는 경향을 두고 케이퍼를 비롯한 많은 장애학자가 비판의 목소리를 높였다. 케이퍼는 치유적 상상이란 "장애를 개입이 예상되고 전제될 뿐 아니라 개입 외에는 달리 상상하거나 파악할 수 없는 상태로 판단하는 태도"라고 썼다. 케이퍼와 다른 이들도 어떤 상황에서는 치료를 기대하는 게 마땅하다고 본다. 다만 늘 그런 것은 아니라는 말이다. 장애를 치료의 대상이 아닌 풍부한 경험의 차원으로 이해하는 태도는 아직 주류 문화에 발을 붙이지 못했다. 이 주제는 '시계' 장에서 좀 더 논의할 생각이다.

있다. 그러나 그 보조는 어디까지나 어맨다가 바라는 선에서만 만족스러울 것이다. 우리는 있는 힘껏 상상해야만 하는 물건을 주문받았다. 도구와 건축물 사이에서 기존의 지어진 세계가 배열되는 표준 규격을 단호히 거부하고, 어맨다의 몸과 공간이 전과는 다르게 만나는 방법을 제안해야 했다.

아마도 학생들은 이 프로젝트를 하나의 사고실험이자 해당 학기의 기억에 남을 만한 매력적인 과제로 시작했을 것이다. 그러나 몇 주, 몇 달이 지나면서 이들은 어맨다의 브리프에는 의뢰인을 넘어서는 의미가 있음을 알았다. 이 강연대는 어맨다라는 한 사람만을 위해 제작된 유일무이한 물건이지만, 프로젝트 전체에는 우리 몸의 모든 것, 수업에 참가한 학생 각자가 자신에 대해 새롭고도 생산적인 방식으로 생각하게 하는 숨은 의미가 있었다. 어맨다는 질문을 던졌고, 우리도 같은 질문을 하도록 가르치고 있었다. 이 세상은 누구를 위해 설계되었는가?

평균적인 보통의 몸과 마음을 뜻하는 정상성normalcy 개념은 너무 흔하고 일상적이어서 집단 문화의 상상 속에 고이 잠들어 있다. 그러나 삶의 이상적 기준이 된 정상성의 역사는 독자가 상상하는 것보다 훨씬 짧다. 이를테면 우리가 정상적인 발달 곡선(소아과 정기 검진에서 내 아이의 신체 치수가 그 정상 범위에 들기를 바라는 곡선)의 '궤도상'에 있는지를 따지게 된 것은 200년도 채 되지 않는 현대 특유의 현상이다. 사회과학자들은 19세기 초부터 인구에 관한 정보를 수집하고 연구하기 시작했는데, 이런 측정값이 특히 의학에 유용할 거라고 보았기 때문이다. 흔하면 '정상'이고 드물면 이상치가 되는 통계의 '종형 곡선'(정규분포 곡선)이 도대체 어떤 면에서 의사에게 인간과 인간의 질병에 관한 통찰과 이해를 줄 수 있을까?[5]

　　장애학자 레너드 데이비스Lennard Davis는 "19세기 이전에는 서구 문화에서 '이상理想'의 개념이 신체를 지배하는 주요 패러다임이었다"라고 썼다. "따라서 당시에는 모든 인간의 몸이 이상적이지 못했다." 표준이 규정되지 않은 상태에서는 어느 인간의 몸이든 초인적 존재, 즉 신과 영웅들이 가진 완벽한 몸의 그림자일 뿐이다. 그러나 현대 통계학의 등장으로 비교의 대상이 누구도 범접할 수 없는 고귀하고 추상적인 존재에서 주변 사람으로 바뀌었고, 다른 사람을 상대적으로 관찰함으로써 '정상성'을 판단하는 비교 분석이 시작되었다.

　　지금이야 정상성을 결정하는 이 친숙한 비교가 너무 흔해서 시대를 초월한 보편적인 개념으로 느껴지지만, 유럽에서 '정상'이란 단어는 1840년 이후에야 인간의 특성을 기술하는 데 사용되었다. (그 전에 '정상normal'이란 예컨대 목수가 수직이나 직각을 나타낼 때 쓰는 기술 용어였다.)[6] 당시 프랑스 영토였던 헨트 출신의 벨기에 통계학자 아돌프 케틀레Adolphe Quetelet는 과학에서 평균을 계산하는 과정, 예를 들면 천문학자가 측정의 오류를 최소화하기 위해 사용한 방식을 수정해 인간 형질의 과학을 통계학으로 개조해버렸다. 케틀레는 자신이 주창한 '평균인l'homme moyen' 개념은 측정 가능하며, 따라서 신체적 도덕적 자질 면에서 사람의 등급을 매길 수 있다고 주장했다. 역사학자 피터 크라일Peter Cryle과 엘리자베스 스티븐스Elizabeth Stephens는 19세기를 거치면서 인간 연구의 초점이 이 평균적 인간에 맞춰졌고, "이 정상형을 인구 전체의 참고 기준으로 삼으면서 연구 대상의 폭이 좁아졌다"라고 말한다. 이들에 따르면, 이런 축소의 파급효과는 큰 결과를 불러왔다. "정상성 규칙이 적용되면, 단순한 산술평균 이상의 '자연스러운' 평균을 보여주는 규칙적인 분포가 나타날 것으로 예상할 수 있다."[7]

인간 집단에서 일반화된 특성을 파악하는 것은 사회과학의 예측력에 유용하며, 그 일반성generality이 '정상' 또는 '보통'의 유산이 되었다. 통계는 독감의 계절적 조류를 이해하거나 교통량 패턴의 최적화된 관리를 결정하는 데 필요하다. 그러나 통계적 사고 습관이 광범위하게 적용되면 중요하기로는 마찬가지인 개별성이 가려지는 소외효과를 낳는다. 사회과학자들은 이것을 "집계화의 오류aggregative fallacy"라고 부른다.[8] 집계화의 오류란 한 집단의 특징은 필연적으로 그 집단에 속한 개인에게도 적용된다는 잘못된 가정이다. 집단을 나타내는 특성에도 가치는 있지만, 통계는 개인의 삶에 대해서는 아무것도 말하지 못한다. 우리는 매일 이러한 긴장 속에서 살며 논쟁하고 있다. 자신을 볼 때, 자신만의 특이성이나 유일성을 강조하는 게 중요할까? 아니면 자신을 집단의 일부로서 인식하는 게 중요할까? 개별성과 집단성, 하나와 다수, 두 개념 모두 사적인 인간으로, 또 시민으로 살아가는 삶에 의미를 부여한다.

　　19세기를 거치며 정상성은 '광범위하고 포괄적인 권한'이라는 유해한 힘을 뒷받침하게 되었고 결국 그 유산이 현대에까지 전해졌다. 평균적인 것은 곧 바람직한 것이 되었고 신장, 체중, 그 밖의 신체적 특징이 다수의 범위에 포함되는 것은 바람직함을 넘어서 의무로까지 여겨졌다.⁹ 찰스 다윈의 '자연선택'은 곧 자연이 내린 유전적 명령이라는 (잘못된) 해석이 문화에 만연해졌다. 정상성은 식별될 수 있고 따라서 명백히 강화되고 장려될 수 있으며, 그렇게 **평균**은 더 좋고 **가장** 좋은 것이라는 생각이 영향력을 지니게 되었다. 케틀레의 유산은 정의로만 따지면 눈에 띄지 않아야 할 평균의 개념을 모순적 이상형으로 만들었다.¹⁰ 평균에 문화적 가치가 생기면서 모든 것이 달라졌다. 공통적인 것이 '자연적인' 것으로, '자연적인' 것이 옳은 것으로 보여지기 시작한 것이다.

　　20세기 초 우생학 운동을 통해 정상성의 공격적 추구가 장애인을 향한 폭력으로 이어지면서 정상성 숭배는 가장 추악한 모습을 드러냈다. '바람직한' 개인과 가족의 유전자만 육성해 국가의 번영을 이룩하려는 의도에서 강제로 시행된 대규모 불임수술과 안락사.¹¹ 이런 끔찍한 발상은 소수의 비주류 사상가가 퍼트린 사악한 생각이 아니었다. 우생학적 사고는 미국 중서부 지방에서 열린 주州 박람회의 유전자 '대회'처럼 악의 없는 형태로 1920년대 미국에서 퍼져나갔다. 이런 대회에서는 상대적인 유전 형질로 "더 나은 아기" 그리고 "더 적합한 가족"을 평가했는데, 이는 그 옆에서 열린 가축 품평회나 원예 대회와 다를 바가 없었다. 이런 대회를 알리는 선전 문구는 다수의 최적화된 인구집단에 닥칠 위험을 확실히 각인시켰다. "어떤 이들은 날 때부터 다른 사람의 짐이 된다."[12] '우리'의 전반적인 건강과 번영을 추구하는 데 열심인 나라에서 우생학적 사고는 정상성의 개념 위에 올바름과 기꺼이 받아들임, 심지어 시민이 지녀야 할 의무의 가치를 덧씌웠다.

이제 역사의 가장 어두운 장은 지나갔을지도 모른다. 그러나 인류의 진보와 완벽성을 갖춘 정상성이라는 무언의 방정식은 어느덧 일상의 화법과 습관적인 결정에 꽤나 편안하게 자리잡고 있다. 집계화의 오류는 우리가 다른 이들과의 비교를 통해 자신이 '기대에 충족하는지', '앞서 나가는 데' 필요한 것들을 갖추고 있는지, 그래프상에 있는지 그래프에서 벗어나는지를 평가할 때마다 등장한다. 데이비스가 그 영향력을 다음과 같이 요약했다. "정상성 개념이 도입되면서 (…) 종형 곡선(정규 곡선)을 마치 모든 것이 그 정점 아래에 있어야 하는 절대적인 기준인 양 신봉한 우생학 운동이 보여주었던 평범의 의무가 창조되었다. 종형 곡선의 도입으로 '비정상적인' 신체라는 개념이 생겼다. 그 이후는 모두가 아는 바대로다."[13]

맞다. 나머지는 말할 필요도 없다. 우생학 운동의 가장 혐오스러운 결과는 과거에 있을지 모르지만, 인간에 대한 공공연한 순위 매김이나 소위 바람직하고 정상적인 인간의 형질과 행동을 중시하면서 형성된 현대인의 일상적 습관을 과거와 연결하는 선의 일부가 아직 남아 있다. 부모가 아기의 성장 수준을 애달프게 확인하는 발달 지표나, 학생들이 어려운 시험의 점수 결과로 서로의 등급을 매기고 구분하는 행위를 보라.[14] 비범한 정상성을 추구하는 행태는 오늘날 하나로 합쳐진 전혀 다른 두 개념을 빠르게, 그리고 의심의 여지 없이 착각하게 만든다. 즉 확실한 평균이 되는 것이 곧 '남들보다 앞서는 것'이 되어 좋은 삶을 누릴 최고의 기회를 부여받는 것이라고 착각한다.*

2011년 세계보건기구(WHO)의 종합 보고서에 따르면[15] 오늘날 전 세계 인구의 15퍼센트에 해당하는 10억 명이 장애를 갖고 살아간다. 그렇다면 그 많은 이들의 몸과 마음이 모두 정상성의 지붕에서 벗어난다는 계산은 너무도 이상하지 않은가. 표준화의 규칙에 따라 설계된 세상에서 거부당한 몸을 지닌 어맨다 같은 이가 결코 소수라고 할 수 없는 10억 명이나 되는데 말이다. 이 보고서에서 말하는 장애에는 운동장애, 감각장애, 정신질환, 인지 및 발달장애, 일반적인 노화가 포함된다. 이런 상태는 선천적일 수도 후천적일 수도 있고, 빈곤의 결과일 수도 우연한 결과일 수도 있으며, 인종이나 성별에 따라 다르게 경험되기도 하지만 이 보고서에서는 다음과 같은 매우 설득

---

* 단어와 개념으로서 정상성은 이 책에서 제대로 다루기에는 역사가 복잡하고, 많은 의미를 내포하고 있다. 내가 인용한 문헌들과 로즈메리 갈런드톰슨 Rosemarie Garland-Thomson의 저서 《보통이 아닌 몸: 미국 문화에서 장애는 어떻게 재현되었는가》에서 다룬 정상인normate의 개념을 참조하기 바란다. 어떻게 '보통'이 신화적 독립성, 건강한 신체, 강인한 개인주의적 자아라는 기본적인 문화적 경험이 되었는지를 잘 서술했다.

력 있는 주장으로 한데 묶였다. 즉 정상성은 보이는 것만큼 그렇게 압도적으로 지배적이지 않다는 사실이다. 이 보고서의 숫자들은 장애가 내적 또는 외적 원인에 의한 일상적인 경험이자 무한히 다양하고, 창의성과 비통함으로 가득 차 있으며 어디를 가든 사회적 위험성을 안고 있는 우리 삶의 보편적인 한 부분임을 암시한다.

세계보건기구가 장애를 총체적으로 조사하긴 했지만, 셀 수 없이 많은 장애의 사례에 일일이 이름표를 붙이고 수를 세는 것이 그 보고서의 일차적인 목표는 아니었다. 그보다 이 보고서는 몸과 지어진 세계 사이에서 '장애를 가하는 장벽'을 포함한 몸 너머를 가리킨다. 이 장벽은 종형 곡선 끄트머리에 자리잡은 사람들에게 언제나 더 두껍고도 높다. 기술과 건축으로 인해 가능해진 것과 불가능해진 것을 살피다 보면 시선의 초점이 '비정상적인 몸'에서 '접근 불가한 상황'으로 옮겨간다. 어맨다에게 적용해보자면 저신장에서 어디에나 있는 강연대로의 이동이다. 휠체어 경사로, 보청기, 특수교육 소프트웨어 같은 도구와 시설이 없으면 인간의 번영을 가로막는 장벽은 더 높아진다. 세계보건기구 보고서는 다음과 같이 장애 연구에서 오랫동안 명확히 해온 통찰을 보여준다. 장애와 비장애는 기본적으로 신체의 물리적 상태에서 비롯하지만, 기존 세계의 상대적인 유연성이나 경직성에도 좌우된다. 즉, 세상이 다양한 상태와 단계의 몸과 어우러지며 그에 맞춰 변형 및 개조되는 능력에 의해서도 장애와 비장애의 구분이 생겨난다는 뜻이다. 부분적으로 장애는 건

물과 거리는 물론이고 제도, 문화단체, 권력의 중심 같은 세상의
형태가, 몸이 무엇을 하고 무엇을 하지 못하며, 어떻게 움직이고
어떻게 자신의 세상을 조직하는지에는 무관심한 채 오로지 각본
에 적힌 대로 엄격하게 운영될 때 발생한다.

　　장애 연구는 몸과 세상의 이런 관계를 이해하기 위해 서
로 대비되는 두 가지 유용한 모델을 제시한다. 순수한 의학적
모델에서는 손상의 위치가 몸이며, 손상된 몸을 가진 사람이 책
임을 진다. 즉, 장애에 대한 대처, 생존, 극복, 그 외의 모든 가능
성에 대해 개인이 자신의 **개별적인 조건과 싸워야 한다**는 말이
다. 반면 장애의 사회적 모델에서는 시나리오가 몸에서 주변으
로 확장된다. 거기에는 어떤 식으로 구성되었든 몸이 주어진 과
제를 수행하는 것을 가능 또는 불가능하게 만드는 도구, 시설
물, 교실, 보도 그리고 인간의 번영을 이루는 제도와 경제라는
더 큰 구조가 포함된다. 사회적 모델에서 장애를 살아 있는 경
험으로 만드는 것은 몸의 조건과 세상의 형태 사이의 **상호작용**
이다. 따라서 장애란 개인의 문제만이 아닌 사회의 문제이다.*

---

*　　두 모델의 기본적인 차이에 대해서는 톰 셰익스피어Tom Shakespeare의《장애 읽
　　기: 사회과학적 관점에서 본 장애The Disability Reader: Social Science Perspectives》를
　　참조하라. 의학적 모델과 사회적 모델은 서로 상반되는 것이 아니며, 장애 연
　　구에서 훨씬 더 미묘한 관심과 이론의 대상이 되어왔다. 그러나 몸과 세상의
　　만남에 관심이 있는 사람이라면 두 모델의 기본적인 차이를 알아두는 것이 유
　　용할 것이다. 이 책 전반에서 나는 장애 연구에 관심이 있거나 개념이 생소한
　　사람들을 위해 읽을거리를 제시할 것이다. 본문에서는 가독성과 이해도를 고
　　려하여 간결함을 유지하면서도 그 복잡성을 나타내려고 애썼다.

장애는 로즈메리 갈런드톰슨이 말한 세상과의 명백한 '미스핏misfit', 즉 부적합 관계에서 몸이 스스로를 발견하는 곳이면 어디에나 존재한다. 장애는 극복해야 할 비극의 멜로드라마도 아니고 단순한 몸뚱이의 '결함'도 아닌, 그저 맞지 않는 것이다. 다시 말해 몸에서 세상으로, 세상에서 몸으로 흐르는 부조화이다. 갈런드톰슨은 장애를 전문으로 연구한 선구자이지만 부적합 상태를 몸소 이해하는 사람이기도 하다. 그는 비전형적인 형태의 두 팔과 손, 손가락 때문에 자신의 몸과 이 설계된 세상 사이에서 일과 생활에 마찰을 겪으면서도 억지로 유연하게 적응할 수밖에 없다. 갈런드톰슨은 "둥근 구멍에 넣은 사각 막대"[16]로서 매일 먹고 마시고 문을 열고 스마트폰의 음성 인식 기능을 사용하며 살아간다. 그것은 단지 맞지 않는 것일 뿐, 그의 몸을 망가진 것으로 이해하는 것과는 다르다. 그에게 내려진 의학적 진단명은 그가 평소 접시나 초인종과 추는 특별한 탱고를 제대로 담아내지 못하며, 음성 인식 소프트웨어로 짧은 이메일[17]이나 긴 책을 쓰는 것에 대해 아무것도 말해주지 않는다. 부적합은 그의 신체와 세상의 모양은 물론이고 서로에게 가하는 작용까지 함께 아우른다. 피차 맞지 않는 막대와 구멍이지만 창의적인 방법을 동원해 최대한 맞춰가는 것이다. 그렇지만 부적합한 것임에는 변함이 없다. 미스핏이란 단어는 지나치게 무심하고 심지어 속어 같은 느낌까지 난다. 부적합은 건설환경과 충돌하는 모든 종류의 몸을 대표하는 약칭이며 뻔히 보이는 곳에 감춰진 명백한 충돌이자 조용한 부딪힘이다.

　내 작은 일상의 영역에서 발견한 부적합 사례를 보자. 우리집 위층에는 각기 남편을 잃고 홀로 된 자매가 사는데 서로 상대에게 보청기가 필요하다고 주장한다. 몸을 다친 한 동료는 처음에는 서툴렀으나 결국 손목 붕대를 매고 부엌과 사무실을 오가는 영리한 '뉴노멀'에 정착했다. 한 지인의 아이는 척추 옆굽음증(척추측만증) 진단을 받아 등 교정기가 필요하다. 또 다른 지인의 아이는 불안장애 진단을 받았고, 또 한 아이는 진단이 까다로운 자폐 스펙트럼이 예상된다. 어느 10대 아이의 오래된 통증이 알고 보니 류머티즘성 관절염이었다. 한 70대 건축가는 목공일을 하다가 사고로 손가락 하나를 잃었다. 한 초등학교 1학년 아이는 발음장애 진단을 받았고, 세 형제는 어머니의 뇌사 문제로 1년간 법적 공방을 이어왔다. 그 가족은 어머니의 산소호흡기를 떼기로 결정하기까지 능력, 잠재력, 지각력 등 살아 있음의 의미를 두고 씨름해야 했다.

　세상은 누구를 위해 지어졌는가? 나와 학생들이 어맨다와 함께 강연대를 제작하는 내내 던진 질문이다. 믿을 수 없을 정도로 허식이 없고 독특한 어맨다의 브리프에는 세계적인 규모의 조사가 담겨 있었다. 어맨다는 상자나 계단형 발판, 그 밖의 다른 보조 기구를 사용해 얼마든지 쉽게 일반적인 강연대 앞에 설 수 있었다. 그러나 어맨다의 관심은 제품의 실용성을 넘어섰다. 유용성도 중요하지만, 디자인의 유의성까지 염두에 둔 것이다. 몸이 기존의 건설환경과 부적합 상태로 만나는 순간을 세밀하게 들여다보면서 처음으로 강연대를 제작할 생각이 들었다고 했다. 그러나 어맨다는 단순히 자신을 도와줄 물건을 찾는 게 아니었다. 이 강연대가 일개 해결책으로서만이 아니라 질문으로서, 즉 물질의 형태로 **디자인된** 질문으로서 기능하기를 원했다. 공간에 적합하고 또 그곳에서 움직이는 사람은 누구인가? 방에 들어오고, 문을 열고 밖으로 나가 거리로 향하는 사람은 누구인가? 교육을 받고 직장을 구해서 자리를 잡는 사람은 누구인가? 발판을 딛고 올라가 마이크에 대고 "제 말 좀 들어보세요" 하고 말하는 사람은 누구인가?

사실 그 강의실에서 나는 어떤 면에서 어맨다보다 더 의외의 존재였다. 나는 예술가와 작가가 되는 교육을 받았고, 학교에서는 이른바 정부가 국가적 우선순위로 삼은 STEM(과학, 기술, 공학, 수학) 과목 대신 '시인을 위한 물리학' 같은 수업을 들은 학생이었다. 나는 공학이란 단지 실용적으로 물건을 제작하는 일이며, '테크놀로지'란 그저 사물이 작동하는 **방식**에 관한 것이라 여기며 성인이 되었다. 과학과 수학은 이 기술을 수단으로 삼아 존중할 만하지만 규칙에 얽매인 결과를 도출하고, 그것으로 어떤 물체가 얼마나 강하고 빠르고 효율적으로 작동하는지만을 판단한다고 생각했다. 솔직히 말해서 나에게 공학은 세상을 보는 폭력적이고 빈약한 방식이었다. 테크놀로지는 지구의 생명이 작용하는 원리처럼 나를 사로잡은 크고 근본적인 질문과는 전혀 상관이 없다고 생각했다. 인간 존재의 이유는 상상력과 표현의 도구를 갖춘 작가나 예술가들만 구현할 수 있는 모호성과 우아함이 설명해줄 수 있다고 믿어 의심하지 않았다.

물론 나는 공학에 대해 단단히 잘못 알고 있었다. 예술가의 스튜디오에는 발견을 위한 사냥, 시작詩作에 쏟는 에너지가 있지만, 아이디어가 구현되는 동안 가능성과 질문이 열려 있는 공학 실험실은 상상력이 가장 충만한 곳이다. 나는 필요에 의해 공학에 발을 들여놓았다. 세상에는 장애에 대한 폭력과 빈약한 정의定義가 만연하고, 장애가 있는 삶의 경험에 대한 상상력은 한없이 부족하기 때문이다. 더 나은 기술이 필요한 것은 틀림없지만 그걸로는 충분하지 않다. 장애의 상태는 너무나 다양하고 흥미롭고 긴급해서 한 분야만 연구해서는 다룰 수 없다. 정상성에 대해 오랫동안 굳어진 모든 관념들을 다시 파헤치려면 내 연구실에는 공학이 뒷받침된 노동뿐 아니라, (어맨다 같은 이들의 안내를 받아) 예술과 디자인이 지지하는 도발도 필요했다. 나는 학생들과 대형 경사로 설계에 참여한 적이 있는데, 건물에 진입하는 용도가 아닌 휠체어에 앉아 경사로의 물리 법칙을 이용해 춤을 추고 싶었던 어느 안무가를 위한 무대 디자인이었다.[18] 또 우리는 특수교육 학급과 함께 아이들을 위해 부드러운 펠트 천으로 가구를 제작했고, 한쪽 팔에 의수를 착용한 남성과는 암벽등반용 장비를, 시각장애인 예술가의 요청으로 그의 지팡이를 악기로 바꾸는 일 등등을 했다. 장애는 순수한 실용성과 원초적 아름다움 사이에서 택일하기에는 너무나 흥미롭다. 부적합 상태에는 예술과 공학과 디자인이 절실히 필요하다. 나로 하여금 평범하게 작동하는 물건뿐 아니라 노래하는 물건이 있는 세상을 고집하게 한 것도 디자인이다. 유용성과 유의성, 해결책과 질문은 늘 열려 있다. 공학은 어떻게 보아도 내 자연스러운 언어가 아니었지만, 나는 외부인과 내부인 사이의 자리에서 균형을 찾고, 천천히 힘들게 전문지식을 얻어가며 머리와 입에 공학의 어휘를 담는 법을 배웠다.

공학 강의까지 하게 된 것은 단순한 지적 훈련을 통해서만이 아니었다. 일부는 머리로 이해하고, 일부는 몸으로 알게 된 것이다. (모든 가족이 그렇지만) 나 역시 비전형적인 대가족 출신이다. 우리 가족 중에는 자폐 스펙트럼 장애가 있는 사람이 두어 명 있고 난독증과 만성 우울증 진단을 받은 이도 있다. 부적합 상태는 너무 많이 경험하여 자연스럽다 못해 미처 의식하지도 못할 정도였다. 그러나 나를 교육시킨 진정한 기폭제는 내 세 아이 중 첫째인 그레이엄이다. 그레이엄에게는 다운증후군이 있다. 그레이엄이 탄생하던 순간을 떠올리기는 쉽고 지금도 아드레날린이 솟구치는 기억이지만, 수년 전 이 아이가 처음 다운증후군 진단을 받았을 때의 낯선 기억은 이젠 흐릿하다. 현재 우리 삶에서 평범해진 것들을 잊고 그렇지 않은 과거가 있었다는 사실을 떠올리려면 기억의 테이프를 의식적으로 뒤로 되감아야 한다. 그레이엄이 태어나면서, 남편 브라이언과 나에게 갓 태어난 아기가 가져다준 기적 같은 절정의 기쁨과 피할 수 없는 부적합의 현실이 불러온 비통함의

깊은 계곡(지금은 '비통'이라는 말을 쓰지 않지만)이 연속해서 찾아왔
다. 그런 감정의 롤러코스터로 인한 충격적인 뉴노멀을 참아
내는 것이 때로는 너무 힘겨웠다. 이 아이의 전인성과 기쁨이
하루하루를 밝게 비추었지만, 동시에 우리는 벗과 지인들로부
터 악의 없는 서툰 위로를 받아야 했다. 우리가 다음의 질문을
말로 던지기 전부터, 그러니까 그레이엄이 갓난아이였을 때부
터 우리 셋이 사는 작은 집에는 이 질문이 있었다. 이 세상은
누구를 위해 지어졌는가? 우리는 이미 아이를 깊이 사랑하고
있었고, 그는 우리에게 없어서는 안 될 존재였다. 하지만 우리
는 이내 피할 수 없는 부적합의 마찰 속에서 몸이 세상과 만나
는 방법에 관한, 내가 청하지 않았으나 정신이 번쩍 드는 교육
을 받게 되었다. 보조기술assistive technology(보조가 필요하다는 사
실에 의해 영구히 표지된 가족 구조의 현실이자 초대)이 우리의 남은 삶
을 바꾸어놓을 터였다.

　　그러나 그건 아주 예전 이야기이다. 어맨다가 우리 수업
에 처음 들어온 1월의 어느 아침보다 훨씬 전에, 심지어 내가
공학을 업으로 삼으리라고는 상상조차 할 수 없던 시절에 나는
캘리포니아주 패서디나의 상업 구역에 있는 어느 쇼핑몰에 발
을 들였다. '아동발달센터'라는 체육 시설로 개조된 곳이었다.
아직 한 살이 채 되지 않은 그레이엄은 늘 나와 붙어 있었고, 공
학은 내 삶의 근처에 얼씬도 하기 전이었다. 그곳에서 우리는
처음 몇 년간 수십 차례 주기적인 물리치료를 받았다. 그레이엄
은 놀이로만 생각했겠지만, 그래도 어린아이에게 적합한, 총체

적인 운동신경 '훈련'이라고 부를 만한 과정이었다. 체육관에는 공간에서 움직이는 감각을 익히기 위한 그네와 낮은 평균대가 있었고, 바닥에는 색색의 부드러운 폼 매트가 깔려 있어 아이들은 기발하게 변장한 채 널려 있는 온갖 장치, 장난감, 도구와 뒹굴며 놀 수 있었다. 이 물건들의 용도는 작은 아이들이 그냥은 하지 않았을 일들, 몸을 구부리거나 펴고, 내 아이의 경우에는 힘을 주거나 정렬하는 일들에 자연스럽게 도전하게 하는 것이었다.

다운증후군에서 낮은 근긴장도는 아주 보편적인 증상이다. 그래서 초기 치료의 대부분은 근육이 약해서 기고 걷고 뛰는 것이 늦어지는 것과 움직임 부족으로 인해 악화되는 전반적인 인지 지연을 보완하는 것에 집중되었다. 아기를 위한 모든 놀이는 발달에 도움을 주지만, 이 체육관에서는 모든 장난감이 거부할 수 없을 정도로 알록달록하고 재밌어 보이면서도 점점 큰 도전을 유도하게끔 조정되어 있었다. 그레이엄이 멀리 있는 블록을 잡고 싶어한다면, 그 블록을 어떻게 세워야 아이가 적당히 닿을 수 있는 거리 안에서 불안정한 균형 감각을 시험해보게 될까? 이것은 몸의 역량이 발달 차트의 정상 범위에서 한참 벗어난 몸을 위한 접근성 디자인의 문제였다.

나는 남다른 아이를 키우는 것에 너무 많은 걱정을 안고 살았다. 어떻게 사랑하는 것이 최선일까를 두고 상반된 충동이 충돌했고, 내게 필요한 도움은 대부분 요청할 수 없었다. 강박적으로 뭐라도 계속 찾아봐야 하는 걸까, 아니면 그저 하루하루에 집중해야 할까. 너무 힘들다고 가족에게 말해야 할까, 아니면 아이의 사진과 영상을 보내면서 우리는 잘 지내고 있다고 안심시켜야 할까. 한밤중의 인터넷 검색과 기저귀 갈기, 병원을 순례하는 가운데 매주 그 체육관에 들렀다. 그곳에 있는 각종 기구 중에는 상상을 뛰어넘는 기발한 상상력이 발휘된 보철 장비가 있었다. 바운스볼, 씹는 장난감, 신축성이 있는 압박 조끼, 가중 담요, 세상에서 가장 작은 발목 교정기, 그 외에도 전문가가 추천하는 기구들. 똑같은 질문을 던지게 하는 수많은 확장 도구와 부속 장치들이었다. 몸이 할 수 있는 일은 무엇일까? 지난주에는 할 수 없었는데 지금은 할 수 있을까? 몸을 중심으로 설계된 세상이 있을 때와 없을 때, 지금, 한 시간 뒤, 이번 달 말, 2년 뒤, 5년 뒤, 10년 뒤에는 몸이 무엇을 할 수 있을까? 그레이엄은 남편과 나에게 관심사와 유머 감각을 보여주며, 진단된 유형이 아니라 한 개인으로서 매일 특별한 자신이 되어가고 있었다. 그러나 결국 세상은 이 아이를 위해 설계되지 않았음을 우리는 알게 되었다. 처음에는 어쩌다 한 번씩 느꼈고, 그러다가 둥근 구멍과 네모난 막대의 난제를 보면서 한번에 깨달았다. 우리는 하나로 연결된 우리 삶의 부적합 상태를 명확히 인식했지만, 그다음에 어떤 질문을 던져야 좋을지가 분명하지 않았다. 그레이엄이 자신의 몸과 기술을 세상과 좀 더 어울리게 만들도록 독려해야 할까? 아니면 아주 조금이라도 좋으니 이 아이에게 맞춰 구부리고 휘어져달라고 세상을 향해 요청해야 할까? 부적합은 개인과 집단 모두에게 책임이 있다.

체육관 대기실과 복도에서 수많은 시간을 보내면서 차츰 다른 아이들을 위한 장비가 눈에 들어오기 시작했다. 다운증후군 아이들만이 아니라 모든 종류의 몸을 위한 도구였다. 예술가로서 나는 시각 문화를 세밀히 보고, 제작된 모든 물건에 집중하도록 훈련받았다. 그곳에는 알록달록한 고무줄로 고정한, 세상에서 가장 작은 안경을 쓴 그레이엄이 우리에게 가르쳐준 모든 것을 시각적으로 구현한 도구들이 있었다. 그가 알려준 것은 세상에는 무한한 복잡성으로 인해 괴롭힘을 당하거나 강화된 몸이 있고, 도구의 세계가 그 몸과 경관, 다른 말로 하드스케이프hardscape 사이의 어색함을 다양하게 이어주고 있다는 사실이었다. 그것은 새롭게 눈에 띈 부적합의 안무이자 모든 것을 바꿀 몸과 세상의 만남이었다.

한편 그레이엄이 아니었다면 평생 만날 일이 없었을 사람들과의 관계도 생겨났다. 당시 나는 새내기 엄마였고, 앞으로 10년 동안 내 사회적 삶이 앞이 보이지 않거나 귀가 들리지 않거나 휠체어를 탄 사람들로 채워지리라고는 상상도 할 수 없었다. 그들의 일상 역시 도구로 가득 차 있었다. 지팡이와 보행기, 휴대용 산소통, 목발과 튼튼하게 개조된 세발자전거, 지지대가 보강된 유모차, 섭식을 위한 플라스틱 주사기까지 내가 그때까지 본 것들보다 훨씬 흥미롭고 다양하게 고안된 보조 도구들이었다. 세상과 불화하는 몸, 세상의 모든 연약한 육신을 찾아내어 단단하게 다져주는 보조기술. 부모라는 역할이 아니었다면 놓쳤을 것들이다.

　　　그레이엄에게는 아주 실용적인 장비가 필요했지만, 부적합 상태의 우리 가족에게는 당장에 급급한 해결책 이상의 것도 절실했다. 우리 앞에는 불확실한 미래가 있었고, 체육관의 물건들은 앞으로 우리가 무슨 일을 겪을지 미리 알려주면서 우리의 앞날이 분명하지 않다고 암시하는 것 같았다. 우리 가족의 미래는 건설될 것이다. 그러나 이 미래는 우리의 인간적 능력은 물론이고 기존의 지어진 세계에 따라 확장되기도 하고 수축되기도 할 것이다. 이 도구들이 해내는 생생한 일에 관심이 생기기 시작하자, 그것들이 얼마나 살아 있고 의미가 충만한지 또렷이 보였다. 조잡한 싸구려든, 다용도에 우아함까지 겸비했든, 또는 그 사이의 어디쯤에 있든, 적절하고 부적절한 시기에 적절하고 부적절한 도구들이 존재한다. 나는 디자인 작업이 일어나는 실험실의 일부인 그 도구들이 만들어지는 이야기 속으로 들어가봐야 한다는 것을 깨달았다.

　　　그레이엄이 우리에게 올 무렵 나는 이미 경험 많은 교사였다. 나는 낯선 사람들이 어떻게 강의실에서 일시적인 '우리'가 되는지 잘 알았다. 정해진 시간과 장소에서 만나 함께 아이디어를 나누고 합의하는 지극히 평범한 만남에서 마법이 일어난다. 강의실의 에너지는 대뇌의 싱크탱크 또는 막 선을 넘으려는 파티와 같다. 분위기는 하루하루 다르다. 선생과 학생, 학생과 학생으로 짝지은 쌍방향 관계가 그 경험을 부추길 수도, 깰 수도 있다. 그러나 디자인 수업에서 너와 나, 그리고 우리가 함

께 만든 물건이 이룬 '삼자관계'를 그레이엄이 태어났을 당시에
는 상상하지 못했다. 무에서 유가 창조되는 이 합동 프로젝트에
는 물건이 만들어지면서 아이디어에 살이 붙고 모양이 갖춰지
는 반복된 행위로 인한 집단화 효과가 있다. 어맨다와 함께한
프로젝트에서 그랬듯, 나에게 그 즐거움은 말로만 진행되는 최
고의 토론이 주는 만족감을 가뿐히 넘어섰다.

어맨다가 방문한 후, 학생들이 던진 질문은 복합적이고
즉각적이었다. 그 이례적인 요청이 어떻게 그들에게 익숙한 공
학 속으로 녹아들어갔을까? 어맨다가 주문한 것은 대량생산용
이 아닌 한 사람만을 위한, 세상에 하나뿐인 물건이었는데 말이
다. 이 특별히 개인적인 가구를 앞에 두고, 의뢰인이 무엇을 원
하는지보다 의뢰인의 키에 관해서 묻고 싶다면 어떻게 운을 띄
워야 할까? 이미 어맨다는 리틀 피플 오브 아메리카Little People
of America라는 단체의 옹호 활동을 강조하면서 학생들에게 기
본적인 정보를 주었다. 저신장 장애인 사이에서는 평균 키인 사
람들을 "레기leggy"(다리가 긴)라고 부른다고도 했다. 그러나 이야
기가 더 진행되기에는 아직 분위기가 어색했다. 내 연구실 같
은 공학 실험실에서는 사회적 실천의 일환으로서 물건을 설계,
제작하는데, 기술과 상관없는 질문들로 시작한다. 공학은 실험
실에서만의 과학이 아니다. 공학은 근본적으로 어딘가에 적용
되는데, 그 말은 그 결과물이 세상에 살아 있다는 뜻이다. 공학
의 결과물은 단순한 '사용자'가 아닌 주인공으로서 입체적 삶을
살아가는 사람들에게 속해 있다. 그래서 학생들은 머릿속에 있

는 다른 것들, 일상에서의 경험에 대해 어맨다에게 묻고 싶었다. 마트에서 높은 선반에 있는 물건을 어떻게 사는가? 운전은 어떻게 하는가? 21세기에 왜소증이라는 단어를 말해도 괜찮은가? 미디어에서 보이는 그들의 모습, 소위 기형 쇼의 추악한 역사와 리얼리티 방송에서 현대적 조명 속에 날카롭게 묘사된 그들의 이미지에 관해 물어도 괜찮을지 궁금해했다. 감히 이런 주제를 꺼내는 것은 말할 수 없이 무례한 행동일까? 그러나 몇 주, 몇 달간 함께 물건을 설계하며 호의적이고 유쾌한 분위기 속에서 마침내 학생들은 어렵사리 이런 질문을 꺼낼 수 있었다. 공유된 물질적 과제는 모든 사람의 시선을 당장의 일에 쏠리게 한다. 그러나 훌륭한 협업은 쉽게 예상할 수 없는 관계에 의해 조직된다. 그런 협업은 노력 없이 오지 않는다. 이 역시 지어지는 것이다.

내가 어맨다의 팀으로 배정한 네 명의 학생은 곧 다양한 디자인을 시험하기 시작했다. 탁자 여러 개를 붙여 작업 공간으로 쓰고, 영감을 얻기 위해 보드에 이미지 수십 장을 꽂아놓았다. 골판지와 종이로 미니 모형과 갖가지 기하학적 형태를 제작했고, 각종 경첩으로 연결된 3차원 스케치를 그렸다. 학생들은 사용하기 쉬우면서 너무 무겁지 않게 펼치고 접는 방식의 강연대를 상상했다. 잘 닳지 않고 견고하면서도 어맨다의 상상과 일치하는 외형을 갖춰야 했다. 어맨다가 바라는 것은 기능적인 면만이 아니라 이중적 의미의 플랫폼으로서 강연장과 그 안에서 어맨다의 역할에 대한 청중의 기대를 뛰어넘는 물건임을 염두에 두어야 했다.

　학생들은 여러 조건을 고려해 프로토타입을 제작하기 시작했다. 막연하게 말로만 가능성을 논의하는 대신 직접 만들어 보면서 수정과 개조를 거듭하여 아이디어를 시험했다. 화상 채팅으로 어맨다에게 모형을 보여주며 작동법을 설명하고 장점을 호소한 다음, 어맨다의 피드백을 듣고 돌아왔다. 보드에 꽂힌 이미지는 어느새 두 배로 늘었고, 임시 작업장의 테이블을 둘러싼 벽에는 연필로 그린 스케치, 컴퓨터 디자인 렌더링, 잡지 스크랩, 여러 개의 작은 모형 등 날것의 가능성이 배치되었다. 모든 공학 및 설계 과정이 거쳐야 하는 결정의 순간이 다가오고 있었다. 모든 디자이너가 이구동성으로 말하듯, 시간이 지나도 결코 쉬워지는 법이 없다. 마감까지 남은 시간을 계산해보지만 대개 원하는 만큼의 시간 여유는 없다. 서둘러 아이디어를 실행하고 제작해야 한다.

　봄이 왔고, 학생들은 함께 합의하여 결정한 최종 모형을 어맨다에게 전달했다. 3단계를 거쳐 설치할 수 있는 날렵하고 각진 강연대였다. 경첩으로 연결된 넓적한 다리를 펼친 다음 지지대를 세우고 마지막으로 '상판' 부분을 올려 기하학적 기초 위에 고정하면 된다. 이 강연대는 항공 우주 및 자동차 공학에서 흔히 사용하는 검은색 탄소섬유판으로 만들어져서 무척 튼튼하다. 에폭시 용액으로 경화했을 때 직조 구조의 비강도(강도를 비중으로 나눈 값)가 환상적으로 높은 재질이다. 강연대 내부에 자석이 있어서 접합부를 고정시킬 수 있고, 이동 중 손상을 방지하기 위해 가장자리에 튼튼한 고무를 덧댔다. 사용하지 않을 때는 적당한 두께로 깔끔하게 접어두었다가 필요할 때 펼치면 현대식 갤러리에서부터 칸막이로 나뉜 회의실까지 모든 공간에서 지루한 시간의 활력소가 될 것이다. 공간과 부조화한 이 물체[19]는 등장과 동시에 궁금증을 일으키며 이 세상의 모든 표준 규격을 새로이 두드러지게 할 것이다. 어맨다는 흥분했고 학생들은 스스로 자랑스러워했다. 간단한 2차원 스케치로 시작해 한 학기 만에 완성품을 제작해냄으로써 이 프로젝트는 학생들의 제작 능력을 한 차원 업그레이드시켰다. 또한 명목상 '보조기술'을 다루는 강의였지만 더 큰 프로젝트로 아이디어를 확장하는 계기가 되었다. 어맨다의 강연대, 그리고 다른 비슷한 프로젝트를 진행하면서 학생들은 자신의 삶을 포함한 모든 곳에서 보조의 형태를 보기 시작했다.

테크놀로지가, 도구가, 기구가 하는 일이 보조가 아니면 무엇이란 말인가?* 도움을 준다는 것은 인간이 만든 모든 물건

---

*   캐서린 오트Katherine Ott를 비롯한 일부 학자는 보조기술이라는 말이 불필요한 동어반복이라고 지적했다. "모든 유용한 기술은 원래 보조가 그 목적이므로, 어떤 장치는 보조적이고 어떤 장치는 보조기술로서 자격이 없다는 가정은 어불성설이다. 보조기술이라는 용어는 무해한 무생물(장치나 기기)에 낙인을 찍고 분리하는 것으로도 모자라, 원래 그러라고 만들어진 도구에 대한 이해를 쓸데없이 복잡하게 만든다."(오트, 21쪽) 여전히 '보조기술'은 흔히 쓰이는 악칭이며 쉽게 없어질 것 같지도 않다. 이 책에서, 그리고 수업시간에 나는 보조기술 대신 좀 더 의미가 정확한 '적응형 기술adaptive technology'이라는 용어를 사용한다.

의 근본적인 속성이다. 안경에서부터 칼, 포크와 젓가락, 등산용 지팡이, 개에게 공을 던져주는 플라스틱 장난감 팔까지 온종일 우리 몸을 확장하는 평범한 사물을 떠올려보자. '스마트' 기술로 증강되었든 아니든, 스마트폰을 통해 일어나는 무한한 확장과 아웃소싱도 생각해보자. 클립, 이쑤시개, 고무줄, 압정 등 잡동사니를 넣어둔 부엌 서랍을 열어보자. 전부 이 세계의 모든 몸과 함께 생활하는 흔한 보철물이자 보조기술이다. 원시적 기술이든 첨단 기술이든, 뻗고 조이고 연결하는 데 사용되어 이 세상이 난장판이 되어 해체될 위기에 처했을 때 우리를 온전히 붙잡아줄 도구들이다. 이 도구들은 모두 몸이 세상을 헤쳐나가는 데 사용되는 보조기술 이상도 이하도 아니다. 이런 풍부한 맥락에서 보면 어맨다의 강연대는 모두에게 매우 중요한 디자인 제품들만 모아놓은 곳에서도 당당히 한 자리를 차지할 만한 도구이다.

도구는 특별한 보조의 순간을 기다리며 배회하는 단역 배우가 아니다. 평범하지만 꼭 필요한 몸의 증폭이다. 몸은 유기적인 형상으로 빚어졌다. 관절은 둥글게 볼록하고, 근육은 작용근과 대항근 등 균형을 맞춰 인대와 함께 묶였으며, 피부라는 부드러운 다공성 기관은 몸 전체를 덮고 있다. 모든 면에서 몸은 그 자체로 하나의 기적이지만, 동시에 몸의 계획을 실행할 물건을 필요로 한다. 우리가 사용하는 도구, 우리가 활동하는 환경은 몸의 한계를 보완하거나 역량을 키우기 위해 만들어졌다. 못을 얼마나 세게 내리칠 수 있고, 채소는 어떻게 자를 것인가. 역사학자들이 인류 문명의 기원을 인간이 의도적으로 도구를 사용한 무렵으로 보는 데는 이유가 있다. 우리가 몸과 자연 세계 또는 건설된 세계 사이에서 사용하는 물건들, 그로 인한 증강이야말로 인간이 삶을 조직하고 영위하는 방식이다.

　　우리 몸은 도구를 통해 확장된 상태로만 존재한다. 인간이라는 동물은 도구와 공존한다고까지 말할 수 있고,[20] 실제로 많은 철학자가 강연대 앞에서 때로는 장황하게 그렇게 주장한다. 이는 세상에서 가장 놀라우면서도 전혀 놀랄 것 없는 일이다. 몸은 아주 단순한 것에서부터 기계적으로 가장 복잡한 것까지 수많은 증강물이 추가된 바디 플러스body plus 상태로 살아간다. 당신이 유난히 장애가 되는 환경에 살면서 보철장치로 몸을 확장하는 10억 명 중 하나든, 매일 콘택트렌즈나 교정 신발을 착용하는 사람이든, 당신의 일상은 바디 플러스가 인간의 가장 진정한 상태라는 증거를 끊임없이 제공한다. 일상의 형태에 상충하는 몸들을 돌아본다면, 레너드 데이비스가 주장했듯이 "존재의 예외적 상태로 보였던 장애가 사실 존재의 극히 평범한 상태였음"을 알게 될 것이다.[21]

　　그러나 데이비스는 또한 이렇게 경고했다. "'우리 모두가 장애인'이라는 말은 너무 쉽게 할 수 있어서 도리어 할 수 없는 말이다."[22] 너무 손쉬운 총체적 일반화라서 어떤 몸에는 그러하고 어떤 몸에는 그러하지 않은 부적합의 특정한 현실을 가리게 된다는 뜻이다. 나와 학생들은 모두 평균 신장인 사람들로서 세상을 어맨다처럼 경험한 적이 없다. 어맨다와 함께 설계하는 과정에서 우리는 어맨다의 장애와 부적합 상태를 통해 어맨다가 가진 전문지식, 그리고 그의 몸이 건설환경과 만나는 관계를 더 깊이 들여다보았다. 덕분에 우리는 보다 계획적이고 창의적인 노선을 따라 세상의 일부를 짓고 다시 짓는 과제를 공유하며 함께할 수 있었다. 어맨다가 방이라는 공간과의 접촉점에서 '키가 너무 작다'는 이유로 겪는 거부는 그가 세상에서 얻을 수 있는 경험치의 감소이며, 오직 보조를 받아야만 세상으로 나갈 수 있게 막는 '폐쇄'임을 우리는 깨달았다. 그러나 동시에 어맨다의 기발하고 적응력 뛰어난 지각과 디자인 브리프는 놀랍고 절박한 개방opening을 가능하게 했다.* 유용성과 유의성을 추구한다

---

* 　장애의 경험에서 개방 개념은 장애 연구에서 훌륭하게 설명되어왔다. 수전 웬델Susan Wendell은 《거부당한 몸: 장애와 질병에 대한 여성주의 철학》에서 다음과 같이 썼다. "한 집단으로서의 우리는 장애가 없는 이들과는 다른 관점으로 상당한 양의 지식을 축적해왔으며, 비장애 문화에서 무시되거나 억압된 그 지식은 더 개발되고 명확히 표현되어야 한다."(73쪽) 웬델은 이렇게도 말했다. "게다가 장애가 있는 사람들은 비장애인이 가질 수 없는 지식과 앎의 방식을 모두 지녔다. 나는 이들의 지식이 궁극적으로 모든 문화에 통합되길 바라지만, 장애에 낙인을 찍거나 장애를 두려워하는 문화라면 그 지식을 받아들이는 데 필요한 변화를 일으키는 대신 그것을 무시하고 억누를 것이다. 비장애 사회가 변화하여 그 지식을 포용하고 통합할 때까지 그것은 별개로 양성되어야 한다."(웬델, 75쪽) 이 주장에 대해서는 로즈메리 갈런드톰슨 (2011)의 책도 참고하길 바란다. "장애라고 부르는 형질을 얻었거나 날 때부터 갖고 있었다면 주어진 환경에 순조롭게 어울리는 몸을 가진 이들에게서는 잘 발달하지 않는 적응력과 지혜가 발달하게 마련이다. 이런 인식 상태는 장애인과 함께 살거나 관련이 있는 비장애인, 아직 장애가 있지 않은 이들에게까지 연장되는 지혜를 키운다."(604쪽)

는 측면에서 디자인은 새로운 것을 만드는 과정이지만, 시스템이든 시스템의 일부이든 지금 그대로의 세상을 **변형하거나**, 다시 만드는 것도 포함한다. 어맨다가 새 강연대를 사용할 때 새롭게 달라진 그 비율은 그가 서 있는 방의 규모를 축소시켜 잠시나마 청중의 마음속 눈을 그에게 맞추게 할 것이다. 강연을 마치고 휴대 상태로 접었을 때 방은 다시 원래의 크기를 되찾는다. 이것은 제품의 형태로 던지는 질문으로서 이 강연대가 그토록 효과적인 이유이기도 하다. 만약 이 방의 특징이 새로운 버전에서 지금과 다른 크기가 된다면 어떨까? 우리가 어맨다와 함께 새로운 강연대를 만들어낸 것처럼, 또 다른 무엇이 새로운 눈으로 디자인되길 기다리고 있을까?[23] 학생들은 강연대가 던진 질문 안에서 자신이 어떤 이해관계가 있는지 보고, 자신이나 자신이 사랑하는 이들이 생각보다 훨씬 더 연속적으로 다양한 형태의 부적합을 겪고 있음을 깨달았다. 폐쇄와 개방은 우리 주위의 기기와 가구, 방의 구조, 거리 모퉁이의 보도처럼 몸과 세상 사이의 장벽이 드러나고, 시간과 노력에 의해 그 장벽이 낮아지거나 허물어질 수 있는 곳이라면 어디에나 존재한다. 그것은 디자인 분야에서 가장 큰 반향을 불러온 질문을 던지게 한다. 이 세상은 **누구를 위해 지어졌는가?** 다른 말로 해보자. 몸은 무엇을 할 수 있는가?

 디자인과 장애에 관한 이 새로운 책은 아주 오래된 질문에서 제목을 **따왔다**(이 책의 원제는 'What Can a Body Do?'이다-옮긴이). 몸은 무엇을 할 수 있을까? 이 질문은 철학사에서 유명한 질문의 하나로, 17세기 바뤼흐 스피노자Baruch Spinoza의 작품에서 처음 등장한다. 프랑스 철학자 질 들뢰즈Gilles Deleuze는 1992년 동명의 에세이에서 능력의 집합체로서 몸의 강력한 가소성을 탐구하면서 이 질문을 던졌다. 들뢰즈는 "몸의 구조는 관계의 구성이다"라고 썼다. 그리고 그것은 "일종의 탄성을 부여받았다".[24]

게다가 몸의 구성 또한 분해와 마찬가지로 매우 많은 단계를 거치므로, 유년기를 벗어나거나 노년기에 들어서면서 몸의 양태가 달라진다고까지 말할 정도이다. 성장, 노화, 질병을 거치며 우리는 같은 사람이라고 볼 수 없을 정도로 변한다. 과연 동일한 사람이라고 볼 수 있을까?[25]

우리 몸은 그저 지적 자아라는 '진짜'를 떠받치는 살덩어리가 아니다. 몸은 고정된 실체가 아니라 놀라울 정도로 적응력과 반응성이 뛰어난 하나의 기구이다.[26] 몸의 움직임은 바디 플러스의 배열에 따라 어디서나 달라지며, 이런 빛나는 역동성이 디자인보다 더 잘 표현되는 곳은 없다. 어맨다가 기획한 '몸은 무엇을 할 수 있는가'라는 제목의 전시에서 그는 우리가 함께한 프로젝트의 원동력이 된 질문, '장애란 무엇인가'가 아닌 '장애가 무엇을 하는가?'라는 질문을 던졌다.[27] 이것은 부적합자의 안무에 대한 질문이다. 로즈메리는 스마트

폰 키보드에 쓸 말을 불러주고, 어맨다는 강연대에서, 그레이
엄은 탱탱볼에서, 또 우리 역시 각자 평생 몸의 변화를 겪으면
서, 언젠가는 불화하며 만나게 될 건설환경 사이에서 무언가
를 하고 있다.

　'몸은 무엇을 할 수 있는가?'는 어맨다의 강연대가 전하
는 가장 강력하고도 양날의 검과 같은 질문이었다. 어맨다가 대
중 앞에서 연설하는 방식은 세계가 물려받은 표준화된 규격뿐
만 아니라 새롭게 건설될 수 있는 가능성의 다리에 의해서도 결
정된다. 다시 말해 이 일개 사물이 비평의 신랄함과 보수repair
의 가능성을 모두 불러오는 것이다. 한편으로는 어맨다의 일상
적 현실인 몸과 세계의 부조화를 보여주면서, 그럼에도 자신의
몸은 새로 지어낸 구조물을 통해 세상과 다른 방식으로 만나겠
다는 고집을 솔직하고 있는 그대로 드러낸 것이다. 비평과 보
수, 둘 중 하나만으로는 인체의 역동적인 상태나 그 많은 도구
를 제대로 다룰 수 없다.

　이 책에서 저 질문을 풀어놓는 것이 제작자이자 연구자
로서, 또 부모로서 내가 설계된 이 세상의 쌍둥이 같은 진실을
설명하는 유일한 방법이다. 물질로 된 사물은 세계의 구조를
지어낸 아이디어의 지표이며, 그 구조를 이루는 강철과 콘크
리트는 깊은 곳에 자리잡고 있어 다루기 어렵다. 그리고 적어
도 그 일부는 다른 식으로 다시 만들어질 수 있는 도발이다.
장애는 이 세상이 얼마나 미완성인지를 일상의 형태에서, 그
리고 가장 세속적인 정치에서 여실히 드러낸다. 오늘의 현실

52

은 몸과 세계 사이의 근본적인 변화와 강한 불확실성 속에서
도 상호 신뢰가 필요한 전 세계적인 팬데믹 상황에서 가장 격
렬하게 시험된다. 이 미완성이야말로 내가 이 책에서 전하는
이야기의 주동력이다. 적응의 창조력을 발휘하여 설계해본 경
험이 있는 장애인들, 모두에게 연관된 혜안을 바탕으로 높은
위험 부담을 안고도 적극적으로 자신의 세상을 짓고 또 짓는
사람들의 이야기이다.

　　팔이 하나뿐인 남성이 어떻게 갓난아이의 기저귀를 갈
수 있을까? 인도 아마다바드의 의족과 맨해튼의 골판지 의자가
어떻게 사용자와 더불어 설계, 제작될까? 청각장애 학생은 수어
로 소통하면서 어떤 식으로 공간의 구조물을 활용할까? 근육위
축가쪽경화증(루게릭병)을 진단받은 남성이 바람직한 미래를 준
비하며 자신의 운동신경이 정지 상태에 이르러서도 살 수 있
는 집을 어떻게 설계했을까? 이런 사례, 그리고 이 책에서 몸
이 세상과 만나는 다른 많은 이야기는 누구에게나, 또 모두에
게 같은 일이 일어날 수 있다는 인식과 함께 우리 자신의 확장
된 몸을 생각하게 한다. 우리가 느끼고 움직이고 생각하는 방
식뿐 아니라 우리가 현재와 미래에 이 지어진 세계를 또 어떻
게 만나게 될지를 구성하는 것은 몸의 적응성과 신비로움, 그
리고 그 의미이다. 정상이라는 개념이 어떻게 사람들의 물질
적 삶에 대물림되어 나타났고, 앞으로는 어떻게 될지를 이해
하는 데 이 이야기들이 그 무엇보다 중요할 것이다. 어떤 것이
중요한 선택일까? 이 부적합의 이야기가 우리 자신의 이야기

가 되었을 때 우리는 같은 선택을 할 것인가? 지어진 세계에
대해 우리가 갖는 관심의 수준은 우리가 그 안에서 누구를, 또
무엇을 보는지는 물론이고 자신의 삶에 관해 말할 때 서사의
형태도 결정한다.[28]

　　장애학자 시미 린턴Simi Linton은 "장애의 문화적 서사는
역경과 투쟁이 상당 부분을 차지하지만, **비전형이라는 유리한 위
치에서 협상된 세계의 의미심장한 이야기이기도 하다**"라고 썼
다.[29] 린턴의 주장이 내게는 자명한 사실로 느껴지지만, 많은 비
장애인은 경험으로서의 장애가 실제로 매우 생성적이며 심지어
유리한 측면이 있다고는 생각해본 적이 없을 것이다. 세상을 보
는 시각과 측정하는 자리, 당연하게 받아들여지는 정상 상태
의 풍경 밖에서 현재를 보는 렌즈, 적극적이고 활기찬 협상 같
은 것들 말이다. 장애 경험이 인류가 다함께 공유하는 지식의
일부로서 모두에게 현 세상의 형태를 만들고 다시 만들어나가
는 데 필요한 정보를 제공한다고 생각하는 비장애인은 더군다
나 없다.

　　디자인은 우리가 집 안에서 입고 사용하는 것들, 그리고
우리의 생활환경인 건물과 길에서 장애가 우위에 있는 지점과
거기에 수반하는 새로운 이야기를 추적하는 한 방식이다. 내 아
들 그레이엄 같은 장애인에게, 세상은 반드시 변할 수 있어야
한다. 비집고 열어 재구성할 수 있게 구조가 보여져야 하고 그
렇게 되도록 만들어야 한다. 이 책에서 펼쳐지는 사람과 디자인
이야기는 몸의 사지에서 시작해 방과 건물로, 공공 영역인 거

리로, 마침내 시계로까지 점점 바깥을 향하는 구조 안에서 앞서 말한 저 변화의 가능성을 생생하고 시급하게 만든다. 마지막 항목인 시계는 내 아들 같은 사람에게 적합하지 않게 규정된 시간의 기대치이자 모든 이의 삶에서 가치의 지표로서 작용하는 모든 시계를 말한다.

어맨다는 강의실에 들어와 자신을 장애인이라고 불렀다. 이 책을 읽는 독자 중에는 자신을 그렇게 부르는 사람도, 그렇게 부르지 않는 사람도 있을 것이다. 그러나 장애는 일부에게만 영원히 속하는 고정된 딱지가 아니다. 누구나 그 자리에 설 수 있다. 단기적 부상과 장기적 질병, 스스로에 대한 인식(그리고 우리에 대한 다른 사람들의 인식)과 이동 능력의 변화, 감정적 구성에 일어나는 만성적 오작동 같은 것들이 당장 내 삶에서는 현실이 아닐지라도, 언젠가 내 몸에서 또는 나와 친밀하게 삶을 공유하는 사람의 몸에서 어떤 형태로든 일어날 수 있다. 장애는 그 어떤 것과도 다른 방식으로 우리를 한데 모은다. 왜냐하면 장애란 개인적이든 정치적이든 인간의 필요성needfulness 이상도 이하도 아니기 때문이다. 그것이 이 책에서 하나로 묶인 우리가 중요하면서도 동시에 중요하지 않은 이유이다. 취약성을 공유함으로써 발생한 공동체, 우리의 물성과 번영이 묶여 있는 방식이다.

일상적으로 사용하는 일인칭 복수형 '우리'는 대부분 거짓이다. 우리가 누구인가? 한 사람의 제한된 경험을 분별없이 근시안적으로 일반화하는 데 사용되는 말이 바로 '우리'이다. 우리의 개별성과 특이성은 중요하다. 그러나 이 책에 나오는 장애와 디자인에 있어서 우리는 실재하며 보다 근원적이다. 우리의 몸이 모두 똑같다는 뜻이 아니다. 그보다는 모두에게 닥칠 부적합 상태로 인해 삶에 찾아올 위험 부담을 보편적으로 공유한다는 뜻이다. 모두가 언젠가는 보조가 필요한 자신을 발견할 것이다. 보조의 일부는 설계된 세상으로부터(또는 이 책이 보여주듯이 재설계된 세상으로부터), 또 일부는 몸에서 세상으로, 세상에서 몸으로 온다. 그렇다면 도움을 받는 것은 어떤가? 내 아들 그레이엄에게는 당연히 해당되는 것이지만 나와 독자, 그리고 우리 모두를 위한 것이기도 하다. 모두가 자신을 장애인이라고 불러야 하는 것은 아니지만, 도움을 주고 받는 것은 모두 살면서 한 번쯤은 하는 일임을 알아야 한다. 필요성이야말로 인간의 보편적인 특성이다. 우리, '진짜 우리'는 도움을 주는 도구가 눈에 보이고 통합되도록 선택할 수 있다.

　　가정용품과 가구, 방과 건물 등 설계된 모든 도움의 형태를 살피는 것이 전문가만의 관심 영역은 아니다. 그것은 우리의 몸과 지어진 세계를, 변화할 수 있는 부분과 시스템으로 보라는 초대이다. 그 부분과 시스템은 아마 우리가 깨닫는 것 이상으로 유연하고 또 현재 건설 중일 것이다. 이 세상은 누구를 위해 설계되었는가? 설계 또는 건설하는 힘을 누가 부여하거나 소환할 수 있을까? 그리고 우리의 평범한 일상에서, 또는 상황이 갑자기 변했을 때 몸은 무엇을 할 수 있을까?[30] 적응하고 또다시 적

응하며 살아가는 모든 다양한 몸에서 이런 질문이 쉼 없고 생성
적인 질문이 되게 하자.

Limb

팔과 다리

사이보그 팔 vs. 케이블 타이:
몸의 무한한 적응력을 발견하고
중요한 것을 대체하기.

맨손이 그렇듯 방치된
인간의 지성이 할 수 있는 일은 별로 없다.
도구의 도움을 받아 일이 행해지듯 지성도 마찬가지다.
– 프랜시스 베이컨, 《신기관》[1]

크리스는 부드러운 끈과 펠트 천으로
손수 만든 발걸이를 어깨에 걸어
아기의 발목을 위로 들어올리고
기저귀를 간다.

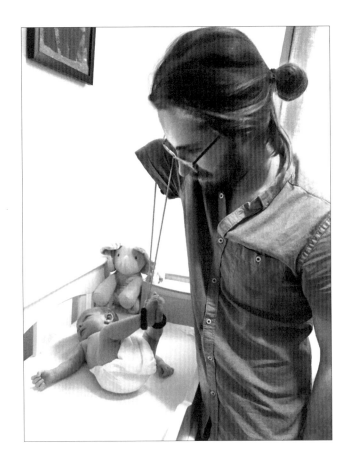

마이크는 자신이 원하든 원하지 않든 늘 의수 이야기를 달고 산다. 어느 모임을 가든 결국 그 주제가 나오기 마련이다. 사람들에게는 기계에 연결된 그의 몸이 거부할 수 없는 이야깃 거리이기 때문이다. 지나가던 낯선 이가 마이크의 팔을 흘끗 쳐다보고 그가 하지도 않은 군 복무에 고마워한다. 공항 보안 검색대에서는 의도치 않은 소동을 일으킨다. 마이크는 가늘고 짧은 금발에 키가 크고 오프시즌의 고등학교 체육 코치처럼 상냥하고 느긋한 수다쟁이이고, 숨기는 것 없는 얼굴을 하고 있다. 주로 사용하는 오른쪽에는 진짜 팔이 있고, 왼쪽에는 의수를 장착했다. 마이크의 의수는 팔꿈치에서부터 손까지 매끄럽고 딱딱한 반투명 플라스틱 케이스로 둘러싸였고 손가락은 장갑을 낀 듯 관절로 연결되어 있다. 손목과 손이 만나는 부분에 이음매가 있고 작은 나사가 각 부분을 연결한다. '피부' 밑으로 내부의 회로가 보인다. 손목이나 손가락이 움직일 때마다 희미하게 모터 돌아가는 소리가 나고 전체적으로 기계 이미지가 강해서 그가 매일 입고 다니는 수수한 푸른색 남방과 극적으로 대비된다. 인간의 몸과 조립품의 결합이다.

학생들에게 의수에 대한 경험을 들려주려고 마이크를 초대했지만, 정작 나 자신은 공학의 맥락 밖에서 그의 도구와 삶을 보고 싶었다. 대중문화의 공상적 호기심이나 영화의 서사적 소재로서 마이크의 팔을 보는 것은 피하고 싶었다. 그래서 나는 보스턴 외곽에 있는 그의 집으로 찾아갔다. 마이크가 지금까지 수십 년간 사용해온 네 개의 팔에 관한 이야기를 들어볼 생각이었다. "지금의 제가 있는 곳은 열네 살, 스물두 살, 서른여섯 살의 제가 있는 곳과는 아주 많이 달라요." 마이크의 말이다. "5년 뒤에는 또 달라져 있겠죠." 그의 이야기를 시작부터 모두 들으려면 저 의수들이 설계된 첨단 실험실을 벗어나 그의 집으로 가야 했다. 우리는 어느 늦은 봄날, 공사 소리로 정신없는 가운데 (그의 집앞 진입로에서 포장 공사가 한창이었다) 부엌에 앉아 탄산수를 마시며 의수에 관한 이야기를 나누었다. 대화하는 도중에 그는 수시로 작업 감독의 질문에 답하고 아이들의 전화를 받았다.

마이크를 보는 사람마다 말한다. "이렇게 멋진 물건은 처음 보네요." 마이크의 의수는 인기 있는 대화 소재다. 그의 몸은 사람들이 상상하는 미래에 매우 근접해 있기 때문이다. 사람들은 궁금해한다. 마이크가 저 팔과 손으로 뭐든지 잡을 수 있을까? 혹시 통증을 느낄까? 어떻게 장착하고 벗을까? 마이크를 만난 사람들은 과학소설 주인공이 현실에 등장한 것처럼 "바이오닉맨"이라는 과장된 표현까지 써가면서 그를 하이브리드 슈퍼휴먼으로 둔갑시키려는 충동에 휩싸인다. 실제 팔과 손을 꼭 닮은 데다 특별한 능력이 장착된 고가의 특수 장비처럼 보이는 의수의 외형 때문일 것이다. 모든 손가락이 제대로 복제된 손은 완전무결에 가까워서 마치 명령어 하나에 몸의 부품이 자동으로 교체되는 미래에서 온 것 같다.

마이크의 상냥한 성격, 무난한 직장 생활, 아버지로 보낸 오랜 세월 때문인지 이야기를 나누는 것이 편안했다. 함께 저녁을 먹는 사람에게든, 공항의 보안 요원에게든 그는 늘 사람들의 질문에 친절하게 답했다. "기술이 발전하면서 대중의 인식이 개선되고 사람들의 호기심도 좀 높아졌어요." 그가 말했다. 그래서 이제 사람들은 눈을 피하는 대신 호기심으로 다가온다. "사람들이 물어보게 하시나요?" 마이크가 대답했다. "네, 전 괜찮아요." 하지만 그는 의수를 낀 세월이 40년이나 되는 사람이다. "사람마다 다를 수 있지만요." 상대가 무엇을 묻는지에 따라 그는 의수의 매력을 자랑하기도 하고, 이 놀랍고 복잡한 물체의 실질적 한계를 설명하기도 한다. 마이크의 삶에서 타인과의 대화는 의수로 시작되는 사교 활동이 되어버렸다.[2]

마이크가 팔을 잃은 것은 두 손이 있는 몸으로 세상을 탐색하는 법을 완전히 익힌 후였다. 그는 열네 살에 왼손에 상피모양육종epithelioid sarcoma을 진단받았다. 조기에 발견되기는 했으나 전이되기가 쉬운 암이었으므로 당시 의술로는 극단적인 선택을 할 수밖에 없었다. 마이크와 그의 부모는 팔꿈치 관절 바로 밑을 절단하는 아주 힘든 결정을 내렸다. 수술을 마치고 회복 기간에 마이크는 당시에는 표준이었고 지금도 전 세계에서 많은 사람이 착용하는 '신체 구동식' 의수를 장착했고, 오랜 작업요법occupational therapy 과정을 거쳐 손으로 하는 작업을 처음부터 다시 배웠다. 이 의수는 팔꿈치에 연결하고 끈으로 가슴에 고정한 기계식 팔로, 손이 있어야 할 자리에는 착용자의 어깨 움직임과 직접적인 조작으로만 벌렸다 오므릴 수 있는 갈고리 두 개가 달려 있었다. 기능을 향상시키는 전자적 요소는 없었다. 갈고리는 사람의 다섯 손가락에 비하면 크고 둔한 동작만 가능했지만, 잘 조종하면 비교적 단단하게 물건을 잡을 수 있었다.

당연한 말이지만, 청소년기에 갑자기 남들의 눈에 띄는 몸을 안고 살게 되는 것은 몹시 감당하기 힘든 일이다. 마이크는 낯선 팔과 손으로 물건을 잡고 옮기는 과제만이 아니라 새로운 정체성에도 익숙해져야 했다. 재활을 시작하고 초기 몇 달은 집에서 가까운 해변에 가는 것도 꺼렸다. '뉴노멀'이 된 새로운 겉모습을 내면화하는 데는 시간이 걸렸다. 마이크는 여자친구를 사귈 수 없을 거라는 걱정으로 몇 년을 보냈고, 대학 시절에는 "곤봉맨"이라는 불운한 별명을 견뎌야 했다.

그날 오후 마이크의 부엌에서 나는 가지런히 일렬로 늘어놓은 네 가지 의수를 사진에 담았다. 그가 평생 사용해온 이 의수들은 현대 의료 서비스를 비교적 빨리 접할 수 있는 중산층에게 가능한 기술의 목록이기도 하다. 마이크가 현재 가장 자주 착용하는 의수(저녁 모임의 인기 아이템)는 비약적으로 발전한 모델이지만 그만큼 비용도 만만치 않았다. 이 의수는 근전기 모델로, 팔을 구부리고 손목을 돌리게 하는 근육에서 발생되는 전기 신호로 움직인다. 덕분에 자동적이고 좀 더 자연스러운 동작이 가능하다. 이 모델은 의수가 할 수 있는 다양한 동작을 결합, 확장하도록 설계되어, 과거의 기계식 신체 구동 모델로는 번거롭거나 불가능했던 섬세한 동작까지 잘 수행할 수 있다. 고급 재질, 매끈하고 자연스러운 외형, 복잡하고 섬세하게 조정되는 기능을 원한다면 근전기 의수는 돈으로 살 수 있는 최고의 모델이다.

지금까지 마이크는 전반적으로 기술의 진보를 누리며 살았다. 다른 사람의 눈에 자신은 "하룻밤 사이에 후크 선장에서 바이오닉맨"으로 변신한 사람이었다. 그러나 새로운 기술과 함께 평범한 손의 어휘를 되찾아준 기능 향상은 보통의 관찰자가 상상하는 것보다 덜 거창하지만 흥미롭기는 매한가지이다. 가령 이제 마이크는 뷔페식당의 줄을 따라 움직이며 오른손이 음식을 담는 동안 비교적 어색하지 않게 의수의 손목을 돌려 접시를 들고 있을 수 있다. 지역 병원의 신관 개관식에 참석해서는 열네 살 이후 처음으로 다른 참석자들처럼 손뼉을 쳤다. 물건을 붙잡거나 드는 것뿐 아니라, 희미한 기억으로만 남아 있던 일상의 몸짓으로 양손을 사용하는 사회적 의례에 동참한다는 것은 마이크에게 대단히 뜻깊은 일이었다.

21세기에는 마이크와 같은 사람과 함께하는 저녁 자리에서 **사이보그**라는 단어가 흔하게 등장한다. 사이보그는 인공 부품이 보조하거나 증강하는 인간의 몸을 두루 일컫는 말이다. 로르샤흐 스타일의 이 단어는 누가 사용하느냐에 따라 다양하게 함축된 의미를 전달한다. 사이보그는 스마트폰 같은 직접적인 확장에서부터 경구 피임약으로 인한 간접적인 자동화처럼 신체와 외부 물체가 거의 구분이 가지 않는 상호 관계에 이르기까지, 육체와 자동화 시스템이 함께 작동하는 현대 생활의 현실을 압축해서 보여주는 말이다. 또는 몸과 기계가 뒤엉킨 미래에 관한 낙관적 태도를 판단하는 지표로서, 기술과 함께하는 인간의 미래에 관한 보다 격양된 추측을 불러올 수도 있다. 사이보그 인간은 앞으로 세계가 기계의 지배를 받게 될 거라는 불길한 징조인가? 아니면 피부와 뼈의 취약성과 특이성을 대체할 믿을 만한 해결책인가? 어디서부터 기계이고 어디에서 인간이 끝나는가? 그런 구별이 중요한가? 아마추어든 철학자든 포스트휴먼의 열광적 지지자들이 오랫동안 똑같이 좋아한 질문들이다.[3]

유명한 사이보그 이론가인 도나 해러웨이Donna Haraway는 이미 오래전에 많은 사람이 첨단 기술로 이루어진 도구 앞에서 무의식적으로 느끼는 불안감에 관해 말했다. "20세기 후반 이후 기계는 자연과 인공, 몸과 마음, 자기 발달과 외부 디자인, 그 밖에 유기체와 기계에 적용될 수 있는 차이점들을 대단히 모호하게 만들었다. 인간이 만든 기계는 불안할 정도로 생기가 넘치지만, 인간 자신은 겁이 날 만큼 무기력하다."[4] 마이크의 최첨단 의수가 그렇게 시선을 끄는 이유도 바로 **생동감** 때문이다. 한편 그의 하이브리드 신체가 불러오는 불안감은 암묵적으로 깔려 있는 두려움에서 비롯한다. 마이크의 팔처럼 '스마트'한 팔은 인체의 상대적 열등함을 암시하고, 인간이라는 존재의 근본적인 수동성을 강조한다.

그러나 몸과 사이보그 미래에 관한 이야기는 추측, 심지어 환상으로 흐르는 경향이 있다.[5] 이런 경향은 숨겨진 세계에서 활동하는 우리 몸의 조용하지만 특별한 역동성을 가릴 수 있다. 마이크의 의수는 일차적으로 기계와 기술이 아닌 인체, 즉 개인의 끝없는 가소성과 적응력의 증거다. 또한 청소년기에 예상치 않게 찾아온 질병을 극복하고 살아남아 성인이 되고 결혼을 하고 아기를 낳고 직장 생활을 열심히 해온 한 사람의 인생 역정이기도 하다. 그는 자신의 몸을 연장한 이 도구와 함께 어떤 상황에서도 해결책을 찾아내며 훌륭하게 살아왔다. 그 팔들은 마이크의 몸이 외적 세계의 형상과 주거니 받거니 하며 관계를 이어온 물질문화의 스냅샷이다. '보조기술'이라는 단어가 간편한 약칭이면서 본질적으로는 동어반복이고, 오해를 조장하는 용어인 이유가 여기에 있다. 보조란 우리가 도구를 언급하는 모든 순간에 존재하기 때문이다. 몸과 기계가 함께 일하는 방식은 보철장치라는 말 대신 적응형adaptive 기술이라는 용어로 훨씬 적절하게 표현된다. 도구는 쇼를 보여주지 않는다. 도구는 적응이라는 상호 교환을 통해 몸과 함께 일한다.

사이보그와 그것이 불러일으키는 '바이오닉' 능력에 대한 미래 전망에 더하여 신체 부위를 그럴싸하게 흉내내는 기술의 외형 때문에, 마이크의 최첨단 보철장치가 사실은 자연적으로 진화한 인체의 동작에 비해 얼마나 뒤처졌는지가 모호해진다. 마이크는 이런 예를 들었다. 미식축구공을 잡으려면 공중에서 날아오는 공의 부정확한 윤곽과 궤적을 예상하며 공을 안정적으로 잡기 위해 적절한 위치에 손과 팔을 준비하고 있어야 한다. 이 과정에 또 얼마나 많은 미세 동작이 추가되는가? 10여 개? 그 이상? 같은 공을 마이크가 의수로 잡는다는 것은 단시간에 해낼 수 있는 일이 아니다. 두 손이 모두 있는 사람에게는 식은 죽 먹기나 다름없는 과제일지 모르지만 의수를 착용한 사람이 무의식적으로 해내기까지는 오랜 시간이 걸린다. 손을 내밀어 식탁 위의 탄산음료 캔을 잡으면서 마이크가 말했다. "이걸 하기까지 2년이 걸렸어요." 부단히 노력한 결과로 지금은 내 눈을 보면서도 태연히 해낼 수 있는 동작이다. 자연스럽게 포크를 사용하기까지는 5년이 걸렸다고 한다.

고도로 진화된 살과 뼈의 역학을 그대로 복제한다는 것은 언제나 어려웠고, 현재 가능한 최고의 기술로도 그렇다. 가령 손목이 움직이는 범위는 흉내조차 내기 힘들다. 그 복잡성을 생각해보라. 손목은 위아래는 물론이고 양옆으로 움직이고, 여기에 추가로 지렛대 작용, 조임과 풀림을 위한 수많은 움직임과 동작이 결합된다. 대개 무의식적인 피드백 고리 안에서 뼈와 연조직이 복잡하게 뒤섞여 작용한 결과이다. 실시간으로 반응하는 몸의 움직임을 따라잡는 것은 인체의 동작을 모방하려는 공학자들에게 흥미로운 도전으로 남아 있다. 또한 장비를 마찰이나 통증 없이 몸에 부착하고 보철물의 통제 장치를 뇌 속 깊은 곳의 신호와 매끄럽게 통합하는 문제가 있다. 전구를 깨뜨리지 않고 잡을 수 있고, 묵직한 문손잡이를 돌릴 수 있는 손가락 움직임의 패턴을 어떻게 기계에서 구현할까? 이런 연구들은 현재 재활공학으로 알려진 분야에서 진행 중이다. 이 분야는 의생명과학에 속하지만, 애초에 전쟁에서 시작됐다.

남북전쟁에서 2만 명 이상의 북군 병사가 팔다리가 절단된 채 고향에 돌아왔다.[6] 이들에게는 의수와 의족이 무상으로 제공되었다. (아프리카계 미국인은 참전용사협회에 가입할 수 없어 백인 병사에게 제공된 전후 혜택을 받을 수 없었다.) 하지만 많은 이들이 보철장치를 사용하지 않았는데, 단지 착용이 불편하다는 소문 때문만은 아니었다.[7] 이런 선택적 거부에는 1866년에 쓰인 어느 헌시에 잘 드러난 문화적 의미가 있었다.

> 자유를 위한 투쟁에서 한 팔을 잃고
> 빈 소매를 참아내는 이들에게
> 진심 어린 환호 세 번
> 그것이 오늘 애국자의 마음

빈 소매를 "참아낸다" 함은 공공장소에서 자신이 팔을 잃었다는 사실을 일부러 내보인다는 뜻이다. 당시 공식적인 초상화에서 흔히 볼 수 있는 재향군인은 군복 혹은 평상복의 재킷이나 셔츠의 텅 빈 소매가 잘 드러나게 어깨에 올려 핀으로 꽂고 당당한 자세를 취한 모습이다. 흉터, 절뚝거림, 빈 소매는 영웅주의의 유산을 알리는 선언이었다. 잃어버린 것을 내세우는 것은 이들이 자신을 위해 할 수 있는 이야기였다. 그러나 잃은 것을 새것으로 빠르게 대체한 이야기가 아니라 용맹을 드러내는 부재의 이야기였다. 물론 이런 서사에는 다른 해석을 피하려는 의도도 있었다. 장기간의 고통스러운 전쟁에서 약해지고 파괴된 몸이 그것이다. 사람이 전장에서 생명을 잃는 모습을 지켜보는 것은 상상도 하기 힘든 충격이었을 것이다.

생물학적, 사회적 의미의 '재활'에 대한 과학기술 분야의 공식적인 관심을 지속적으로 환기시킨 것은 피비린내 나는 20세기 전쟁에서 돌아온 수많은 군인이었다. 특히 제2차 세계대전에서는 많은 군인이 치명적인 부상을 입고 돌아와 팔다리를 절단하고 보철장치와 그 밖의 보조 장비를 달아야 했다. 미국에서는 그 수가 2만 7000명이나 되어 보철장치에 대한 연방 기금을 유치할 목적으로 위원회가 소집될 정도였다. 1945년에는 미국 국립과학아카데미가 참전 군인을 위한다는 숭고한 목적에서 보철물 연구 개발에 상당한 재원을 투입하기로 했다.

잃어버린 신체를 대체하는 것은 전쟁에서 크게 다쳐 운동 능력을 잃은 사람에게 제공하는 의료 서비스였을 뿐 아니라 인간됨personhood이라는 근본적인 감각, 위대한 희생에 뒤따른 온전성을 회복하는 길이기도 했다. 신체 기능을 되찾는다는 것은 참전 군인이 과거의 정체성을 돌려받는다는 뜻이었다. 다시 찾아온 평화의 시기에 생산적인 일자리를 유지하는 능력도 물론 포함되었다. 이 사람들은 장애인이라는 더 포괄적인 범주에서 제외되었다는 점이 중요하다. 일반적으로 장애는 그때나 지금이나 하나의 결핍으로 인식된다. 사람을 약하고 의존적으로 만드는 '불구'의 몸을 가진 사람이 장애인이었다. 그러나 상이 군인의 경우에는 정상인에 속하는 사람으로서, 또 과거에 노동을 제공했던 경제적 원동력으로서 예전에 지녔던 능력의 상태로 되돌아가야 했다.[8]

역사학자 데이비드 설린David Serlin에 따르면 개인만이 아니라 국가도 재활에 큰 관심이 있었다. 1945년 〈파퓰러 사이언스)의 한 기사는 이제 부상이 "완전히 치유되거나 자신과 가족 외에는 알 수 없는 수준으로 고쳐질 것이며 (…) 전쟁의 재활공학은 미래 사회의 공학이 될 것이다"라고 했다. 참전 용사를 위한 전후 의료 서비스 개념을 "더 큰 시민적 목적을 이룰 사회적 수단"[9]으로 제시한 것은 설린에 따르면 "애국주의의 책무"와 "아메리카 정신의 승리주의적 수사법" 같은 야심에 찬 주장이다. 1944년에는 제대군인지원법GI Bill이 통과되어 보철물 등 필요한 장비는 물론이고 주택이나 차량을 포함해 재정의된 '정상'으로 삶을 회복하는 데 필요한 것은 무엇이든 지원하는 맞춤형 리모델링의 광범위한 보장이 마련되었다.

    재활공학은 또 다른 역사가 앙리자크 스티케Henri-Jacques Stiker가 "여권passport"에 비유한 유용한 도구로서 보철 및 기타 장비를 제공했다. 여기서 여권이란 원래의 몸을 되찾고 정상 상태를 회복하기 위해 미래로 가는 시간여행 장치에 탑승하기 위한 준비물이다.[10] 이것은 개인의 희생에 대한 보상이었을 뿐 아니라 국가 차원에서는 나라의 경제적, 가부장적 미래[11]가 확보되고, 리더십에 익숙한 남성들이 다시 한번 '평범한' 삶을 주도하게 될 것이라는 확신이었다. 할리우드도 재활의 한 임무를 맡았다. 팔다리가 절단된 군인을 주인공으로 등장시켜 새로운 몸으로 일상의 과제를 무리 없이 해내고 (언제나 이성과의) 관계를 이끌어가는 능력을 증명해보였다. 중요한 것은 기술 자체가 아닌 이 군인들의 몸, 그리고 그들이 상징하는 국가 회복의 서사였다. 이 인공 사지는 전쟁이라는 불확실의 구렁텅이에서 벗어나 강력하고 확장된 미래를 약속했다. 설린이 말한 것처럼 완전히 "대체할 수 있는 당신"을 제작한 것이다.[12]

연구자이자 교수로서 처음에 나는 마이크의 의수처럼 신체 대체물의 사례 중에서도 인상적인 기술로 제작된 의미 있고 매력적인 장비를 장착한 사람들의 집이나 직장을 주로 찾아갔다. 그러나 이 역사를 보다 깊이 이해하고서부터는 그들이 사용하는 장비에 상관없이 몸과 사람에 더 주의를 기울이기 시작했다. 도구를 가리지 않고 모든 형태의 적응을 이뤄낸 주인공을 보고 싶었다. 특히 나는 영웅주의나 첨단 기술의 은총을 받지 못한 도구에 관심을 가졌다. 세간의 이목에서 벗어나 아주 적은 비용과 믿을 수 없이 간단한 기술로 주변의 물건을 활용해 닿고 붙잡고 자신을 지탱하는 물질문화가 전 세계에 퍼져 있었다.

이상하게 쌀쌀하던 4월의 어느 밤, 보스턴 외곽으로 크리스를 만나러 갔다. 그는 7개월 된 아들 펠릭스를 재우려고 애쓰는 중이었다. 올리브톤 피부에 녹갈색 눈이 예쁜 펠릭스는 한창 잠투정을 부리고 있었다. 작고 파란 아기방에서 카펫에 펼쳐진 알록달록한 그림책을 정신없이 보다가 장난감 상자에 머리를 부딪혀 서럽게 울었다. 하지만 아빠의 목소리를 듣고 금세 미소를 지었다. 피곤해 죽겠다는 신호였다. 엄마 멜리사가 젖을 먹이고 나면 침대에 눕힐 것이다. 하지만 그 전에 기저귀를 갈아야 한다. 버둥대는 팔다리를 고정하고 통통한 엉덩이를 닦아내고 축축한 기저귀를 빼낸 다음, 마른 기저귀로 갈고 잠시도 가

만히 있지 못하는 몸을 붙잡아 우주복을 입히는 일은 아기가 없는 세상에서는 달리 비유할 데가 없는 마지막 저녁 과제이다. 미리 준비할 수도 없다. 직접 부딪히는 수밖에.

　　여기에 더해 크리스에게는 남다른 어려움이 하나 더 있었다. 크리스는 태어날 때부터 팔이 하나였다. 텍사스 사람 특유의 억양에, 체형은 기수騎手처럼 탄탄하고 다부졌고 금발의 머리는 어깨까지 내려왔다. 왼쪽은 정상적인 팔과 손이, 오른쪽에는 어깨 관절에서 몇 센티미터 아래로 가늘어진 뼈를 덮은 팔의 일부만 남아 있다. 대부분의 사람들은 밥을 먹고 옷을 입고 신발 끈을 매는 일은 당연히 두 손으로 한다고 생각한다. 그러나 크리스는 한 손과 두 발, 재주가 출중한 발가락, 그리고 특히 남아 있는 다른 쪽 팔을 기막히게 조합하여 이 일들을 해낸다. 비록 일부만 남아 있지만 크리스의 오른쪽 팔은 그가 말할 때면 위로 밖으로 내뻗치며 자유롭게 제스처를 취하고, 의자 등받이에도 자연스럽게 걸쳐진다. 글을 쓸 때 종이를 붙잡거나 겨드랑이에 물건을 끼고 조일 수도 있다. 소매를 걷으면 어깨의 생김새보다도 그곳을 감싸는 화려한 문신 때문에 더 놀란다. 매서운 붉은 눈의 블랙버드가 날개를 펼친 모습이 새겨져 있었다.

　　기저귀를 가는 일에는 두 손으로 할 때 가장 효율이 높은 일련의 체계적인 동작이 필요하다. 평소 크리스는 왼팔과 오른쪽 어깨의 기발한 협업으로 많은 일을 해왔으나 이 일만큼은 감당하기가 힘들었다. 그러나 그는 공학자였고 잔기술에 능했다. "처음에는 자동 장치를 만들까 생각했어요." 그가 펠릭스를 기저귀 교환대에 올려놓으며 말했다. 기저귀를 갈아주는 로봇이라니! 그러나 멜리사가 기저귀를 가는 일은 단순한 청소 업무가 아니라고 일깨워주었다. 그 짧은 시간은 부모와 아기가 친밀한 유대감을 느끼는 순간이기도 하다. 그래서 그는 다른 사람이 두 손으로 기저귀를 가는 모습을 관찰하면서 어떻게 하면 그것을 자신에게 맞추어 바꿀 수 있을지 고민했다. 사람들은 보통 한 손으로 아기의 두 발목을 쥐고 다른 손으로 치우는 작업을 한다. 머리를 굴리고 몇 번의 시행착오를 거친 끝에 크리스는 일상의 재료로 간단한 도구를 제작했다. 일종의 발걸이였다. 이 도구를 이용해 오른쪽 팔로 펠릭스의 다리와 등을 들어올리면 그 상태에서 기저귀를 치우고 엉덩이를 닦고 마른 기저귀로 가는 후속 작업이 수행된다. 크리스가 직접 시범을 보여주었다. "올가미 밧줄 같아요." 그는 발걸이를 가져와 끈 쪽을 오른쪽 어깨에 앞뒤로 걸쳤다. 부드러운 끈 양쪽에는 펠트 천을 덧댄 C자 모양의 고리가 두 개 달려 있는데 다리를 고정하는 매듭이 있어서 피부가 쓸리거나 살을 꼬집지 않고도 발목을 쉽게 조이고 풀수 있었다. 보통의 상식으로는 그렇게 보이지 않겠지만 이 발걸이는 오직 한 가지 용도로 쓰이는 보철 장비로, 불과 10달러의 비용을 들여 안전하게 기저귀를 갈 수 있는 손색없는 보조기술이다. 몸의 확장으로서 이 기구가 매일 하는 일은 아주 특별하고도 지극히 평범한 것이며, 앞서 마이크의 의수와 비슷하지만 다른 방식으로 일상의 과제에 도움이 된다.

크리스가 생후 6개월이었을 때, 의사가 첫 의수를 권했다. 그는 크리스의 부모인 빅과 바버라가 여전히 감사해 마지 않는 전문의이다. 크리스는 첫 아이였고, 빅과 바버라는 크리스의 남다른 몸을 위해 특별한 육아를 해야 했다. 의사의 소견에 따르면 의수는 그의 신체 발달에 매우 중요했다. 그래서 처음에 빅과 바버라는 크리스에게 하루에 몇 시간씩 의수를 채웠다. 하지만 당시 두 사람은 집에서 크리스를 직접 지켜본 바와 의사의 전문지식 사이에서 어떻게 균형을 잡아야 할지 몰랐다. 이 인공 팔이 크리스에게 얼마나 도움이 되는지 확신할 수 없었기 때문이다. "저희는 아이가 보내는 신호를 우선했어요. 의수를 찼을 때 불편해하면 벗겨주었죠." 바버라가 말했다. "크리스를 관찰하면서 배웠어요."

여느 아기처럼 크리스의 적응력도 뛰어났다. 그는 자신이 어깨에 장치를 달지 않고서도 혼자서 놀고 탐구하는 방법을 알아냈다고 기억한다. 의수가 없어도 왼손으로 레고 블록 두 개를 집어다가 하나를 어깨에 대고 누른 다음, 다음 것을 위에 올려서 재빨리 끼워 맞췄다. 그는 이런 일련의 한 손 동작을 빠르게 습득했다. 크리스는 의수를 착용하기도 하고 거부하기도 했다. 그의 몸은 기술의 목적을 앞질러가고 있었다.

그 시절에 이미 크리스의 부모는 더 많은 사실을 알아차렸다. 의수를 착용할지 말지를 결정할 때 단순히 기능만 고려해서는 안 되었다. "남들의 눈에 보이는 모습을 어디까지 신경써야 할지 고민했어요." 바버라가 말했다. 사람들은 크리스가 의수를 차고 있는 모습을 더 좋아했다. 그리고 확실히 그가 의수를 착용했을 때 덜 쳐다보았다. 하지만 그러기에는 크리스가 감당해야 할 문제가 너무 많았다. 인공사지는 무겁고 뜨거웠다. 크리스의 작은 몸이 그 무게를 짊어지고 다니기는 너무 버거웠다. 보조는커녕 방해만 하는 것 같았다. "이 큰 걸 매달고서는 아이가 할 수 없는 게 더 많았어요."

　　의료 기기의 형태를 한 도구가 이 아이에게 해줄 수 있는 것은 무엇이었을까? 아무런 보조 장치 없이 그저 역동적인 어린 몸과 마음을 두고 보았어야 했을까? 이후로도 크리스는 몇 년마다 한 번씩 자신을 위해 제작된 의수 착용을 시도했고, 완전히 고정하지 않은 상태로 습관과 움직임을 테스트했다. 새로운 의수를 시험할 때마다 크리스와 그의 가족은 '그래, 이번에는' 하고 기대했다. 새 의수가 잃어버린 팔의 기능을 완성하고 감각을 돌려줄지도 모른다고 말이다. 그러나 결과적으로 그는 모두 거부했다. 대신 자신의 몸에 일어난 일을 궁금해하는 친구들의 질문에 그때그때 다양하게 답할 수 있도록 준비했다. 간단명료하고 참을성 있게, 짧고 완곡하게, 질문이 끝없이 이어지면 "악어한테 뜯겼어"라고 말할 것.

　　크리스는 공학자가 되었다. 사람들의 기대와 달리 보철 분야가 아니라 의용생체공학 제품 분야를 전공했다. 어떤 면에서 그는 테크놀로지에 삶을 바쳤다. 그러나 특별히 설계된 거창한 보조 장치 없이도 자신의 몸은 물론이고 주변 환경의 물리적 특성을 사용해 그때그때 세상에 적응할 수 있다고 믿게 되었다.

　　그날 나는 부엌 조리대에서 크리스가 저녁을 준비하는

모습을 지켜보았다. "요리는 보통 고정된 표면에서 이루어지지만, 결국 중요한 건 작업의 순서지요." 그가 자신의 요리 과정을 설명하며 말했다. 작은 주방의 사방에 난 창문으로 긴 햇살이 들어왔다. 길어진 낮이 봄을 알렸다. 아기는 제 의자에 앉아 밥을 기다리며 이리저리 몸을 흔들어댔다.

크리스가 도마에 아보카도를 올려놓았다. 심지에 닿을 때까지 단번에 칼로 내리친 다음 아보카도를 끼운 채로 칼자루를 짧은 팔 겨드랑이에 넣고 꽉 죄었다. 그 상태에서 왼손으로 아보카도를 붙잡더니 360도를 돌려 반으로 잘라냈다. 그렇게 절반으로 자른 다음, 씨가 박힌 쪽을 다시 칼로 내리치고는 아까처럼 칼자루를 겨드랑이에 넣고 죄어 아보카도를 돌려서 씨를 빼고 부드러운 과육만 남겼다. 이제 이런 일쯤은 딴생각을 하면서도 할 수 있다. 수프에 넣을 양파를 썰 때도 마찬가지였다. 이 모든 과정은 그가 수없이 시험하고 다듬어 완성하고 숙달될 때까지 연습한 것이다. 나와 요리 이야기로 수다를 떨고 펠릭스에게 밥과 콩을 주면서 그는 능숙하게 이 모든 일을 해냈다. 밥의 절반은 아기의 입으로, 나머지는 바닥으로 떨어져 군침을 흘리며 기다리던 개의 입으로 들어갔다.

채소의 모양과 조직에 따라 다듬고 준비하는 동작이 모두 다르다. 양파의 경우 처음에는 아보카도를 자를 때처럼 도마에 잘 고정하고 반으로 자른 다음 잘린 면을 바닥에 대고 안정적인 한 손 칼질을 했다. 칼이 잘 드는 것은 필수이므로 늘 신경 써서 갈아놓는다. 이 과정에는 일반적인 보철장치가 전혀 등장하지 않는다. 그러나 아보카도 심의 단단함, 칼날의 폭, 칼자루의 그립감 같은 일상적인 사물의 특징이 그가 재료를 자르고 고정하고 잡아당기는 동작에 어떻게 일조하는지 알게 된 순간 새로운 것이 보이기 시작한다.

크리스의 동료나 지인은 그가 주어진 상황과 과제를 해결할 때 남들보다 훨씬 힘들 거라고 생각하지만, 그는 보통 간단하고 기발한 해결책을 생각해낸다. 크리스는 라텍스 장갑을 낄 때 테이블의 각진 귀퉁이에 장갑의 손목 부분을 걸어서 늘인 다음 손을 집어넣는다. 머리를 뒤로 묶는 일은 두 손으로 하기에도 복잡하기 짝이 없지만 한 손으로 머리와 고무줄을 잡고 작업하려면 손놀림이 어지간히 정교해야 한다. 꽉 닫힌 케첩 병을 여는 일은 두 손을 가진 이들에게는 손에 살짝 힘을 주는 정도로 해결될 문제이지만, 크리스는 절묘한 방식으로 병목에 손바닥 두덩을 대고 누른 다음 같은 손의 엄지와 검지로 뚜껑을 움직여서 연다. 이 모든 과정이 인내심을 요구할 뿐 아니라 치밀하게 연결된 방식으로 조정되었다. 어린 시절부터 필요할 때마다 강제로 동원되던 그의 발가락이 물체를 붙잡고 조작하는 정확도는 혀를 내두를 정도다. 예를 들어 크리스는 왼손을 판판한 표면에 올려두고 오른쪽 엄지발가락을 사용해 손톱깎이를 눌러 손톱을 깎는다.

머리 감기, 자전거 타기, 무거운 가방을 들고 자동차 문 열기 등 사람들이 일상에서 운동신경을 사용하여 수행하는 많은 과제에는 크게 의식하지 않고 할 수 있는 일련의 크고 작은 동작이 들어 있다. 대개는 사람들의 몸에 배어 자동으로 수행되는 행동이지만 일의 종류나 몸의 상태에 따라 얼마든지 조정할 수 있다. 크리스는 신발 끈을 묶거나 아기를 카시트에 태우는 것처럼 두 손으로 하게 되어 있는 동작을 변형해 한 손으로도 할 수 있었다. 이런 변환이 나처럼 두 손을 가진 사람에게는 놀라움의 연속이었다. 그러나 나는 그 반응을 억누르고, 이 시나리오를 놀랍고도 지극히 평범한 몸이 부리는 마법의 증거로 이해하려고 했다. 자신을 세상에, 그리고 세상을 자신에게 적응시키는 우리들의 몸 말이다.

마이크의 최첨단 의수와 크리스의 기저귀 갈이용 발걸이를 어떻게 비교해야 할까? 최첨단 기술 대 원시적인 기술? 한 사람을 위한 맞춤 제작 대 프리사이즈? 무엇을 보고 적응과 혁신이라 치켜세울지, 심지어 '테크놀로지'가 무엇인지조차 알 수 없다. 누구에게 어떤 대체품이 가장 효과적일까? 만약 당장 내일 내 몸이 달라진다면, 나에게는 어떤 과제가 가장 절실해질까? 소위 최고의 보철장치, 즉 최첨단 기술을 사용한 값나가는 제품을 사용한다고 해도 그게 나에게 가장 절실한 일을 해줄지는 장담할 수 없다. 마이크와 크리스의 이야기는 우리에게 도구와 기술 대신 영원한 적응의 장소인 **몸**과 **사람**에 관심과 주의를 돌리라고 간청한다. 또한 테크놀로지의 정의를 확장하라고 요구한다. 단순히 '더 나은 것'과 '최고의 것'을 찾는 경쟁이 아니라 실제로 몸이 삶을 살아가기 위해 도구와 환경의 세계를 만나는 방식으로의 확장이다.

역사학자 데이비드 에저튼David Edgerton은 저서《낡고 오래된 것들의 세계사》에서 기술에 대한 대중적 사고의 근대적 경향을 묘사한다. 비행기, 원자력, 피임약, 인터넷 등으로 대표되는 20세기 기술의 특징인 '두각에 대한 강박'은 역사를 보는 근시안적이고 선형적 관점에 의해 형성되었다. 이 관점은 폭발적인 참신함으로 실현되고, 초고속으로 진행되며, 정의상 다른 문화보다 '앞서는' 것이 혁신이라는 믿음에 기반한다. 애저튼의 말대로 우리 사회가 연구와 개발, 특허, 초기 단계의 아이디어 구현에 관심을 집중하면서 많은 이들이 기술을 오로지 발명(새로운 아이디어의 창조)과 혁신(새로운 아이디어의 최초 사용)하고만 연관 짓게 되었다. 또한 역사를 뒤바꾼 변화가 동시대에 발전한 기술의 힘으로 일어났다고 보는 경향이 생겼다.

그러나 에저튼은 현재 우리가 사용 중인 기술의 역사를 자세히 살피면 전혀 다른 그림이 보인다고 말한다. 인력거, 골철판, 재봉틀, 자전거와 같은 일상의 기술은 오랜 시간에 걸쳐 엄청난 파급력을 미쳐왔지만, 어디에나 있다는 보편성 때문에 쉽게 간과된다. 이런 '구식' 기술이 시간이 지나면서 새 생명을 얻는 일도 있다. 예를 들어 콘돔은 1960년대에 경구 피임약이 개발되면서[13] 대체되었으나 인간면역결핍 바이러스(HIV)의 도래로 부활하여 공중보건을 유지하는 새롭고 중요한 방법으로 중요성이 재평가되었다. 에저튼은 이렇게 말한다. "현재 사용 중인 기술의 역사를 제대로 보면, 기술의 전혀 다른 그림, 진정한 발명과 혁신의 그림이 가능해진다. 보이지 않던 기술의 세계 전체가 드러난다." 유용성과 유의성을 새로운 눈으로 보고 무엇이 기술에 중요한가를 묻는다면 공상과학에서 탈출해 일상생활로 되돌아갈 수 있다. 에저튼은 사용 중심의 역사가 "세계를 움직이는 역사를 낳는 반면, 혁신 중심의 역사는 말로는 보편적이라고 주장하면서도 실제로는 아주 소수에게만 기반을 둔다"라고 말한다.[14]

보철장치 기술을 사용 중심으로 분석했을 때 새삼 부각되는 것들은 마이크의 근전기 의수나 그 밖의 최첨단 경쟁품들은 아닐 것이다. 크리스 같은 사람들이 매일 자신을 위해 고안해내는 해결책도 거기에 들지는 못한다. 그렇다면 무엇이 있을까? 바로 인도 전역에서 매일 수천 명이 사용하는 저기술 저비용의 튼튼한 의족, 자이푸르풋Jaipur Foot이 있다.

아시아에서 가장 큰 공립병원은 인도 서부 구자라트의 도시 아마다바드에 있다. 길게 늘어선 대형 병원 주변으로 비공식적인 경제활동이 활발하다. 환자 가족과 친구들이 보도와 진입로를 따라 진을 치고 기다린다. 화려한 옷을 입은 노점상이 이 억류된 군중에게 간식거리와 연료용 소똥을 판다. 도로에는 사방으로 모페드(모터 달린 자전거), 자전거, 동물, 보행자가 뒤섞여 다닌다. 이 복잡한 거리가 끝날 즈음, 병원 사무실이 증축된 건물 지하에 하퇴 보철을 위한 작업장이 있다. 자이푸르풋 전초기지 중 하나다. 자이푸르풋은 동명의 인공 다리를 설계, 제작해 인도 전역과 인근 국가, 아시아, 아프리카, 남아메리카 일부 지역의 병원과 이동 진료소에 보급하는 비영리 단체이다. 자이푸르풋의 대표 상품은 무릎 아래에 장착하는 의족으로, 유사 제품군 중에서 가장 튼튼하고 저렴하게 디자인되었다.

당시 나는 방문교수로 인도에 머물며 아마다바드대학교에서 디자인 워크숍을 진행했다. 학생들을 데리고 자이푸르풋 진료소에 들른 날, 마침 어느 시골 작은 마을에서 온 데반시라는 석공이 네 번째 의족을 맞추려고 와 있었다. 데반시는 키가 크고 말수가 적은 사람이었는데, 사정을 들어보니 20년 전 낙상 사고를 크게 당한 후 상처 부위가 감염되는 바람에 다리를 잘라낸 것이었다. 회복하는 1년 동안 일거리 없이 지내던 중 우연히 텔레비전에서 자이푸르풋 이동 클리닉이 그가 사는 지역에 온다는 광고를 보았다. 그렇게 데반시는 첫 의족을 얻어 다시 일터로 돌아갈 수 있었고, 이후로도 닳아서 못 쓰게 될 때마다 새것으로 교체했다.

학생들과 나는 데반시가 진료소 직원과 피팅하는 모습을 지켜보았다. 먼저 무릎에 석고 반죽을 발라 잘 감싸는데, 다 마르고 나면 절단 부위의 모양을 그대로 본뜬 틀이 된다. 그 틀을 사용해 데반시의 다리와 플라스틱 보철물을 연결하는 소켓을 만든다. 자이푸르풋 의족은 제작과 서비스를 영리하게 결합해 일부는 대량생산, 일부는 맞춤형으로 제작한다. 이는 단가를 낮추고 보급을 원활하게 하는 효과가 있다. 데반시의 의족에는 금속이나 탄소섬유를 사용하지 않았고, 전자 장치나 회로도 보이지 않았다. 고무, 가벼운 버드나무 원목, 나일론 코드, 고기능 폴리에틸렌(강하고 방수가 되는 플라스틱)이 관절과 결합하여 무릎과 발목을 부드럽게 구부러지게 한다. 이 인공 다리가 몸의 무게를 지탱해 사용자는 자연스럽게 걸을 수 있다. 제품에 사용되는 고무와 플라스틱은 튼튼할 뿐 아니라 다양한 종류의 바닥과 날씨에 적합하다. 그리고 시간이 지나도 탄력을 잃지 않는다. 의수와 달리 의족은 걸을 때 아래로 눌렀다가 밀어내는 동작으로 중력의 도움을 받아 사용자의 직립보행을 돕는다. 제품의 생산 단가는 50달러 정도인데, 지역의 자선 단체가 기부하는 후원금 덕분에 무상으로 지급된다. 1975년부터 지금까지 인도와 여러 나라에 150만 개 이상의 자이푸르풋이 배포되었다. 배포 지역 중에는 지뢰 사고로 절단 사례가 빈번하게 일어나는 분쟁 지역도 있다.

나는 바로 이런 보철장치를 보러 인도에 온 것이다. 군의 후원으로 개발된 첨단 재활공학 기술을 이용한 맞춤형 '바이오닉' 팔다리를 제작하는 실험실과는 멀리 떨어진 곳에서 신체 대체물을 찾는 수많은 사람들을 위해 생산되는 보철물 말이다. 자이푸르풋은 데반시 같은 사람을 돕기 위해 지역 연계망과 확실한 소통을 바탕으로 제작된 제품 서비스이다. 이런 자이푸르풋이 없었다면 데반시 같은 사람은 장애인 기반시설이 갖춰지지 않은 열악한 환경에서 휠체어를 타고 생활해야 한다. 데반시에게 이 발과 다리는 앞으로 20년 동안 일을 하느냐 못하느냐의 문제를 해결해준 물건이다. 피팅 과정은 짧고 효율적으로 진행되었다. 데반시는 곧 힘차게 그곳을 나섰다.

　　나와 학생들은 더 물을 게 없을 때까지 실컷 질문한 다음 우리를 초청한 사람들과 사진을 찍고 악수를 나누었다. 마침내 학생들이 하나둘씩 밖으로 나가 미로 같은 병원 캠퍼스를 지나 모페트를 탄 군중 속으로 사라지는 모습을 보면서 나는 방금 우리가 본 제품을 생각했다. 이 물건은 모두가 힘을 합쳐 데반시에게 다리를 만들어준 연결망에서 분리할 수 없다. 자이푸르풋은 전 세계 수많은 사례 중 하나일 뿐이다. 이 단체는 저렴하고 쉽게 사용할 수 있는 재료와 지역의 인력을 활용해 경제적 여유가 없는 사람들이 당장의 생활을 영위하고 일터에 나갈 수 있도록 튼튼하고 훌륭하게 설계된 보철물을 만든다. 한편 이런 독창성은 다른 질문도 제기한다. 만약 데반시의 감염을 제때에 치료할 수 있는 의료체계가 갖춰져 있었다면 애초에 그의 다리를 절단할 필요도 없지 않았을까? 세계적인 군사 분쟁 덕택에 도약한 기술이 마이크의 팔도 만들고, 의수나 의족의 원인이 되는 지뢰도 만들었다는 다차원적 역설은 어떤가?

　　조금만 신경써서 보면 물질문화가 하는 모든 일을 그대로 수행하는 보철물을 찾을 수 있다. 모두 세심한 관심 아래 기반시설, 지역의 역사, 사회 규범의 지표[15]를 만들어내는 인공물로서, 제작에 앞서고 사용자의 뒤를 따르는 이야기를 품고 있다. 그 이야기는 삶의 조건이자 경제와 가정과 노동의 구조로서 일부는 물려받고 일부는 스스로 선택한 조건을 향한다. 여느 설계된 물건처럼 보철물 역시 아이디어를 구현한 산물이다. 사람

의 몸이 그 보철물을 사용할 때, 그것은 몸이 말하는 이야기의
일부가 된다. 사이보그라는 단어로는 그 이야기들이 얼마나 뜻
깊고 강렬한지 감히 표현하지 못할 것이다. 사이보그는 막연한
상상 속 미래로 가는 쉬운 여권이다. 반면 일상의 보철물을 다
루는 부분과 시스템의 이야기는 그 흥미로움이 무한하다. 의족
을 착용한 인류학자 스티븐 커즈만Steven Kurzman은 사이보그라
는 용어의 겉만 번지르르한 상업적 매력을 못마땅해했다. 보철
물은 몸의 확장물이지 몸의 운전자가 아니다. 또한 보철물은 제
조업의 경향, 정치, 역사의 별자리에 얽혀 있는 작은 교점이기
도 하다.

　　나더러 사이보그라면(그렇게 보인다면), 그건 모두 내 다리가
　　1만 1000달러짜리이고 내 보험회사가 그 비용을 지불했
　　기 때문이다. 내가 그 보험을 받기 위해 직장을 구해야 했
　　기 때문이다. 내 다리의 재료와 디자인이 수많은 젊은이의
　　팔다리를 날려버린 것과 동일한 군사기술에서 왔다는 역
　　설을 안고 내가 서고 걷고 있기 때문이다. 내 발의 완충기
　　가 자전거와 오토바이의 완충기를 만든 회사에서 제작한
　　것이기 때문이다. 이 완충기는 냉전 이후 폭발적으로 증가
　　한 스포츠 장비와 보철장치의 일부이기 때문이다. 내 다리
　　를 설계한 사람이 하루가 다르게 수직적으로 통합되고 기
　　업화되는 분야에서 그의 작은 사업을 유지하려고 분투했
　　기 때문이다. 단지 인공 다리를 착용했다는 이유로 나를 사

이보그라고 부를 수는 없다. 내 의족은 그다지 자율적이지
도 않다.
팔다리를 잃은 사람들(그리고 보조기술을 사용하는 다른 장애인)
이 반자율적 기술을 장착한 인간-기계 하이브리드는 아니
다. 우리도 그냥 사람이다.[16]

사용에 중심을 두고 바라보면 보철물과 그 보철물이 삶
에 들어와 대체한 신체가 함께 일으키는 진정한 경이, 즉 인간
의 경이로운 적응력과 함께 보철물의 새로운 의미를 깨닫게 된
다. 기즈모(간단한 장치)의 기능을 눈앞의 진짜 기적과 비교할 수
는 없다. 그 기적은 바로 무한한 가소성과 반응성을 장착하고
임시방책, 작은 문제의 패치워크, 간단한 수리, 느린 진화가 혼
재된 상태에서 온갖 기술을 발휘하여 과제를 수행하는 우리 몸
이다. 이는 단지 기술의 효과나 판매량이 아니라 사용과 개조
의 전체적인 맥락, 즉 사람들이 언제 어떻게 그 기술을 선택하
고 거부하는지, 수리에 필요한 부품을 구할 수 있는지, 지역의
관습, 그리고 누구에게 결정권이 있는지 등을 고려하는 의미 있
는 관점이다. 이런 부분과 시스템, 그리고 그 밑바탕에 자리잡
은 개념이 뒤섞여 언제 어떻게 보철물이 우리 삶에 들어오고 받
아들여지는지를 이야기한다. 이것이 바로 과학철학자들이 **생명
정치적**이라고 부르는 영역이다.

인종, 성별, 정치적 권리를 다룬 작품을 주로 쓴 시인이

자 수필가인 오드리 로드Audre Lorde는 1970년대 후반, 자신의 유방암 치료 과정을 기록한 《암 투병기The Cancer Journals》를 출간했다. 끔찍한 질병의 생존자로서 사색한 내용이 담겨 있는 책이다. 수술 후 회복 과정은 사회가 수용하는 정상적인 몸, 특히 여성과 여성의 가슴에 관한 갖가지 모순되는 의료적, 문화적 관념을 생각해보게 한다. 로드는 퇴원 후 처음으로 검진을 받으러 가던 날을 이야기한다. 오랫동안 손꼽아 기다린 날이었다. 이전에 로드는 자신의 "생존확률, 그리고 아마도 짧아졌을 수명이 자신의 작품과 우선순위에 미칠 영향"을 가장 걱정했다. "암에 걸리지 않게 예방할 수는 없었을까? 다시 재발하지 않으려면 무엇을 해야 할까?" 또 이런 질문도 던졌다. "내 삶은 당연히 내가 통제하는 것이라 여겨왔다. 과연 앞으로도 그게 가능할까?" 그러나 그날 병원에 다녀오면서 로드는 자신에게 주어진 선택과 결정이 타인에게도 의미가 있고, 단순한 기능 회복 이상을 상징한다는 것을 절실히 깨달았다.

가슴을 도려내고 열흘 뒤, 실밥을 뽑으러 병원에 갔다. 퇴원해서 집에 돌아온 후 첫 바깥 나들이였다. 몹시도 고대한 순간이었다. 친구가 머리를 감겨주었는데 검고 윤기가 흘렀다. 새로 난 흰머리가 햇빛에 반짝거렸다. 얼굴과 눈가에 생기가 돌아왔다. 나는 내가 가진 것 중에서 가장 젖빛이 강한 월장석 목걸이를 했다. 비대칭으로 오른쪽 귀에만 새 한 마리를 매달았다. 아프리카 켄테 천으로 된 튜닉을 입고 새로 산 가죽 부츠를 신자 자신이 꽤 괜찮아 보였다. 나는 역경을 딛고 일어나 살아 있음에 기뻐하는 아름답고 용감한 여성으로 새로 태어났다.

나는 마취제의 영향으로 아직도 내 뇌에 남아 있는 회색 덩어리의 한계 내에서 정말 기분이 좋았다.

병원에 들어가면서 진심으로 나 자신에 기뻤다. 내가 세상을 느끼는 방식, 내 재능, 내 스타일이 모두 만족스러웠다. 병원 간호사는 내 또래의 밝고 매력 있고 한결같은 여성이었는데, 나는 매번 그가 말없이 나를 지지한다는 느낌을 받았다. 마침 그가 나를 불러 검사실로 안내하면서 기분이 어떠냐고 물었다.

"정말 좋아요." 내심 정말 그래 보인다는 말을 기대하면서 대답했다.

"아, 근데 보형물을 착용하지 않으셨네요." 걱정스러운 어투였고, 전혀 질문처럼 들리지 않았다.

"아, 네. 별로 마뜩잖아서요." 나는 당황해서 잠시 머뭇거리다가 대답했다. 그 보형물은 병원에 있을 때 미국 암 협회 자원봉사자가 준 양털 퍼프였다.

늘 용기를 북돋아주고 공감해주던 간호사가 못마땅한 듯 나를 쳐다보며 임시 보형물이 진짜와 똑같지는 않겠지만 "안 하는 것보다는 낫다"면서, 실밥을 제거하자마자 "진짜"에 가까운 보형물을 착용할 수 있을 거라고 했다.

"착용하면 훨씬 기분이 좋으실 거예요." 그가 말했다. "사

실, 저희도 환자분이 꼭 보형물을 착용하시면 좋겠어요. 적
어도 진료받으러 오실 때만이라도요. 그렇지 않으면 진료
실 사기가 저하되거든요."[17]

로드는 그 말의 뜻을 바로 이해했다. 보형물 착용에 대
한 로드의 선택 여부가 (옳든 그르든) 하나의 서사가 되어 다른 사
람들에게 영향을 준다는 것이다. 수술 후 보형물 처방은 기능을
위한 것만이 아니었다. 어린 크리스에게 의사가 의수 착용을 권
했을 때처럼 거기에는 사회적 의미가 있었다. 비록 오늘날에는
유방을 절제한 환자와 간호사 사이에 저런 식의 이야기가 오가
는 일은 없겠지만, 성형 산업의 성행은 (암 수술뿐 아니라 출산 후, 또
나이가 든 후에도) 여성에게 외모가 미치는 지속적인 영향을 보여
준다. 쇠퇴와 차이, 비포 앤드 애프터가 남들의 눈에 띄지 않도
록 신체 외형을 복원하라고 강조하는 것은 당사자의 경험과 성
향이 바라는 대체 방식을 억누를 수도 있다.

로드의 경험을 단순히 재건 수술과 가슴 대체에 대한 총
체적 비판으로 받아들였다면 그것은 요점에서 벗어난 해석이
다. 테크놀로지의 선택 여부는 사적이고 복잡한 일이며 단순
한 양자택일의 문제로 치부할 수 없다. 로드와 같은 상황에 있
는 수많은 여성이 보형물에 진정한 이점이 있다고 판단하여 착
용을 선택한다. 궁극적으로 이 이야기는 무엇을 선택했느냐에
관한 것이 아니다. 보형물의 치료적 역할을 지나치게 강조한다
면 똑같이 긴급한 다른 사회적 협상이 가려질 수 있음을 알리려

는 것이다. 로드의 책은 보철장치를 통해 성이 차별받는 현실을 알리고, 자아를 문화적으로 이해하는 데 이런 장치가 중요한 역할을 한다는 사실을 일깨워준다. 이 책은 1980년에 출간되었지만, 세상이 달라지는 동안 놀라울 정도로 변하지 않은 것도 있다. 몸은 절대로 개인이 혼자서 선택한 부분의 합이 아니다. 흑인 여성이자 레즈비언으로서, 1970년대에 활동한 운동가로서 로드는 이 사실을 잘 알았다. 극한의 불일치 상태에서 살아가는 사람이 감당해야 할 위험은 크다. 그들은 또한 인종, 성별, 권력이라는 다른 정체성의 지표에 좌우되거나 그것과 더불어 변화한다. 그러나 몸은 주변의 물질세계에 의해서도 생산된다. 보형물은 생물학적인 만큼 정치적인 것이기도 하다.

대체 가능한 군인, 바이오닉맨, 부상당한 노동자, 이상적인 여성. 모두 보철물에 의해 확장된 **사람**의 이야기다. 그 보철물을 만든 기술은 기능적이지만 사회적이기도 하다. 장애의 의미 또한 그러하다. 보철물의 이용 가능성과 선택 여부는 그 착용자에 관한 이야기를 담고 있다. 이 이야기에서는 보철물이 얼마나 최신이냐가 아니라, 실질적으로 얼마나 쓸모가 있느냐가 중요도를 판단하는 기준이 된다.

신체, 능력, 인간의 가치. 우리 몸이 변할 때 어떤 도구가 중요한 대체 부품이 될까? 도구를 결정할 때 자신이 진정으로 바라는 것이 무엇인지, 자신이 선택할 수 있는 조건에 무엇이 있는지 정확히 알기는 할까? 나는 도구가 한 사람의 인생에서 필요의 에너지를 얻는 순간에 관심을 기울였다. 우리 몸이 가닿는 범위를 확장하는 것은 곧 다시 생각하고 다시 발명하고 다시 새롭게 하려는 의지이기 때문이다. 신체의 대체물은 여러 형태로 존재한다.

신디의 집에는 수십 개의 케이블 타이가 널려 있다. 일부는 사용 중이고 나머지는 대기 상태다. 케이블 타이는 아주 평범하고 보잘것없는 물건이다. 플라스틱으로 된 십여 센티미터짜리 끈에 한쪽에는 구멍 뚫린 사각형이, 다른 쪽에는 여러 개의 홈이 파여 있고 끝이 뾰족하다. 생활용품 중에서도 가장 두루 쓰이고 값도 싸다.

많은 사람이 케이블 타이를 이용해 전선 다발처럼 거추장스러운 물건을 깔끔하게 정돈한다. 뾰족한 끝을 휘어 반대편의 사각형 구멍에 넣고 끝까지 당기면 래칫 방식의 홈에 걸려 끈을 잘라내지 않는 한 풀리지 않는다. "몇백 개까지는 아니고 적어도 몇십 개씩은 두고 있어요." 신디가 말했다. 신디의 집에서 케이블 타이는 서랍장 손잡이에, 잔돈과 립스틱을 넣은 작은 가방의 지퍼 손잡이에, 자동차 백미러에 매달린 주차권에 달려 있다. 신디는 항상 여분을 준비해두고 있다. 언제 필요할지 모르니까.

신디는 팔다리가 모두 절단되었다. 예순셋의 나이에 심장마비로 쓰러진 후 장기간의 혼수상태에서 깨어나보니 이런 상태였다. 그는 병원에서 몇 달을 보내고 오랜 물리치료 과정을 거친 후 팔과 다리가 완전히 달라진 채로 집에 돌아왔다. 양쪽 다리를 무릎 밑으로 완전히 잃었고, 손가락 열 개가 모두 사라졌다. 한쪽 손은 어설프게나마 물건을 잡을 수 있지만 온전한 손가락은 없다. 그는 심하게 변형되어 예전과는 전혀 다른 적응과 개조가 필요한 몸으로 살게 되었다. 신디는 여전히 화장과 장신구를 사랑하며, 보스턴 외곽의 나무가 우거진 조용한 주택에서 산다. 벽에는 자식과 손주의 사진을 잔뜩 걸어놓았다. 신디는 자기 삶의 극적인 비포 앤드 애프터를 거침없이 말한다. "모처럼 휴가를 갔는데 완전히 다른 인간이 되어서 돌아왔다오." 그러면서 이렇게 힘주어 말했다. "하지만 난 변한 게 없어요."[18]

21세기 미국에서 신디처럼 값비싼 민간 의료서비스를 받고 있는 사람들은 특별한 의수와 의족의 시험 대상이 된다. 마이크의 의수처럼 정교한 기술을 사용한 근전기 모델인데, 생김새도 인간의 손과 비슷하고 기능도 점차 진짜 손을 닮아가는 최신 기종이었다. 신디는 이 보철장치를 "다스 베이더의 팔"이라고 부른다. 검고 광이 나며, 쉽게 입고 벗을 수 있게 소매에 지퍼가 달렸고, 손가락 관절은 세심하게 제작된 기계 부품에 연결되어 있다. 손에는 열 가지 이상의 그립 패턴이 있어서 프로그램을 실행하면 예를 들어 문손잡이나 나무 숟가락을 잡을 수 있게 손가락과 손바닥이 모양을 잡는다. 마이크의 팔처럼 몸의 말단 신경과 소통하며, 내부에 센서가 있어서 자극을 느끼고 과제를 수행하는 시간을 단축한다.

보철사prosthetist와 보험 양식을 작성하는 데만 수개월이 걸렸고, 이후에 미국 중부에 있는 제조사에 직접 가서 일주일간 사용법을 훈련받았다. 신디는 희망에 부풀어 다른 환자들과 함께 부지런히 원뿔 블록을 쌓아올리며 새로운 팔과 친해지려고 애썼고, 기능을 복원시켜주겠다는 약속에 열광했다. 어떤 이는 이 팔이 자신의 일상을 바꿔놓았다고 했다. 신디는 유머감각이 남다른 사람이라 엔지니어에게 하늘을 가리킬 수 있도록 가운뎃손가락 하나만 치켜세우는 패턴도 꼭 넣어달라고 부탁했다. 이 물건은 분명 현대 의학의 자랑스러운 결과물로서 신디의 옛 몸과 새 몸을 이어주었다. 사람들이 신디의 상황에서 가장 이상적인 도구가 될 거라고 상상한 바로 그것이었다.

그러나 오늘 신디네 집에서 그 팔은 벽장 안에 한가하게 놓여 있다. 뜨겁고 무겁고 아프고 지나치게 복잡해서 일상에서 사용하기에는 너무 번거롭기 때문이다. 그렇게 거듭 연습했던 로봇 팔은 겉으로는 대단히 매력적이고 엄청난 공학적 위업임이 틀림없지만, 디자인에 있어서만큼은 투박한 거인이었다. 적어도 이론적으로는 손이 하는 일을 그대로 모방했지만 신디가 보기에는 제대로 하는 일이 없었다. 그래서 이 고가의 기계는 애물단지 신세가 되었고, 대신 일개 케이블 타이가 집안 전체를 장악하며 필수적인 일상의 업무를 수행했다. 부엌 서랍 하나를 열기 위해 근전기 팔의 패턴을 번잡하게 조정하는 대신 손잡이에 달아놓은 케이블 타이 고리를 잡아당겨 간단하게 서랍을 열수 있기 때문이다. 가벼운 플라스틱으로 된 이 고리들은 신디의 몸에서 사라진 손가락의 필요를 줄여준다. 번거롭고 몸을 느려지게만 할 뿐인 '정상' 기능의 복원 대신, 지금 몸 그대로도 서랍을 열 수 있는 바람직한 확장이다.

신디의 삶에는 케이블 타이 같은 물체가 가득하다. 과학기술 잡지의 "혁신적인 신제품" 페이지에는 결코 실릴 일이 없는 흔한 생활용품을 사용해 원시적인 기술로 만든 것들이다. 그중에는 애초에 보조기술 시장을 타깃으로 디자인된 가정용품도 있다. 예를 들어 신디가 데오도란트 통을 감싸는 데 사용한 벨크로 테이프는 어디에나 쉽게 적용할 수 있다. 기존 도구가 성에 차지 않을 때 신디는 직접 필요한 도구를 제작하기도 한다. 손으로 하는 일을 되찾고 싶어서다.

가령 신디는 화장품이나 땅콩버터 병을 여는 방법을 찾고 있었다. 남들처럼 손목과 손의 조합으로 뚜껑을 돌릴 수 없기 때문이다. 신디는 작업치료사들이 일상의 사물을 개조해 마법 같은 일들을 해내는 걸 보고 자신도 재주를 발휘해 유용한 조합을 고안해냈다. 그는 대학생들이 기숙사 방에 못을 박지 않고 포스터를 걸 때 쓰는 양면테이프가 부착된 플라스틱 벽걸이 후크를 사다가 병뚜껑에 단단히 붙였다. 그리고 오른손으로는 통을 붙잡고, 왼손의 남은 손가락으로 뚜껑의 고리를 잡아서 힘을 주어 돌린 다음 뚜껑을 열었다. 남은 손가락은 뚜껑 전체를 덮고 돌릴 만큼 길지 않지만 고리를 붙이니 그 일이 가능해졌다. 이렇게 개조하는 데는 비용이 채 1달러도 들지 않았다. 신디에게 필요한 것은 기적처럼 팔과 다리를 대체하는 단일 제품이 아니라, 그때그때 유용하게 쓰이는 개조와 확장의 모음이었다.

이 경우 과제는 작업에 필요한 섬세한 운동신경 조율을 위해 선택된 다수의 물건, 즉 하나의 '범용' 팔이 아니라 적재적소에 사용되는 여러 개의 물건에 할당된다. "하나같이 내가 인터넷을 돌아다니다가 발견했거나 누군가 말해줘서 알게 된 것들이라우." 신디가 말했다. "당연히 더 쉽고 편하게 해줄 것들이 있겠지만, 그게 뭔지 당장 알 수는 없으니까."

신디의 컬렉션에서 가장 인상적인 물건은 고작 몇 달러를 들여 제작된 것으로, 필요가 아닌 신디의 소망으로 만들어진 것이다. 첨단 기술로 만든 팔과 손이 자신이 바라던 해결책이 아님을 깨달은 후, 신디는 보철사에게 자신이 잃어버린 일들을 되찾을 아이디어를 요청하기 시작했다. 그중 하나가 친구들에게 손으로 감사 카드와 편지를 쓰는 것으로, 이는 신디가 평생 소중히 여긴 습관이었다. 사실 강력한 문자-음성 변환 소프트웨어가 장착된 스마트폰 시대에 살면서 굳이 불편한 손으로 글씨를 쓸 필요는 없었다. 그러나 신디는 그러고 싶었다. 이것이야말로 중요한 문제다. 이런 특별한 대체를 시도하는 데는 의미와 목적이 있다. 신디는 자신의 새로운 몸을 적응시키며 어렵사리 평화를 찾아가고 있었고, 이 평화에 일조할 적절한 도구를 찾아다녔다.

신디의 보철팀은 유나이티드 프로스테틱스라는 4대째 내려오는 가족 기업으로, 보스턴 근교 도체스터에서 마르티노 형제가 운영한다. 그들은 기꺼이 실험을 시작했다. 거창한 연구에 쏠린 세상의 이목에서 벗어나 그 너머에서 돌아가는 세상을 건설하고 손보는 사람들이었다. 이들이 신디의 남겨진 손에 딱 맞는 단순한 실리콘 캡을 만들었다. 가벼우면서도 손가락에 꼭 들어맞았고, 글씨를 쓸 수 있는 각도에 맞춰 두 개의 구멍을 뚫고 볼펜을 심었다. 반복된 시험을 거쳐 보철사 그레그 마르티노 Greig Martino는 신디가 다시 글씨를, 그것도 자신의 글씨체로 쓸 수 있는 맞춤형 의수를 만들어냈다. 신디의 첨단 기술 팔에 비하면 공짜나 다름없었다. 이것은 부분의 합 이상이 된 도구였고 확장된 몸이었다. 신디는 이 골무 볼펜을 가방에 넣고 어디나 들고 다닌다. 이 보철물은 공학의 참신성이 아닌 자아와 몸, 그리고 세상과 원하던 방식의 상호작용이 밀접하게 배치되어 그 가치가 싹텄다. 기술적 전문지식이 없어도 신디 자신이 요청할 수 있었던 물건이다. "그 펜을 손에 넣은 후로 나는 단순한 디자인에 열광하기 시작했다오. 다른 뭔가를 또 만들 수는 없을까? '이 손가락 골무에 뭘 끼우면 내 삶이 더 쉬워질까'를 고민하는 거지. 사람은 누구나 되도록 쉽게, 또 남의 눈에 유별나 보이지 않게 밥을 먹고 싶어하지 않수. 그랬더니 그레그가 이러더군. '포크를 만들어보면 어떨까요. 나이프와 스푼도 만들 수 있어요.'"

신디가 매일 사용하는 보철물을 모두 모으면 보관소 하나는 차릴 수 있을 것이다. 종이 신문을 펼쳐두기 위해서는 논슬립 플라스틱을 씌운 폼 코어 시트를 사용한다. 친구가 직접 칠해서 선물로 준 원목 거치대는 신디가 매주 브리지 게임을 할 때 카드를 똑바로 세워준다. 부엌에는 샌드위치를 집을 미니 집게 세트가 걸려 있다. 집 안에서 이동할 때 사용하는 보행기에는 카라비너(등반 등에 사용하는 금속 고리)들이 장착되어 있어서 필요한 물품을 매달 수 있다. 신디는 이 보행기를 이동식 "중앙 사령부"라고 부른다. 이 물건들을 다 합쳐도 하나의 대체 가능한 팔이 되는 것은 아니다. 하지만 모두 제각각 신디의 활동 범위를 넓힌다.

신디의 이야기는 변화하는 몸, 특히 나이와 함께 달라지는 몸의 보편성을 생각하게 한다. 신체의 가소성은 모든 방향으로 작용한다. 시간이 지나면서 서서히, 또는 갑작스럽게 폐쇄와 개방이 일어난다. 원래 두 손을 사용했는데 손목을 다쳤거나 손가락이 부러진 사람은 적어도 처음에는 일상생활과 타협하기 힘들다. 일상의 습관적인 동작을 갑자기 못하게 되면 이렇게 묻는 것이 당연하다. '이제 어떻게 저녁을 만들고 샤워를 하고 아기의 기저귀를 갈지?'

이런 일시적인 변화를 겪을 때도 잃어버린 것과 줄어든 것만 보고, 또 편협하게 정의된 대체물만이 몸의 확장된 필요에 응답한다고 상상하기 쉽다. 그러나 한 번에 전부를 대체할 가능성이 한계에 이르면, 그때는 유동적인 몸을 위해 다른 무엇을 할 수 있을까? 신디를 보고, 마이크와 크리스를 보라. 부상당한 수천의 병사를 마음속에 소환하고, 마지막으로 병원 대기실에 앉아 있던 오드리 로드를 생각해보라. 주변 환경과의 안무를 짠다는 점에서 몸은 단지 인간의 동물적인 부분만은 아님이 명확해질 것이다. 인간이라는 모든 피조물의 가능성은 부분적으로는 시간과 장소에 실제 존재하는 구체적인 것으로 생겨난다. 어떤 몸이든 몸은 그 신호를 받아들이고, 가능한 자원을 이용하고, 주변의 사물과 함께 그 가능성을 발명할 것이다.

의자

'DIY 살인'부터 골판지 가구까지:
하나를 위한 모두,
또는 모두를 위한 하나,
어느 것이 더 나은 세상을 위한
설계인가?

ADA 팀이 니코가 사용할
골판지 의자를 제작하기 위해
치수를 재고 있다.

마크와 베라가 두 살짜리 아들 니코와 함께 사는 맨해튼의 아파트는 빛, 그리고 어린아이가 있는 집에 있을 법한 아기 장난감, 침대, 유모차, 그 밖의 필수적인 아기용품이 가득하다. 그런데 거실 모퉁이에 평범해 보이지 않는 가구가 한 점 있다. 세상에서 단 하나뿐인 의자다. 두 가지 푸른 색상을 윤기 나게 칠한 이 의자는 등받이와 팔걸이와 좌석이 정사각형 받침대에 올려져 있고, 부드러운 천 재질의 탈착 가능한 벨트와 머리를 받쳐주는 베개가 있다. 갈색 곱슬머리의 니코가 밝은 우주복을 입고 일반적인 수직 형태가 아닌 뒤로 30도 정도 편안히 젖혀진 이 의자에 앉아 가끔 나를 유심히 바라보았다.

나는 니코의 부모에게 일과 삶에서 내가 누구보다 절실히 이해하는 상황을 이야기하는 중이다. 내 품에 들어온 아기가 전혀 예상하지 못한 존재였을 때 일어나는 일들에 관해서 말이다. 마크는 신경발달 장애 임상 분야에서 오래 연구해왔기 때문에 갓 태어난 니코의 상태를 알았을 때 다른 부모보다 상황을 더 빨리 파악했다. "우리가 어떤 상황에 직면했는지 바로 알았어요." 마크가 말했다. 대화 중에도 마크와 베라는 니코를 어르고 놀아주었다. 그는 사랑받고 있었다. 하지만 니코에게 내려진 진단은 힘겨운 것이었다.

니코는 STXBP1라는 희귀 유전질환을 앓았다. 발달장애이자 뇌전증성 뇌병증으로 걷기와 말하기 같은 일상의 운동 기술에 심각한 장애가 일어나고 인지 발달이 지연된다. 비전형적인 몸으로 살아야 하는 희귀한 유전자 돌연변이이다. 니코는 앞으로 많은 도움을 받으며 살아가야 한다. 현재 두 살인 니코는 혼자서 똑바로 앉는 힘을 키우는 초기 단계에 있지만, 부모와 물리치료사는 기다리는 것만이 능사가 아님을 알았다. 모든 놀이는 아이들에게 사회적 기술과 신체 발달 기술을 키워준다. 그리고 이 의자 덕분에 그 조합된 놀이가 가능해진다. 좌석과 등받이는 받침대에 경첩으로 연결되어 상체 근육을 단련할 때는 90도로 세웠다가, 놀 때는 다양한 각도로 기울여 아이가 너무 힘들이지 않고 편안히 놀 수 있는 지지대 역할을 한다. 뒤로 젖힌 상태에서는 몸의 무게를 의자가 지탱하므로 똑바로 앉아 있는 데 에너지를 쏟지 않아도 상체가 편안한 자세를 유지한다. 우리 세 사람은 앉아서 니코가 노는 모습을 지켜보았다. 자세가 안정된 상태에서는 손과 팔이 자유로워져 섬세한 운동 놀이를 할 수 있다. 니코는 편안한 자세로 놀다가 가끔 옹알이하며 우리 대화에 끼어들었다. 그는 의자 앞에 달린 분리 가능한 선반에 장난감을 올려놓고 버튼을 누르거나 불이 켜지는 것을 보는 등 유아의 기본적인 놀이 활동을 한다. 이 활동은 손가락에 적당한 힘을 주어 누르는 연습이기도 하고, 인과관계를 익히는 과정이기도 하다. 신체 발달과 인지 발달이 동시에 자극되는 놀이이다.

페인트칠과 방수 처리가 잘 되어 있어서 얼핏 봐서는 이 의자가 골판지를 잘라 테이프와 풀을 붙여 만든 것인 줄 알 수 없다. 주재료인 3중 골판지는 단순한 형태의 판지로, 종이 세 장을 겹쳐서 만들고 그 사이에 골심지를 넣어 강도를 높인 것이다.

이삿짐 상자에 쓰일 정도로 튼튼한 이 판지가 바로 적응형디자인협회Adaptive Design Association(ADA) 디자이너들이 지난 30년간 맨해튼 의류 구역의 한 상점에 딸린 공방에서 뉴욕시 전역에 있는 어린 장애인들을 위해 만든 저렴한 맞춤형 가구의 주재료이다. 다른 회사의 카탈로그에서도 적응형 보조 의자를 찾을 수 있지만, 이 의자는 다른 누구도 아닌 니코만을 위해 제작되었다.

　　　ADA는 일부는 사무실, 일부는 공방으로 운영되는 2층짜리 건물로, 미드타운 거리를 향한 해가 잘 드는 창문으로 공방 직원들이 만든 갖가지 알록달록한 의자와 가구가 보인다. 맨해튼의 이 구역은 구슬이나 단추를 파는 가게가 대부분이라 지나가던 사람들이 한 번쯤 뒤돌아서 전시된 의자들을 보고 간다. ADA에서 만드는 모든 가구는 주문 제작된다. 내가 방문한 날, 나는 제작 과정의 여러 단계에 있는 의자 십여 점을 볼 수 있었다. 이제 막 만들기 시작한 것, 테이프를 붙이고 색칠을 해둔 것, 포장되어 집이나 학교에 배달될 준비를 마친 것들이 있었다. 이 공방에는 온갖 재료가 있지만 가장 흔한 것은 골판지이다. 구석에는 큰 골판지가 높이 쌓여 있고, 작은 조각들은 사방에 널렸으며, 띠톱이나 박스커터로 잘라낸 뾰족한 부스러기가 근처 휴지통에 가득 채워져 있었다. 이 재료가 하는 모든 일을 사랑하기까지는 그리 오래 걸리지 않았다.

　　　많은 사람이 골판지를 재활용 쓰레기로 취급하지만, 3중 골판지의 구조는 놀라울 정도로 튼튼하다. 이 골판지는 종이로 만들어졌다. 가볍고 쉽게 재활용할 수 있는 흔하고 보잘것없는 재료다. 그러나 종이 세 장을 겹치고 그 사이에 파도 모양의 골심지를 끼우면 골심지가 건물의 철근 역할을 하면서 구조가 말도 안 되게 튼튼해져서 1제곱센티미터당 약 77킬로그램이라는 엄청난 무게를 견딘다. 구조의 주요 위치에서 버팀목이 되는 골판지는 각종 구조물에 적합한 정확성과 유연성이 적절히 섞여 있다. 정밀 톱으로 정확히 잘라내거나 살짝 칼집을 낸 다음 접어서 모양을 만들 수 있고, 실수도 비교적 쉽게 보정된다. 가장자리를 테이프로 두르거나 폴리우레탄 실란트로 마감하면 여러 번 사용해도 어지간해서는 마모되지 않는다.

　　골판지는 기특한 재료 이상이다. 골판지는 구체적인 형상으로 거듭난 철학적 발상이다. 흔히 골판지를 배송 상자나 귀중품을 보호하는 완충재, 또는 건축 모형의 초안 재료쯤으로 생각한다. 그러나 골판지는 초안과 완성품을 모두 만들 수 있다. 임시 가구를 만들 만큼 튼튼하지만, 필요하면 반영구적으로 몇 년이고 사용할 수 있다. 이 재료는 밑그림처럼 언제든 수정하고 다시 모양을 잡을 수 있는 유연성이 있고 심지어 마음에 들지 않으면 고민하지 않고 버려도 된다. 골판지는 임시로 사용할 수 있다는 장점이 있고, 튼튼한 강도를 제공하면서도 실험 정신을 허락한다. 임시적이면서 튼튼하다는 비현실적인 미덕의 조합은 적응형 가구 디자인에 최적의 조건이다. 또한 니코를 비롯한 어린아이의 발달적 특징인 가소성과도 잘 어울린다.

　　기계 공작실과 제작 공간은 시끄럽고 친근하다. 먼지가 날리는 가운데 예닐곱 명이 청바지 차림에 소매를 걷어붙이고 작업 중이다. 빠른 절단을 위해 방 가장자리에는 전동 도구가 있고, 컴퓨터 수치 제어 라우터와 3D 프린터가 있다. 한쪽에는 어쩐 일인지 유효기간이 만료된 지하철 카드가 쌓여 있다. 풀을 골고루 펴 바르기에 이만한 도구가 없다고 한다. 골판지를 접기 위해 선을 그을 때도 전문가의 도구가 아닌 숟가락 손잡이를 사용한다. ADA는 요즘 말로 '메이커 스페이스'이고, 이곳에서 가장 많이 사용되는 도구와 재료는 박스커터, 가위, 곧은자, 나무 망치, (벽에 달린 연필깎이로 깎은) 연필, 어마어마한 양의 접착제, 벨크로 테이프, 평범한 주방 도구들이다. 그렇다고 정교함이 부족하다거나 학창 시절의 추억 소환에 불과하다고 깎아내려서는 안 된다. 이곳에는 친근하고 접근하기 쉬운 도구로 탄생한 혁신의 정신이 있다.

    ADA의 이념은 특정 기술이나 재료가 아닌 전 과정을 개방하고 민주적으로 유지하는 데 있다. 전문지식과 노하우를 감추고 수호하는 게 목적이 아니라는 말이다. 이곳에서는 제작 경험이 없는 부모나 교사라도 환영받고 있다는 느낌을 주고자 한다. 디자이너, 의사, 치료사뿐만 아니라 누구나 좋은 아이디어를 낼 수 있다고 믿기 때문이다. 그렇다고 아무나 제작을 할 수 있다는 뜻은 아니다. 이 작업에는 분명히 정교한 기술과 재주가 필요하다. 그러나 ADA 직원들은 누구든 언제나 아이디어를 내고 개발 중인 모델에 관해 의견을 말해도 좋다고 적극 권한다. 이런 단순성과 겸손함은 훌륭한 도목수만큼이나 정확하고 철저한 이곳 제작자들의 윤리이다. ADA 공방은 가장 넓은 의미에서 접근성에 대한 하나의 메시지가 되길 원한다. 즉, 건설환경과 그 안의 모든 구조물은 결국 인간이 내린 결정의 산물임을 상기시키는 것이다.

나는 지난 몇 년 동안 ADA 공방을 지켜봐왔고, 특히 ADA의 공동 설립자이자 2019년 말까지 대표였던 알렉스 트루스델Alex Truesdell의 행보에 주목했다. 트루스델은 말하자면 ADA의 순회 설교자이다. 소규모 교실에서 목공 기술을 가르치든, 가족들과 상담하든, 공공장소에서 많은 청중을 대상으로 이야기하든, 그는 ADA의 지칠 줄 모르는 우두머리 전도사이다. 실용적인 머리 모양과 파스텔톤 카디건은 모두에게 이 지어진 세계의 독단적 설계를 알리려는 그의 단호한 투지를 숨긴다. "사람들은 이곳이 가구점이라고 생각하지만, 사실 폭탄 공장이에요." 트루스델이 내게 말했다.

특수교육처럼 '남을 돕는 직업'을 가진 여성의 일은 '보람'이 어설프게 강조되는 바람에 그 일의 급진적 성향이 평가절하되는 경향이 있다. 트루스델도 그것을 잘 알았다. 그는 미국 메인주에서 시각장애 아동을 가르치는 교사였다. 숙모가 척수 손상으로 갑작스럽게 손의 운동 기능을 상실했을 때, 삼촌이 예를 들어 둥근 문손잡이를 레버형으로 교체하고, 칫솔 손잡이 끝에 테니스공을 끼워 아내가 혼자서도 사용할 수 있게 하는 등 기발한 발명으로 아내의 적응을 돕는 모습을 지켜보면서 자신의 일에서도 다른 길을 모색하기 시작했다.

트루스델은 이런 해결책들을 보고 놀라기도 하고 좌절하

기도 했다. 자신의 일터에서 발명의 가능성은 언제든 구현될 준비를 마치고 대기 중이었지만, 그러려면 기계적 능력은 물론이고 기계적 성향, 즉 무엇이 필요한지 살피고 제작하고 시행착오를 거치며 방향을 바꾸는 능력이 필요했다. 트루스델은 보스턴 외곽의 퍼킨스 맹학교에서 인턴 교사로 일하면서 이런 식으로 학생들을 도울 방법은 없을지 고민하기 시작했다. 기존 보조장치처럼 비용이 많이 들거나 구매 승인을 받기까지 긴 서류 작업을 거치는 일이 없이도 필요한 물건을 제때 만들어 제공할 방법을 모색한 것이다. 트루스델은 자신의 부족한 제작 경험으로 일을 그르칠까봐 약시인 신생아에게 시각 자극을 주는 고대비 모빌 등을 만들며 기초적인 목공 기술을 익혔다.

그러던 어느 날, 우연히 학교의 오래된 수납장 안에서 다리와 팔의 길이가 비대칭인 학생을 위해 제작된 골판지 의자를 발견했다. 평생의 영감이 떠오른 순간이었다.[1] 이런 저렴하고 튼튼한 재료가 있었다니. 반영구적 가구에 적합한 이 재료는 비정형적이면서도 성장이 빠른 아이들의 몸이라는 조건에 더없이 안성맞춤이었다.

그때부터 가구는 트루스델이 아이들의 학습과 발달을 지원하는 중심 아이템이 되었다. 의자는 아이들이 앉아서 과제를 하는 보편적인 가구이지만, 맞춤형 의자는 한 아이를 그 아이만의 상황에서 생각하게 했다. 아이가 테이블이 아닌 바닥에 앉고 싶어할까? 그게 형제자매와 함께 놀기에 더 좋을까? 학교에서 악기 스탠드에 손이 닿고 싶을까? 트루스델은 주어진 일을 할 수 있는 올바른 도구를 만들 더 나은 방법을 보기 시작했다. 그것은 몸이 가진 잠재력, 세상을 만나는 모든 몸의 추진력 있는 역동성에 대한 믿음을 바탕으로 한 맞춤화였다.

트루스델에게 그 도구는 대체로 의자였다. ADA에서 매번 주문을 받아 저렴하게 제작되는 의자보다 더 기발하고 튼튼하고 눈을 뗄 수 없이 아름다운 의자를 나는 본 적이 없다. 공방은 다리가 약해 걷지 못하는 열 살짜리 아이를 위한 의자를 만들었다. 아이는 자신의 팔과 손으로 가구에 기어오르고 계단을 오르내렸다. 그래서 ADA는 아이를 위해 들어오고 나가기가 쉬운 의자를 만들었다. 산소통 자리가 마련된 의자와, 교실이나 급식실에 어울리는 의자, 일할 때 또는 놀 때 사용할 의자도 만들었다. 나무와 PVC 파이프를 사용해 넓은 좌석이 장착된 킥보드도 제작했는데, 안전한 이동을 위해 충분히 작은 바퀴를 사용했다. 의자에 발판을 설치하고, 다양한 높이의 스툴을 만들었다. 때로 이들은 상상도 할 수 없는 고통을 달래줄 디자인을 한다. 몇 년 전, 선천성 척수근위축증을 앓는 아기를 위해 가벼운 캐리어를 제작했다. 아기가 극심한 통증을 느끼는 바람에 안아줄 수 없었던 부모가 ADA를 찾았다. 공방에서는 골판지와 완충재로 요람처럼 생긴 구조물을 만들었다. 그 안에서 아기는 편안히 기댈 수 있었고, 세상에 머무르는 8개월 동안 가족들 품에 안겨 지냈다.

ADA는 맞춤형 흔들의자와 엎드린 자세를 받쳐주는 의자, 아이의 필요와 소망을 6밀리미터까지 정확히 맞춘 의자-테이블을 만들었다. "한 사람을 위해 제작하라. 그럼 모든 것이 달라질 것이다." 트루스델의 말이다.

의자가 집과 사무실의 기본 세간인 문화에서, 의자는 마치 시간을 초월한 생필품인 양 언제나 존재했던 물건처럼 보인다. 그러나 적어도 인체공학적 구조와 지지의 측면에서 대부분의 좌식 가구는 인간의 몸이 필요로 하는 것과는 큰 상관이 없다. 의자는 몸과 세상의 만남을 놀라운 방식으로 드러내는 물건으로, 장애의 원인이 되기도 하고 장애를 완화하기도 한다.

이 사물의 오랜 역사를 추적한 역사학자 갤런 크렌츠 Galen Cranz는 저서 《의자: 문화, 신체, 디자인을 다시 생각하다 The Chair: Rethinking Culture, Body, and Design》에서 "모든 앉기는 해롭다는 상당한 증거가 있음을 직시하자"라고 썼다.[2] 물론 '모든'은 아니다. 이동을 위해 휠체어를 사용하는 몸에는 의자가 매우 훌륭하고도 필요한 기술이다. 앉는 것 자체에 문제가 있는 것은 아니다. 어떤 동작이나 자세든 변화 없이 반복되면 몸에 필요한 움직임을 주지 않으므로 좋지 않다. 그러나 수십 년간 크렌츠는 산업 사회의 좌식 문화에 익숙한 많은 사람들에게 의자가 몸에 통증과 장애를 일으키는 주요 원인이라고 주장해왔다. 몇 시간이고 한 자리에 앉아 있는 것은 등과 코어 근육을 약화시키고 엉덩이를 지나는 신경들을 짓누르고, 몸이 최고의 에너지와 집중을 얻는 데 필요한 혈액순환을 제한한다. 산업화된 세계를 조금만 파헤쳐도 금세 명백해지겠지만, 대부분 현대인의 몸은 그런 자세를 장시간 유지하는 것에 적합하지 않고 과거에도 그런 적은 없었다. 크렌츠에 따르면 광범위한 연구 결과, 의자에 앉아 있는 것은 "각종 허리 통증, 피로, 정맥류성 정맥, 스트레스, 횡격막 문제, 혈액순환 및 소화불량, 전반적인 신체 발달 문제"와 관련이 있다. 가령 버스나 중장비 기사처럼 말 그대로 몸이 의자에 묶여 있는 일은 기대 수명을 낮출 정도로 해롭다는 증거가 늘고 있다.³

인류 역사 대부분에서 몸이 세상과 만나는 자세의 표준은 다양했다. 일상의 과제에서 쪼그려 앉기는 엉덩이를 대고 앉는 것만큼 자연스러운 자세였고, 어느 고대 문화에서는 누워서 먹는 것이 관습이었다. 그렇다면 왜 유독 의자에 앉는 것이 많은 현대 문화에서 그토록 만연해졌을까? 크렌츠는 다른 모든 유형물과 마찬가지로, 기능은 이야기의 일부에 불과하다고 말한다. 언제나 그렇듯, 나머지는 문화다. 문화는 사람들이 일을 처리하는 방식이며, 대를 이어 늘 그렇게 해왔기 때문에 일반적인 관행으로 지속된다. 크렌츠는 "생물학, 생리학, 해부학보다 파라오, 왕, 경영진이 훨씬 의자와 관련이 있다"라고 썼다.⁴

역사가들이 "클리스모스klismos"라 부르는⁵ 역사 속 한 의자는 지위와 계급의 표현으로 진화했다. 딱딱하고 평평한 평면이 있는 구조물, 예를 들어 왕좌에 높이 앉아 다른 사람들에게서 멀리 떨어져 있는 것은 고대 이집트와 유럽 남동부 지역에서 오래전부터 개인의 권력과 리더십을 인정받는 한 방식으로 진화했다. 의자는 중세와 르네상스 시대까지 권위의 상징으로

6 지속되었고, 이런 상징주의는 현대에 와서도 많은 리더의 자리에 은유로 살아 있다. 위원회나 조직의 의장직을 맡고(영어로는 동사 'chair'를 쓴다-옮긴이), 영화 촬영장에서 지정된 '감독 의자'에 앉는 행위는 여전히 권력의 자리를 고수하려는 의지를 나타낸다.

서구의 산업화 이전에 스툴이나 벤치는 집 안의 흔한 가구였지만, 등받이가 있는 일인용 의자는 특별한 경우에만 쓰이는 물건으로, 대개는 부와 권력이 있는 자들이 점유하는 재산이었다. 19세기 대량생산 시대에 사회와 경제가 빠르게 변화하면서 처음으로 의자가 사람들의 일상에 투입되었다. 산업 현장의 반복 작업은 앉아 있는 자세를 요구했고, 그로 인해 의자의 수요가 늘어나면서 유럽과 미국의 중산층도 의자를 사용할 수 있게 되었다. 크렌츠는 그 이후로 "의자와 테이블 문화"[7]가 세계의 많은 지역에서 완전히 자리잡았다고 썼다.

현대 인테리어 디자이너들도 인체공학적 측면을 고려하지 않은 채 미학적인 면만 강조해 의자 형태를 바꿔댐으로써, 유행을 따르는 실용적 표준으로서의 의자가 영속하는 데에 한몫을 담당했다. 크기는 집 안에 맞춰져 작아졌지만, 여전히 의자는 방 안에서 가장 눈에 띄는 친숙한 해부학적 등과 엉덩이를 가진 짐승이며, 네발로 선 채 어서 와 앉으라고 손짓한다. 크렌츠는 의자가 이처럼 "건축과 의인화"가 뒤섞여 인간, 특별히 디자이너에게 매력적인 물건이 되었다고 강조한다. 의자는 흥미로운 구조를 가진 몸 그 자체의 메아리이다. 그러나 인간의 형상을 떠오르게만 할 뿐 실제로 의자가 몸을 지탱하기 위해 하는 일은 거의 없다. 일례로 많은 의자가 안락함을 강조하며 푹신한 쿠션을 자랑하지만, 인체공학자들은 여기에 부정적인 입장이다. 크렌츠는 "완충재를 과도하게 덧댄 의자는 안정된 표면에 앉아 있을 때보다 뼈가 더 많이 흔들리므로 엉덩이와 허벅지 살에 무게를 더 많이 싣게 된다"라고 썼다. 어떻게 편안함을 외치는 근사하고 푹신한 의자가 몸에는 그리 나쁠 수 있을까? 크렌츠에 따르면, 인체공학이라는 진짜 과학은 지속적으로 움직여야 하는 몸의 필요를 충족할 의자를 설계하라고 요구한다. 예를 들어 좌석의 각도가 앞쪽으로 기울어지고, 앉은 사람이 몸의 체중을 한쪽 다리에서 다른 쪽 다리로 옮길 수 있을 만큼 기저부가 유연한 의자 말이다. 그러나 대부분 이런 원리는 유행과 제작비 때문에 무시된다. 대개의 의자는 몸의 현실과 자연적인 진화, 또는 장기적인 사용을 고려해서 설계되지 않는다. 오히려 산업화한 신체가 제 몸의 필요를 의자에 양도하며 굴복했다. 크렌츠가 윈스턴 처칠의 명언에 빗대어 말했다. "우리는 의자를 디자인하지만, 그다음에는 의자가 우리를 빚는다."[8]

앉는 방식을 재발명하려는 시도도 당연히 있었다. 척추에 가하는 스트레스를 분산시키는 무릎의자, 짐볼 형태의 의자, 체중의 이동과 움직임을 자극하기 위해 엉덩이 부분이 둥글고 횃대처럼 높이 걸터앉는 스툴, 성장하는 어린이에 맞춰 좌석과 다리를 조정할 수 있는 어린이용 트립트랩Tripp Trapp[9]처럼 유연하게 설계된 의자도 있다. 서서 일하는 책상을 도입한 사무실도 있다. 그러나 일반적인 식당과 교실, 지하철이나 비행기 안에서는 편안한 착석감 따위는 내다 버린 듯한 의자들만 발견할 것이다.

물론 의자만이 아니다. 산업디자이너가 시장에 내놓는 아주 많은 제품이 몸과 상관없이 오직 대량생산, 필요가 아닌 참신함, 저렴한 가격을 목적으로 디자인된다. 한 디자이너는 이런 나쁜 디자인을 "DIY 살인Do-It-Yourself Murder"이라고까지 불렀다.

1971년, 빅터 파파넥Victor Papanek은 "역사상 지금처럼 다 큰 남자들이 앉아서 진지하게 전동 머리빗, 모조 다이아몬드를 붙인 파일 상자, 화장실용 밍크 카펫을 디자인하고 수백만 명에게 이 물건을 팔기 위해 머리를 굴린 적은 없었다"라고 썼다.

오늘날 산업디자인은 대량생산을 기반으로 살인죄를 저지르고 있다. 매해 전 세계에서 1백만 명을 죽이고 불구로 만드는 위험한 자동차를 설계함으로써, 경관을 더럽히는 영구적인 신종 쓰레기를 창조함으로써, 코로 들어가는 공기를 오염시키는 물질과 처리 과정을 선택함으로써, 디자이너들은 위험한 족속이 되었다.[10]

파파넥은 이 글에서 직업군 전체를 호출하고 있다. 첫 번째 책인 《인간을 위한 디자인》은 20세기 중반 산업디자인의 잘

못된 행보를 격렬하게 비판하며 디자이너들에게 그가 수의壽衣 디자인이라는 섬뜩한 말로 부른 것에 의문을 제기하라고 요구했다. 수의 디자인은 물건이 어떻게 기능해야 하고 얼마나 튼튼하고 오래 지속되어야 하는지는 생각지 않고 겉으로 보이는 모습에만 몰두하는 것을 말한다. 그는 우리가 매일 사용하는 제품이 도구로서 사용자의 몸과 원래의 기능에 얼마나 일치(또는 불일치)하는지를 중요하게 생각했다. 파파넥은 동료들이 책임을 회피하는 행태를 "만약 모든 의사가 일반 진료와 수술을 제쳐놓고 피부과와 성형외과에만 몰려들면 어찌 되겠는가"라고 빗대어 비판했다.[11]

당시 베스트셀러였던 파파넥의 책은 이제 사회에 경종을 울리는 고전으로 제시되고 있으며, 레이철 카슨의《침묵의 봄》과 제인 제이콥스의《미국 대도시의 죽음과 삶》처럼 산업과 문화를 일깨우려는 의도로 쓰인 텍스트의 계보를 잇고 있다. 파파넥은 제2차 세계대전의 여파와 함께 거대해진 광고 산업에 힘입어 생산 및 공급이 과거에 상상할 수 없는 규모로 급성장한 진정한 대량생산의 초기 시대에 응답하고 있었다. 파파넥은 제품 디자인이 "인간의 환경, 도구, 그리고 인간 자신까지" 변형하는 야심적인 일임을 이해했다. 그러나 전후 급성장이 불러온 현기증 속에서 디자이너는 길을 잃었다. 기술에 대한 문화의 전폭적인 믿음과 투자는 새롭고 빛나 보이는 것을 향한 탐욕을 부추겼고, 산업은 그것을 중개했다. 처음부터 단명이 예정된 신제품에 대한 대중의 묻지마 수용은 디자이너들 사이에서 "스타일과 폐물화obsolescence라는 사악한 쌍둥이"에 대한 충성을 키웠다. 새로운 스타일, 즉 수의 디자인을 위한 제작은 광고로 증폭되어 하루 사이에 못 쓰게 될 것이 분명한 불필요한 물건에 대한 공허한 욕구를 불러왔다. 금세 사라질 욕망을 위해 생산된 물건들은 곧 폐물화를 창조했고, 그것은 "쓰고 버림"을 받아들임으로써 안전 기준을 무시하게 만들었다. 그 결과, 일상용품으로 인한 불필요한 상해가 이어졌다. 파파넥은 자신이 글을 쓰던 당시 매년 위에서 문을 여는 세탁기로 인해 600명의 여성이 손을 잃고, 8000명이 화재 대피용 비상 사다리(바로 안전을 목적으로 제작된 물건이다)를 사용하다가 죽는다고 주장했다.[12]

최악의 상황에서 디자인은 불필요한 사고를 일으켰지만, 평범한 일상에서도 걷잡을 수 없이 부적합한 상황을 만들었다. 파파넥이 전형적인 디자인 과정의 아이러니함을 분석한 글을 보자. 바로 이 장의 주제인 의자가 그 대상이다.

한 가구 회사가 지금쯤 시장에 신제품을 내놓으면 수익을 낼 수 있겠다는 판단을 내리고 새 의자를 개발하기로 한다. 디자인 담당자는 새로운 의자를 설계하라는 지시를 받는다. 구체적인 제조 원가가 제시된다. 이 단계에서 인간을 중심으로 한 인체공학적 디자인이 실행되고 디자이너는 관련 자료를 참고한다. 미국에서 비서는 대부분 여성이지만, 안타깝게도 인적 요인 설계 데이터는 대부분 18~25세 백인 남성을 대상으로 수집되었다. (…) 데이터는 거의 전적

으로 갓 입대한 신병에서 얻었고 (…) 여성, 아동, 노인, 아
기, 불구자 등의 실측 데이터는 없다.

비서가 사용할 더 나은 의자를 디자인하기 위해 여러 분야
의 사람들이 함께 일할 때, 우리는 누구를 위해 디자인하는
것일까? 분명 제조사는 의자를 팔아서 돈을 벌려고 비서용
의자를 만든다. 그렇다면 사용자인 비서도 제작팀의 일부
여야 하지 않을까? 그리고 제품을 완성했을 때 제대로 테
스트해야 한다! 요새는 '평균적인' 비서 한 명을 데려와 새
의자에 고작 5분 동안 앉혀놓은 다음 묻는다. "자, 어떠세
요?" 테스터가 "와, 빨간 커버가 정말 색다르네요"라고 말
하면 그것을 좋다는 뜻으로 알아듣고 대량생산에 들어간
다. 그러나 타자는 하루에 8시간씩 매달려야 하는 업무이
다. 또 제대로 테스트했다 한들, 어떤 의자를 살지 결정하
는 것이 정말 비서 자신일까?[13]

이 시나리오는 파파넥의 책이 출간되고 50년이 지난 지
금도 사람들에게 친숙하다. 텔레비전 리모컨, 자동차 대시보드,
그 밖의 일상용품을 사용하는 이들과 그 디자인을 결정하는 자,
즉 사용의 편의성 이외의 동기를 부추기거나 억제하는 사람 사
이에는 넓은 간극이 있다. 여기에서 사람의 신체성bodiedness은
상실된다. 특히 수많은 의자 중 하나에 앉아서 일하는 일터에서
는 더욱 그러하다. 그곳에서는 인간의 노동이 살이나 근육이 아
닌 각자 맡은 역할과 과제로 측정되는 경제적 결과물로 취급된

다. 그러나 작업은 여전히 몸이 수행한다. 의자에 앉아서만이
아니라 아날로그 기계, 디지털 기계와 함께 각진 책상, 복사기,
작업대 사이에서. 격렬한 신체 활동을 요구하는 업무만 몸에 무
리를 주는 것은 아니다. 큰 움직임을 요구하지 않는 정적인 근
무 환경도 몸에 부담을 주기는 마찬가지다. 다시 말해 반복적으
로 허리를 굽혀 딸기를 따는 일이든 몇 시간이고 폰뱅킹 부스에
앉아 있는 일이든 똑같이 힘들다는 말이다.

　　파파넥은 특히 평범하지 않은 몸을 허락지 않는 디자인
에 더 가시 돋친 평가를 내렸다. 그는 노인, 장애가 있는 사람,
초등학생, 주류의 범위에서 벗어난다고 여겨지는 모든 집단 등
그들의 필요가 디자이너에게는 '특수' 또는 '예외'로 분류되는
사람과 상태에 더욱 초점을 맞추라고 요구했다. 파파넥이 지적
했듯이 우리는 모두 한때 어린아이였고, 청소년, 중년, 노년의
시기를 거친다. "겉으로 보기에 소수 집단", 그리고 그들의 "특
수한" 필요를 모두 조합해서 일한다면 결국 "다수를 위해 디자
인했음을" 알게 될 것이라고 파파넥은 말한다.[14]

　　파파넥은 장애의 보편성을 인식했고, 산업디자이너의 미
흡함을 가장 잘 집어낼 수 있는 전문가는 평범한 이들, 즉 사용
자라는 것을 깨달았다는 점에서 완벽에 가까웠다. 다만 장애를
묘사하면서 "불구자the deformed"라는 말을 사용한 것은 그가 살
았던 문화와 파파넥 자신의 인식의 한계를 보여준다.[15] 실제로
장애인들은 파파넥 시대 훨씬 이전부터 '살인적인' 디자인을 인
식해왔고, 대개 대중의 관심 밖에서 공식적이고 비공식적인 디

자이너 또는 협력자로서 현재의 지어진 세계를 재구성해왔다.

파파넥 이후에도 디자이너들은 의자의 난제와 계속 씨름했다. 1970년대 말, 사무용 가구계의 거물인 허먼 밀러Herman Miller는 독립 디자이너 빌 스텀프Bill Stumpf와 돈 채드윅Don Chadwick에게 가구 시장에서 회사의 시장 지분을 늘릴 신제품을 개발해달라고 의뢰했다. 인간과 설계된 환경의 노련한 관찰자인 스텀프와 채드윅은 자료를 조사하는 과정에서 의자가 기발하게 변형되었으나 실제 사용자에게는 적합하지 않은 특정한 상황에 주목했다. 그 대상은 바로 레이지보이 리클라이너에 앉아 온종일 텔레비전을 보거나 소일을 하는 노인이었다. 심지어 그 리클라이너는 치료 의자로도 쓰여, 의자를 반쯤 뒤로 젖히고 투석을 받는 사람들도 있었다. 그러나 높낮이와 등받이를 조정할 수 있다는 장점에도 불구하고 이 의자는 노인의 몸에는 맞지 않았다. 근육이 약한 노인들은 의자에 앉거나 일어날 때, 또는 자세를 바꿀 때 레버에 손이 닿지 않아 불편해했고, 안락함을 위해 사용된 푹신한 쿠션이 장시간 앉아 있는 사람들의 몸에 욕창을 일으켰다.

리클라이너 정신에 고무된 스텀프와 채드윅이 기존 제품의 특징을 재검토한 끝에 1988년, 마침내 '사라 체어'라는 프로토타입을 만들어 허먼 밀러에게 내놓았다. 리클라이너의 모든 융통성에 몇 가지가 추가된 모델이었다. 자세를 보다 쉽게 바꿀 수 있는 유연한 발 받침대가 있었고 등받이, 좌석, 팔걸이의 높낮이를 여러 단계로 선택할 수 있었다. 좌석의 완충재를 확 줄여서 얇고 통기성이 좋게 만들었다. 이 모델은 기능성 의자로 사내에서 인기가 좋았다. 많은 직원이 자기 할아버지 할머니가 사용하면 좋겠다고 생각할 정도였다. 그러나 시장성이 불확실하다는 이유로 회사는 오리지널 버전의 사라에 퇴짜를 놓았다. 그 디자인을 다시 시도한 것은 몇 년 후였다.

　　두 번째 버전에서 스텀프와 채드윅은 이 의자의 인체공학적 특징으로 여전히 인체의 노화를 염두에 두고 있었지만, 동시에 일반 사무직 노동자의 체형도 고려했다. 모니터와 키보드에 장시간 묶여 있는 사람들 말이다. 두 사람은 나이 들어가는 몸을 포함해 모든 형태의 몸을 지지하도록 폼 완충재를 모두 제거하고 쿠션 대신 두꺼운 플라스틱 메시 소재를 주요 특징이자 새로운 스타일로 내세웠다. 그렇게 탄생한 '에어론'은 선풍적인 인기를 끌었고[16] 실리콘 밸리와 같은 고급 사무실 환경에서 지위의 상징으로 빠르게 자리잡았다.

　　비록 고가이기는 하나 에어론 의자는 보편적universal 디자인과 그 변형인 무장벽barrier-free 디자인 그리고 포용적 inclusive 디자인[17]의 표준 사례가 되었다. 이 원리는 많은 이들이 장애와 디자인이라는 말을 함께 들었을 때 떠올리는 것들이다. 보편성의 논리는 다음과 같다. 디자이너는 정상적이고 평균적인, 즉 종형 곡선상의 중간에 포함되는 사람들이 아니라 곡선의 가장자리에 있는 이른바 극단적 사용자를 살폈을 때 더 강한 영감을 얻는다. 훌륭한 디자이너는 제품(또는 서비스나 환경)

이 특수한 필요를 가진 사람과 마찰(장벽 또는 부적합 또는 비효율성)을 일으키는 이례적인 상황과 장소를 꼼꼼히 들여다본다. 체험의 극단에는 정도는 약할지언정 곡선 한가운데를 차지하는 정상적인 이들에게까지 영향을 미칠 차선의 조건에 대한 단서가 있다.[18]

　　장애의 경우, 예를 들면 노인, 휠체어 사용자, 자폐 스펙트럼 장애인을 자세히 살피고 관찰한 바를 추려서 통찰의 단서를 모은다. 그들이 한 말과 행동, 또는 그들이 하지 않은 말과 행동으로 미루어 이 사람들에게는 무엇이 효과적이고 그렇지 않을지를 조사하고, 디자인이 제대로 작용하지 않는 종형 곡선의 가장자리에서 발생하는 마찰을 해결하기 위해 무엇을 개선(또는 그들이 종종 부르듯이 개입)할지를 따진다. 그런 다음 일련의 프로토타입과 테스트를 거치고 나면, 이론적으로나마 모두를 위해 좀 더 사용자 친화적이고 인체공학적이며 접근할 수 있는 제품(또는 서비스나 환경)이 생산된다. 적어도 이론적으로는 '모두를 위한' 디자인이다.[19]

　　이 세상에 보편적 디자인을 처음 제안한 것은 파파넥이 아니라 오랜 통찰력으로 디자이너가 따라야 할 원칙을 창조한 장애인들이다. 로널드 메이스Ronald Mace는 접근 가능한 건축의 이론과 실천에 힘을 쏟은 건축가이자 휠체어 사용자로, 1985년에 **보편적 디자인**universal design(유니버설 디자인)이라는 용어를 대중에게 소개한 것으로 잘 알려져 있다. 부분적으로 전략적인 이유에서 창조된 이 신조어는 과거에 좋은 디자인으로 "특별하게"

취급되었던 디자인의 특징을 새롭게 조명하고, "모두가 사용할 수 있는"[20] 제품과 건물을 생산하는 결과를 가져왔다. 메이스와 여러 장애학자가 주창한 보편적 디자인의 원리는 파파넥이 외친 "스타일과 폐물화"에 대한 몰입은 물론이고 부주의한 디자인의 "살인적" 결과에 대한 해결책으로 보인다. 이 원리는 "단순하고 직관적인 이용법", "인지하기 쉬운 정보", "최소의 물리적 노력", 그리고 가장 중요하게는 "오류에 대한 포용력"이 포함된다.[21]

보편적 디자인은 에어론 의자와 같은 고급 제품에 한정되지 않는다. 예를 들어 대형마트의 주방도구 코너에 가면, 쉽게 옥소 굿그립OXO Good Grips 제품을 찾을 수 있을 것이다. 검은색의 두껍고 유연성 있는 익숙한 고무 손잡이는 잡기 편하면서도 지렛대 역할을 할 만큼 튼튼한 내구력이 특징이다. 옥소는 흔히 감자칼이라고 부르는 채소 필러에서 시작한 브랜드로, 이 필러 역시 많은 디자인이 그렇듯이 아이디어에 영감을 불어넣은 불만에서 시작되었다.

1980년대 말, 벳시 파버Betsey Farber라는 여성이 은퇴한 사업가 남편 샘과 함께 별장을 빌려 생활하고 있었다. 파버는 당시 인기 있던 필러를 사용했는데, 그 필러는 특히 벳시처럼 관절염이 있는 사람이 사용하기에는 아주 불편했다. 그런 부적합을 경험하며 벳시는 어떻게 하면 더 나은 도구를 만들 수 있을지 궁리하게 되었다. 별장 부엌에서 샘과 벳시는 새로운 필러의 아이디어를 고안하고 밑그림을 그렸다. 그것이 다듬어져 이제 어디에서나 볼 수 있는 옥소 디자인이 되었다. 양옆의 홈은 엄지를 올려놓을 자리를 알려주어 직관적으로 사용할 수 있는 시각 단서가 되고 껍질을 벗기는 과정의 역학을 최적화한다. 이 필러를 당근에 대고 밀면 껍질이 너무 두껍게 깎이거나 잘못해서 당근과 필러를 놓치는 일 없이 적당한 압력으로 껍질을 벗길 수 있다. 손에 쥐는 방식과 마찰, 지렛대와 힘 등의 조건이 관심의 교차점으로 빠르게 모여야 한다. 필러 같은 단순한 물건의 특성도 매일 사용하는 물건이면 중요해진다.

이를 계기로 샘 파버는 은퇴를 번복하고 필러 개발에 매진했고, 그와 벳시가 부화시킨 아이디어[22]는 한 디자인 회사와 합작하여 굿그립 제품들로 탄생했다. 캔 오프너, 샐러드 집게 등 모두 손으로 하는 섬세한 주방 일을 위해 만들어진 도구들이다. 굿그립은 보편적 디자인의 대표적인 성공 스토리가 되어 에어론 의자와 함께 미래 디자이너 세대에게 영감을 주었다. 이런 사례들은 또 있다.

피스카스Fiskars라는 가위 회사는 원래 골든 에이지Golden Age라는 가위를 디자인했다. 날이 자동으로 열리게끔 스프링이 장착되었고, 자르는 동안 손잡이를 바닥에 내려놓을 수 있어서 노인이나 손놀림이 좋지 못한 사람들이 쉽게 사용할 수 있다는 특징이 있었다. 그러나 회사가 초점 집단을 대상으로 이 제품을 시험했더니 전반적인 반응이 아주 좋았다. 그래서 회사는 노년을 뜻하는 '골든 에이지'에서 '소프트 터치'로 제품명을 바꾸고 사용 대상을 확장하는 마케팅에 나섰다.

1970년대 말, 디자이너 마크 해리슨Marc Harrison은 주방

가전 회사인 쿠진아트Cuisinart로부터 자사의 상업용 푸드 프로세서를 고객 친화적인 가정용 모델로 바꿔달라는 의뢰를 받았다. 회사는 장애인을 사용자에 포함하라고 지시한 적이 없지만, 해리슨은 로드아일랜드 디자인 학교에서 가르치면서 휠체어가 접근 가능한 주택의 가구와 재활 환경을 주제로 수년간 협업 연구를 진행한 경험이 있었다. 그 경험에 영감을 받은 해리슨은 라벨에 커다란 고대비 글씨를 도입하고, 한없이 돌기만 하는 게 아니라 주걱처럼 뒤집어지는 작동 방식을 적용했다. 이 외에 해리슨이 추가한 성공적인 특징들은 그가 장애를 주의 깊게 관찰하면서[23] 배운 유용성 원리에서 비롯되었다. 디자인에서 이런 헌신과 상상력은 우리가 미처 알아차리지 못하는 방식[24]으로 더 나은 삶을 만드는 제품과 경험을 낳는다.

　　장애는 또한 많은 디지털 도구에서 혁신의 숨은 주역이었다. 예를 들어 전화의 역사는 청각장애인 연구와 밀접한 관련이 있다. 알렉산더 그레이엄 벨은 청각장애 학생 및 교사와 협업한 것을 계기로 말을 시각화하고, 신호로 환원하고, 전기적인 방법으로 전달하는 연구에 힘을 얻었다.[25] 그 연구는 마침내 전화를 낳았고, 초기 기계 연산에 필수적인 신호 처리 과정의 표준화에도 일조했다. 마지막으로 우리가 매일 보면서도 잘 모르는 한 가지가 있다. 장애 운동가들이 투쟁 끝에 표준 텔레비전에 폐쇄자막closed caption 기술을 내장하게 된 후 일어난 미디어 소비의 획기적인 변화가 그것이다. 미국에서는 1990년에 텔레비전 디코더 회로법The Television Decoder Circuitry Act이 통과되면

서, 해당 기술은 텔레비전에 따로 추가 장치를 붙이는 것이 아
니라 처음부터 제조 과정에 포함되는 표준 과정이 되었다. 추가
비용을 문제 삼은 통신업계의 반발이 심해 그 법안이 통과되기
까지 힘겹고 오랜 싸움이 지속되었다. 그러나 그 법으로 창출된
규모의 경제 덕분에 이 기술을 텔레비전에 장착하는 비용은 이
제 지극히 미미해졌다. 한편 이제 폐쇄자막은 일상의 표준으로
자리잡아²⁶ 우리가 식당이나 공항 터미널에서 스포츠 결승전을
볼 수 있는 방법이자, 아이들이 옆방에서 잠자리에 드는 동안
노트북의 소리를 끄고 선거 토론 영상을 볼 수 있는 멀티태스킹
을 가능하게 한 기술이 되었다.

　　이런 사례들을 보면서 보편적 디자인이 점차 '살인적인'
물건을 역사의 쓰레기통으로 내다 버리고 있으며, 그것만으로
도 보다 접근 가능한 미래로 가는 길이 가까워졌다고 쉽게 결론
내릴 수 있을 것이다. 대량으로 생산되고 필요한 이들이 쉽게
손에 넣을 만큼 값이 저렴한 인체공학적 제품을 디자인하는 것
은 말할 필요도 없이 좋은 일이다. 그러나 장애학자들은 메이스
와 동료들이 시작한 보편적 디자인의 트레이드 오프(얻는 것과 잃
는 것)를 지적한다. 한 가지 예를 들면, 보편적 디자인으로 기획
되어 잘 팔린 제품이 시작은 장애였더라도 바로 그 혁신적인 성
공 때문에 옥소 필러의 경우처럼 원래의 서사가 가려진다는 것
이다. 그런 성공은 장애가 있는 사람들을 위한 유연하고 가변적
인 세상을 가로막는 진짜 장벽을 보이지 않게 한다. 또한 보편
적 디자인은 소비자가 만든 제품이야말로 바람직한 세상²⁷을

건설하는 중요한 열쇠라는 무조건적인 믿음을 부추기는 경향이 있다. '더 좋은 쥐덫'이 단기적으로는 장벽을 완화할 수 있지만, 부적합의 상황을 의미 있는 수준으로 완화하려면 더 나은 과정과 더 나은 시스템이 필요하다.

레버리지프리덤체어Leveraged Freedom Chair(LFC)의 예를 들어보자. LFC는 휠체어를 사용하지만 장애인 친화적 도로가 부족한 세계 곳곳에 사는 마비성 환자들이 함께 디자인했다. MIT 글로벌 공학 연구소 소장인 아모스 윈터Amos Winter는 탄자니아, 과테말라, 인도 현지에서 수년간 시행착오를 겪은 끝에 마침내 아주 단순한 기술로 포장도로 밖에서도 이동할 수 있는 휠체어를 디자인했다. 양옆에 달린 긴 손잡이를 잡는 위치에 따라 자전거의 기어를 바꾸듯 토크와 속도를 조절하면 비포장도로나 언덕에서도 훨씬 수월하게 이동할 수 있다. 앞쪽에 달린 세 번째 바퀴는 균형을 맞춘다. "우리는 수없이 실패했습니다." 윈터가 공개석상에서 말했다. "설계 과정은 최종 사용자들과 함께 시작하고 함께 마무리했습니다. 기술의 조건을 정의하고 마지막에 엄지를 치켜드는 사람이 바로 이들이어야 하니까요."

몸에 편안함과 도움을 주는 적절한 위치에 좌석, 프레임, 손잡이를 설치하는 것은 기술자만이 할 수 있는 아주 정교한 설계와 제작이다. 그러나 진정한 독창성은 제작 기술이 아니라 지속적으로 유지와 보수가 가능한 시스템에 있다. 많은 휠체어 회사가 자회사 전용 부품으로 제품을 만들기 때문에 무상으로 기증하더라도 부품의 교체 비용이 비싸서 한 번 망가지면 다시 사용할 수 없는 경우가 많다. 부유하지 않은 이들이 사는 곳에서 휠체어가 계속 사용되려면 "그 지역 도구와 재료, 그리고 그곳 사람들이 가진 지식으로 고칠 수 있어야 합니다"라고 윈터는 말한다. LFC는 전 세계에서 표준화된 저렴한 자전거 부품으로 만들어지므로 세계 어디에서나 망가지면 쉽게 수리하고 부품을 교체할 수 있다. "싸고 간단하고 신뢰할 수 있는 물건을 만들려면 철저한 공학적 사고가 필요하죠." 윈터의 말이다. "어떻게 하면 되도록 돈이 적게 들고 복잡하지 않으면서 필요한 성능을 제공할 수 있을까를 고민해야 하니까요."[28] LFC는 적당히 절충해서 만든 "그 정도면 충분한" 휠체어가 아니다. 특수한 상황에 있는 특정한 사람들을 위해 제품의 수명에 각별히 신경을 써서 디자인된 착한 물건이다.

부분과 시스템, 생물학과 문화, 보편적이고 지속 가능한 디자인. 연구자로서 나는 오랫동안 이런 사례를 수집해왔다. 부적합을 바로잡아 세상을 만나는 몸에 관해 큰 그림을 그리는 의자나 가정용품들 말이다. 그러나 내게는 ADA의 골판지 의자가 보편적 디자인의 개념을 뒤집는 방식이 유독 마음에 와닿았다. ADA는 수많은 아이들을 위해 의자와 가구를 디자인한다. 모두 맞춤형이고 저렴하며, 보편주의의 한계를 드러내면서 대량생산을 다른 눈으로 보게 만드는 사례이다.[29]

베라와 마크는 니코의 의자가 만들어진 과정을 들려주었다. ADA에서는 누구라도 맞춤 가구 제작을 의뢰하고 함께 일할 수 있다. 니코의 경우는 아이의 물리치료사 야스민이 제안했다. 한 살이 된 니코에게 혼자 똑바로 앉는 것은 여전히 요원한 목표였다. 그래서 야스민은 니코 가족에게 ADA를 찾아가보라고 권했다. 첫 회의를 마치고, 베라와 야스민, 그리고 ADA 팀이 만나 니코와 함께 프로토타입을 시험했다. 피팅은 작업 중인 모델에서 도면과 수치로는 예측할 수 없는 문제를 해결하는 과정이다. 니코는 큰 작업대 위에 올려진 의자에 앉았고, 디자인 팀은 클램프와 줄자를 들고 니코의 신체 치수와 자세를 확인했다. 동시에 아기의 얼굴을 보며 불편하다는 신호를 보이거나 짜증을 내지 않는지 관찰했고, 반응에 따라 이리저리 손을 보았다. 가령 V자 형태의 머리 받침대는 니코에게 잘 맞지 않았다. 그래서 팀은 니코가 더 편해 보이는 U자 모양으로 결정했다. 두 번째 피팅을 마치고 ADA 팀은 내가 아파트에서 본 최종 모델로 제작한 의자를 배달했다. 의자는 니코의 성장을 고려해 조정할 수 있도록 설계되었다. 트레이를 두 단계로 부착할 수 있고, 아이의 키가 자라면 좌석의 높이를 좀 더 높일 수 있다. 바닥의 모듈식 발 받침대는 다리가 길어지면 쉽게 제거할 수 있게 계단식으로 되어 있었다.

다시 말해 이 의자는 그냥 맞춤형이 아니라 그곳에 앉는 아이처럼 유연하고 상황에 따라 조정할 수 있는 의자이다. 베라와 마크는 아기를 처음 키워봐서 아기의 발달 속도를 비교해본 경험도, 비교할 대상도 없었다. 베라의 말처럼 그 의자를 요청한 순간은 "내 아기는 도움이 필요하다고 인정하는 순간"

이었다. 장애 아동의 부모가 모이는 어느 소셜미디어에서 베라는 니코의 성장 속도와 능력을 판단하는 방법을 배웠는데, 이는 부분적으로 그 의자에서 착안한 것이었다. STXBP1 환자 가족은 게시판에 아이의 '이정표milestone' 대신 '인치스톤'을 업데이트한다고 베라가 말했다. 이것은 그들이 기념하는 궤적의 단계를 나타내며, 이들은 매 단계를 기념한다. "단지 아이의 성장이 느리기 때문만은 아니에요." 베라가 말했다. "그 이상의 의미가 있죠." 앞으로 니코와 니코의 부모가 나아갈 길은 매일이 수많은 미지의 것들과 더불어 만들어지는 유일무이한 여정이 될 것이다.

니코는 바닥에 앉아 이야기하는 우리 셋 근처에서 옹알이도 하고 우리의 대화를 듣기도 했다. 아기가 노는 모습은 방 안의 어른들을 사로잡아, 모든 눈이 그 작은 인간에게 향한다. 어떤 친구는 심지어 "아기 TV"라고도 부른다. 한편 니코 같은 아기의 몸 상태와 앞으로 닥칠 삶의 역경을 생각할 때 그들에게는 진정한 유아기라고 부를 만한 것이 없을 거라고들 쉽게 가정한다. 하지만 그건 진단된 병명만을 볼 뿐 다른 곳으로 눈을 돌리지 않아서 내리는 판단이다. 마크와 베라는 아들의 미래, 그리고 암묵적으로 자신들의 미래까지 현실적인 청사진을 그리고 있다. 그러나 햇살 아래 앉아 니코를 지켜보고 아기가 좋아하는 고음의 목소리로 묻고 답하면서, 나는 이것이 바로 이 의자가 상징하는 바라는 생각이 들었다. 구조는 보잘것없지만 그 재료에는 이런 믿음의 힘이 실려 있었다. 아이의 존엄성은 절대적이다. 아이는 지금 모습 그대로 놀랍고, 자신만의 방식으로 존재하고 있으며, 재능에 있어서는 유일무이하다. 다시 말해 모든 몸과 마음에는 가소성이 있고 호기심이 있다. 무엇보다 아이는 사랑받고 있다.

누가 니코의 의자를 설계했는가? 이 의자가 만들어진 과정은 이른바 '공동 디자인co-design'의 한 예다. 아이디어는 집단에 소속되고, 최종 산물은 상호적인 사회 과정의 결과이다. 공동 디자인은 또한 디자인 연구가 에지오 만지니Ezio Manzini가 말한 확산diffuse 디자인[30]의 사례이기도 하다. 확산 디자인은 "비전문가가 자신의 타고난 디자인 능력으로 실행하는 디자인 작업"으로, 지어진 세계의 모양과 형태가 산업의 기대치에 따라 결정되는 "전문 디자인"의 동반자이자 대조물이다. 당연히 인간은 언제나 각자의 세상을 짓고 변형해왔지만, 현대에 들어 대량 생산되는 소비재에 대한 수요 때문에 많은 일상의 장비와 도구 제작에 전문가인 산업디자이너의 역할이 커졌다. 이에 확산 디자인은 전문성의 정의를 확장시켜야 한다고 강조한다. 니코의 부모와 치료사는 ADA 직원의 전문 기술이 필요하고, 반대로 ADA 직원은 니코의 성향과 필요를 설계에 담기 위해 니코 부모와 치료사의 관찰과 의견, 그리고 니코 본인의 반응까지 필요하다.

보편적인 어려움을 극복하기 위해서는 디자인에 사용되는 재료나 기술보다 지역적이고 예외적인 방식으로 형성되는 협력적 연합이 더 중요하다고 만지니는 강조한다. ADA가 추구하는 것은 완벽하게 보편적인 의자가 아니라, 한 번에 한 사람씩, 되도록 많은 이에게 각자에게 맞는 적응형 도구를 제공하는 지속 가능하고 집단적인 시스템이다. 만지니는 "급진적인 혁신은 질문 자체를 바꾸는 대답을 창조한다"라고 썼다.[31]

　바로 이것이 보편주의에 대한 도전이다. 하나를 위한 모두, 모두를 위한 하나의 모델만이 보편적 디자인이 제공할 수 있는 유일한 접근 방식일까? 니코의 의자는 대체 모델을 제시한다. 어디서나 쉽게 구할 수 있는 저기술 물질로 의자라는 보편적인 아이디어를 특정한 개인의 것으로 해석하기 위해 지역적으로 협업하는 것. 그리고 여기에 온라인으로든, 얼굴을 맞대고서든 서로 공유하는 아이디어와 정보가 추가된다. ADA 웹사이트에는 도구와 기술을 공유하는 무료 동영상 라이브러리를 포함해 공방의 작업을 따라할 수 있는 수십 가지 자료가 있다. 또한 ADA는 뉴욕의 공방에서, 또 아이티, 영국, 에콰도르, 아르헨티나, 케냐 등지에서 진행 중인 집중 워크숍에서 단기 및 장기 교육을 제공한다. ADA를 확장하는 것은 그들이 만든 제품이 아닌 방식이다. 만지니는 이런 작업 방식을 "범세계적 지역주의cosmopolitan localism"라고 불렀다.[32] 그 안에서 "개별 장소는 더 이상 고립된 실체가 아니라 특정 지역사회를 세계에" 연결하는 "단거리, 장거리 네트워크의 접속점이다". 이 개념은 지역사회를 지원하는 중국의 지방 농업 시스템이나, "살던 곳에서 노후보내기"의 창의적 발상으로서 지역 대학생에게 낮은 월세로 방을 빌려주고 집안일을 돕게 하는 이탈리아의 노년층에도 똑같이 적용할 수 있다. 범세계적 지역주의는 작은 실천 방식과 지역사회를 세계화된 네트워크로 통합하여 아이디어를 공유하게 한다.

에콰도르의 한 작은 진료소는 특정 장치가 아닌 과정에 대한 ADA식 접근이 어떻게 글로벌한 환경에서 큰 결실을 맺었는지를 잘 보여준다. 에콰도르의 도시 이바라에 있는 프로테시스 임바부라Prótesis Imbabura라는 의료기기 전문점은 외상 후 재활서비스를 제공하고 장애가 있는 사람들을 위한 보철물을 제작한다. 그러나 재정이 부족한 이바라에서는 지난 10년 동안 진료소들이 골판지를 기발하게 개조해왔다. 그곳에는 보통 성인용 휠체어밖에 없기 때문에 아이들도 몸에 맞지 않는 휠체어를 사용해야 한다. 그래서 아이의 몸과 휠체어 사이의 공간을 메우기 위해 골판지에 부드러운 완충재를 대고 천으로 감싸 지지판을 제작했다. 유모차도 마찬가지다. 유모차는 최대 열두 살까지 장애 아동을 위한 적응형 '휠체어'로 기능한다. 유모차는 쉽게 접을 수 있기 때문에 버스에 들고 탈 수 있다. 골판지는 유모차의 발 받침대나 천으로 감싼 부분을 견고하게 한다. LFC처럼 하나의 온전한 제품을 만드는 대신 일부만 개조했다고 해서 최첨단 기술의 그림자로만 치부할 수는 없다. 이런 휠체어와 유모차 역시 융통성 있고 가볍고 편리하고 적시에 '딱 맞는' 도구이며, 그 물건을 매일 사용할 사람들의 소망을 정확히 이루기 위해 확산적이고 우아한 해결책을 제공한다.

ADA나 다른 어디에서든 적응형 디자인 또는 확산 디자인은 그저 표준화된 장비나 그것을 생산한 기술을 대체하는 데 그치지 않는다. 장애인이든 비장애인이든 휠체어(전동이든 수동이든), 안경, 보청기 등의 장치를 필요로 하며, (구할 수 있다면) 계속해서 사용할 것이다. 핵심은 오히려 증강과 변형에 있다. 특히 6밀리미터가 차이를 만들어내는 곳에서 세상이 좀 더 접근 가능해지는 데 필요한 전체 생태학에 초점이 있다. 그 도구와 재료는 그저 저렴하거나 흔하기만 한 것이 아니라, 손수 만들어보는 성향과 적절한 수정은 비단 전문가만이 아니라 평범한 사람들까지 참여하는 협업 네트워크의 상상 가능한 범위 안에 있다는 믿음으로 우리를 초대한다. 제조업계의 언어로는 대량 주문 제작이라고도 한다.

그러나, 골판지 목공 이야기를 들은 사람들 대부분은 이렇게 묻는다. '과연 규모를 키울 수 있을까?' 이 질문은 디자인 분야만이 아니라 사업에서부터 교육, 주택 문제까지 현대 생활의 거의 모든 부분에 적용된다. 나는 이 질문을 들을 때마다 하버드대학교 마음·뇌·교육 대학원의 대학원장 토드 로즈Todd Rose의 저서 《평균의 종말》에서 언급된 유명한 이야기가 떠오른다. 1940년대, 미국 공군의 비행 훈련에서 충돌 사고가 빈번해지자 군 상부에서는 기체의 결함 또는 커리큘럼에 의해 우연히 도입되었을지 모를 인적 오류의 증거를 찾으려고 했다. 그러나 원인을 찾을 수가 없었다. 마침내 과학을 전공한 길버트 대니얼스Gilbert Daniels 중위에게 조종석의 물리적 구조와 조종사들을 조사하는 임무가 맡겨졌다.

대니얼스는 좌석과 등받이, 페달, 손잡이 등 조종석의 모든 구조물이 소위 '평균적인' 병사에 맞게 제작되었다는 사실에 주목했다. 조종사가 된 사람들은 어느 정도 평균치에 맞춰 선발되었기 때문에, 각 부품의 사양이 대체로 모든 조종사에게 적합할 것이라는 게 타당한 추론이었다. 그러나 대니얼스가 4,063명의 조종사를 대상으로 신체 측정을 시행한 결과, 놀랍게도 총 열 개 항목의 평균치에 모두 해당하는 사람은 단 한 명도 없었다. 모든 몸은 나름의 변이가 있었다.

어느 조종사는 평균보다 팔이 길지만 다리는 평균보다 짧다. 또 어떤 조종사는 가슴은 크지만 엉덩이가 좁다. 더 놀라운 것은 열 개 항목 중 세 개, 가령 목둘레, 허벅지 둘레, 손목 둘레만을 놓고 보아도 이 세 가지 항목의 평균에 모두 맞는 사람은 3.5퍼센트도 안 되었다는 사실이다. 대니얼스의 발견에는 이견의 여지가 없었다. '평균적인 조종사'라는 것은 없었다.[33]

'평균적인 조종사'라는 고정된 기준은 결국 누구에게도 맞지 않고 유용하지도 않았다. 이후 항공 공학자는 좌석에서부터 페달, 전투복과 헬멧의 끈까지 전투기 내의 모든 장비를 조절할 수 있게 만들기 시작했다. 그리고 공군은 조종석의 사양을 조정하여, 평균 신체 치수의 5~95퍼센트에 맞춰 조절할 수 있는 가동 부품을 규정했다.

ADA 공방에 가본 사람이라면 사방에서 가동 부품을 볼 수 있을 것이다. 어린이 고객은 물론이고 그곳에서 일하는 모두를 위한 것이다. 사무실 가구 중 절반은 다른 상점에서 살 수 없는 것들이다. ADA에서는 휠체어 사용자를 제외한 모든 사람이 골판지로 만든 의자에 앉아 있다. 휠체어 사용자의 경우 책상 주위에 특별한 구조물이 있어서 편의를 돕는다. 그곳 사람들은 모두 일반적인 사무용품 판매장에서 판매하는 것과는 비교도 할 수 없이 자기 몸에 꼭 맞는 인체공학적 가구를 사용한다. 모든 몸이 맞춤 제작의 기회를 누린다.

이 세계는 가구에서 노동 모델로까지 확장 중이다. 설립 직후부터 ADA는 뉴욕주 투옥 대체 프로그램의 일환으로 취업 연수가 필요한 여성을 일부 고용하고 있다. 이들은 골판지 세공과 협업 디자인, 도구 사용법과 기술을 배운다. 한 번에 하나씩, 탄탄한 직업 경험과 함께 자신의 삶을 새롭게 만들어가고 있다.

적응형 접근(원한다면 태도stance라고 불러도 좋다)은 전염성이 있고 의식을 변화시킨다. 크렌츠의 책을 읽고 ADA에 방문한 노트를 훑어보면서 나는 휘어진 등을 펴고 약해진 척추와 위를 의식하려는 자신을 발견했다. 내 척추와 위는 장시간 내 몸을 세우고 안정적으로 유지하기에 역부족인 것 같았다. 분명 운동이 부족한 탓이겠지만, 한편으로는 내 몸이 의자에 의존하는 산업 사회에 맡겨진 탓이기도 하다. 처음 ADA에 갔던 때가 떠오른다. 그들이 사용하는 골판지 의자에 앉아봤는데, 전문가들이 추천하지만 대부분의 학교나 직장에서는 무시되는 각도로 정확히 맞춰져 있었다. 힘들이지 않고 긴장을 푼 자세에서도 척추가 똑바로 선 채로 충분히 지지를 받으며 가볍고 자연스럽게 움직일 수 있었다. ADA와 진정으로 함께한다는 것은 의자를 비롯해 눈에 들어오지 않을 만큼 만연한 기존 가구들의 대안을 새로운 눈으로 보는 것이다.

다음으로 나는 자기만의 전용 의자에 앉아 있는 니코를 생각했다. 생전 공군에 들어갈 일은 없을 테고, 말이 아닌 다른 언어로만 자신의 의사를 표현하게 될지도 모를 아이에게 맞춰진 의자. ADA에서는 특별한 적합도 테스트를 통과해야만 제 몸에 꼭 맞는 의자를 가질 자격이 생기는 것이 아니다. 나는 아돌프 케틀레와 그가 주창한 평균인의 전통에 관해, 부적합 상태로 살아가는 10억 인구에 관해, 평범한 의자의 신통한 유지력에 관해 생각했다. 이제는 평균이라는 것이 이상형의 지위를 벗어야 하지 않을까. 정녕 디자인이 평균을 무시할 수는 없는 것인지 궁금했다.

내가 방문한 날 거실에 있던 니코의 의자는 아늑하고 딱 좋아 보였다. 마크와 베라 역시 만족해했고 아름답게 맞춤화된 이 가구에 감사했다. 실용적인 물건이자, 아이에 대한 관심과 노력의 표시로서 아주 작은 특징까지 신경쓴 가구. 그러나 물리치료사 야스민만큼은 여전히 머리 받침대에 대해서 찜찜해한다는 게 베라의 말이다. 베라는 감사할 줄 모르는 것처럼 보일까봐 너무 세세한 것까지 따지고 싶지 않았다. 그러나 야스민은

니코를 알고, 니코의 몸을 알고, ADA가 사람이 꿈꾸는 어떤 의
자도 만들 수 있다는 것을 안다. 그래서 그 머리 받침대가 정말
최선인지 확인하고 싶은 것이다.

Room

······································

방

데프스페이스, 병원 기숙사,
삶의 가장 힘겨운
선택을 앞에 둔 디자인.
'독립적인 삶'을 다시 생각하다.

······································

체험된 집은 활기 없는 상자가 아니다.
(…) 참된 의미에서 거주하는 일체의 공간에는
집이라는 관념의 본질이 있다.
– 가스통 바슐라르, 《공간의 시학》[1]

D

갤러뎃대학교 기숙사는
데프스페이스 원칙에 따른 특징을 보여준다.
낮은 가벽으로 시야가 길게 뻗은 홀,
시각적 대비를 높이는 단색 배경,
수어로 소통하기 편리한 원형 좌석 배치.

내가 소리의 물리적 구조와 탄력적 반향에 대해 비로소 이해하게 된 것은 갤러뎃대학교에서 마야가 벤치를 보여주었을 때였다. 청인은 청각이 소실된 상태를 '고요한 세계'로 상상하는 우를 범하곤 하지만, 내 농인聾人 친구들은 자신들에게도 소리의 세계가 있다고 늘 말했다. 마야가 보여준 벤치는 그 주장을 실감하게 한 물건이었다. 그것은 청인이 쉽게 놓칠 수 있는 다른 십여 가지 건축적 특성과 함께 갤러뎃대학교의 공간적 차원에서 설계된 특징이었다.

갤러뎃대학교 캠퍼스 투어 중에 마야는 3면에 창문이 달린 널찍한 공용 공간 한복판에 멈춰서서 벤치를 가리켰다. 학생들이 혼자서 공부를 하거나 여럿이 모여 어울리는 기숙사 로비였다. 그곳에서 벤치는 원목 탁자의 좌석으로 쓰였고, 탁자 주변에는 토의하기 좋게 360도로 배치된 부드러운 천 의자도 듬성듬성 흩어져 있었다. "이런 식의 단체 좌석에는 나무만 한 소재가 없죠." 마야가 손바닥으로 원목 벤치를 가볍게 두드리며 말했다. 손으로 쳤을 때 목재의 공명은 반향을 일으킨다. 마야에 따르면, 학생들은 종종 상대의 주의를 끌거나 여러 사람을 조용히 시킬 때 주변에 있는 물건의 표면을 두드리는데, 두꺼운 플라스틱이나 콘크리트는 나무와 달리 소리를 풍부하게 흩뜨리지 못한다. 캠퍼스의 거의 모든 학생이 마야처럼 농인이거나 난청이다. 그래서 이곳에 사용된 재료나 공간의 배열에는 남다른 특징이 있다. 벤치는 소리가 소음이 아닌 진동으로서 촉각 작용을 하는 곳이다. 매개체로서, 또한 활용되고 증폭되거나 감쇠하여 배경에 전달되는 힘으로서의 소리. 이런 특성과 가능성들이 내가 음향에 대해 막연하게 알고 있던 것이지만 그것을 제대로 이해하려면 직접 보고 느껴야 했다. 갤러뎃대학교 투어는 듣지 못하기 때문에 생성된 특별한 감각 생태계를 확인할 방법이었다.

이곳에서 의사소통은 대부분 미국 수어American Sign Language로 이루어진다. 갤러뎃대학교는 1864년에 청각장애인 교육을 위해 설립되었으며 교육과정에서 영어와 ASL을 모두 사용하는 유일한 이중 언어 대학이지만 스스로를 "수어 공동체"로, 또 농인 문화의 자랑스러운 본거지로 소개한다. 택시를 타고 갤러뎃으로 가는 길에 나는 문득 이 캠퍼스에서는 수어로 길을 물어야 할지도 모른다는 생각이 들었다. 이곳에서는 모두가 당연히 영어를 쓸 거라는 무례한 가정을 할 수 없으니까 말이다. 당황한 마음에 어린 시절의 기억을 더듬어 ASL 알파벳을 떠올렸고, 만일의 경우 글씨를 써서 물을 수 있도록 스마트폰의 노트 앱을 켜두었다. 다행히 제시간에 약속 장소에 도착한 어느 멋진 10월의 금요일, 투어 가이드 마야와 만났다. 마야는 가까운 메릴랜드주 출신으로 통역을 전공했다.

청바지와 스웨트셔츠의 가벼운 옷차림이었지만, 마야는 진지하고 궁금한 것투성이인 이방인을 위해 사실과 숫자를 줄줄 외워야 하는 수줍은 학생으로서의 격식을 차렸다. 마야와 나, 그리고 ASL 통역사는 3인조가 되어 대학 캠퍼스를 누볐다. 통역사는 2개 국어를 말하는 대학원생으로, 내 시야에서는 벗어나지만 마야가 내 눈에 시선을 고정하면서도 자신을 볼 수 있는 위치를 신중하게 유지했다.

마야는 내가 던지는 십여 가지 질문에 인내심을 가지고 답했고, 통역사가 그 답을 내게 전해주었다. 나는 예전에 농인 친구와 함께 연습한 방식을 떠올리며 질문이 있을 때는 그의 어깨를 가볍게 두드렸다. 미국의 청인 문화에서 낯선 이가 그랬다면 무례하다고 생각할 수 있는 몸짓이었다. 우리 셋은 캠퍼스 구석구석 건물 안팎을 걸어다니며 정교한 기술로 지어진 강의실, 오래된 명판과 동상을 보고 서로 번갈아가며 이야기했다.

농인과 난청 학생을 위한 교육은 오래전부터 있었지만, 새로운, 새롭고도 오래된, 또는 **다시 새로워진** 건축 아이디어들이 갤러뎃 곳곳에서 실현되고 있었다. 그 사실을 몇 년 전부터 들어서 알고는 있었으나 이제야 직접 보려고 이곳을 찾은 것이다. 학생들이 수업을 듣고 동아리 활동을 하고 연구하고 생활하는 그곳의 벽과 가구와 출입구는 모두 사람의 몸에 깊이 체화된 3차원적 수어의 복잡한 사회적 구조를 뒷받침하기 위해 디자인되었다. 캠퍼스에는 사방에 원목 벤치가 있었다. 몸을 이용한 의사소통 도구로서 오랫동안 쓰여온 흔한 기술이다. 하지만 그 외에도 이곳 캠퍼스에서는 벽의 높이나 아트리움(회랑으로 둘러싸인 안뜰-옮긴이) 구조, 색상의 선택 등 농인으로부터 직접 영감을 받은 더 새로운 디자인의 증거를 곳곳에서 발견할 수 있다. 그것을 데프스페이스DeafSpace라고 부른다. 갤러뎃대학교의 건축은 농인의 특별한 능력과 **강점**을 강조하는데, 이는 '통합inclusion'에 대한 가장 폭넓고 긍정적인 해석조차 뒤집어버린 것이었다. 데프스페이스는 들리지 않는 이들을 위한 '공간을 마련해 달라는' 간청이 아니라 들리지 않는 경험의 온전함과 아름다움에 대한 당당하고 즐거운 표현이다. 데프스페이스는 이곳에서 공간이 보이고 운영되고 느껴지는 방식을 알려주는 강경한 원칙들로 집대성된 공간이다.

원목 벤치가 설치된 LLRH6 건물은 2010년에 완공한 데프스페이스 기숙사이다. 유리, 목재, 금속 외장에 콘크리트 바닥을 깐 현대식 건물로, 원 캠퍼스의 빅토리아식 구조와 최근에 지어진 육중하고 실용적인 기숙사 건물들 사이에 있는 켄달 그린 위에 세워졌다. 이런 혼재된 양식은 미국 전역에서 대학 투어를 온 가족들이 친근하게 느낄 법한 건축적 특징인데, 이곳에 처음 방문한 사람이라면 그 섬세한 디테일을 놓칠 수 있다.

건물로 들어가는 두 입구 모두 대형 자동문이 설치되어 두 명 이상이 나란히 마주보고 손으로 대화를 나누며 들어갈 수 있다. 정문을 통과하면 유니폼을 입은 경비원이 안내데스크에 앉아 있다. 데스크 게시판에는 여느 대학 캠퍼스처럼 알록달록한 전단과 기숙사 조교의 이름과 사진, 다가올 모임과 안전 수칙을 알리는 종이들이 콜라주처럼 여기저기 붙어 있다. 1층 커피 가게에는 복고풍 네온사인이 OPEN이라는 글자를 깜빡거리고, 근처에서 흘러나오는 음악과 함께 학생들이 앉아서 이야기를 나누고 있다.

나머지 공간은 거대한 유리벽을 통해 햇빛이 쏟아지는 층고가 높은 로비이다. 실외에서 실내로 들어올 때 자연광이 자연스럽게 전환되어야 시각 언어에 이상적이라고 마야는 설명한다. "어두운 실내에 눈이 갑자기 적응하려면 수어의 흐름이 끊어지겠죠." 우리는 로비를 따라 걸었다. 홀은 소규모 회의와 대규모 행사를 모두 치를 수 있도록 기능이 분리되어 있었다. 공간을 따라 경사로가 길게 내려오고, 그 옆으로 테이블과 의자가 마련된 회의 공간이 세 곳으로 나누어져 있었다. 각 공간은 키의 절반쯤 오는 벽으로 분리되었는데 사적이면서도 개방적인 구조로, 로비 전체에 길게 흐르는 시야를 만들어주어 짧은 거리는 물론이고 긴 거리까지 수어의 시각적 소통을 가능하게 했다. 이곳에서는 소리를 차단할 필요가 없으므로 벽에 방음 기능은 없다.

공간의 벽 색깔은 미디엄 스카이블루인데, 다양한 피부색과 가장 선명한 대조를 이루어 손과 손가락의 섬세한 동작이 쉽게 눈에 들어오도록 배려한 것이다. 캠퍼스 곳곳에서 단색의 초록색과 파란색을 볼 수 있었는데, 화려한 색상이나 반짝거리는 밝은 흰색보다 소통에 유리한 선택인 것 같았다.

다시 전체적으로 로비를 살펴보니 사적인 회의 공간이 어떻게 더 넓고 공유 가능한 단일 구조로 쉽게 기능할 수 있는지 알 수 있었다. 경사로와 회의 공간은 앞으로 갈수록 낮아지면서 테이블과 의자가 모여 있는 바닥까지 완만하게 이어진다. 앞쪽에는 대형 평면 텔레비전이 몇 대 걸려 있는데, 이런 배치 덕분에 일부 좌석만 이동하면 많은 사람을 수용할 수 있는 커다란 계단식 극장이 된다. 수어로든 자막으로든 초대 강사의 라이브 강연이나 스크린을 이용한 발표가 무대에서 커피 가게를 포함한 로비 끝까지 어디서든 잘 보인다. 수어라는 시각 언어가 중심인 공간에서 이런 구조는 더할 나위 없이 이상적이다.

　밖으로 나와 외관을 살피는데 마야가 위쪽을 가리켰다. 로비의 경사로 위쪽 끝에서 기숙사 라운지 일부를 감싸는 유리벽이었다. "저 위에 보이시나요?" 마야가 물었다. "유리벽 덕분에 라운지 안에 있다가도 밖에 친구가 보이면 쉽게 소통할 수 있어요." 마야도 친구들과 주로 휴대전화로 문자를 주고받지만, 이 건물에서 시각적 장벽을 제거하려는(몰랐다면 통상적인 현대식 유리 외장으로 보였겠지만) 의도적 선택은 수어의 한계가 아닌 행동유도성affordance(특정 대상의 본질적, 외면적 속성을 통해 행동을 유발하게 하는 것-옮긴이)을 강조한다.

　데프스페이스는 2000년대 중반부터 갤러뎃대학교 학생, 교수, 행정실, 캠퍼스 건축가 한셀 바우만Hansel Bauman이 공동으로 수행한 연구 결과물[2]에 실린 100가지 이상의 디자인 요소를 종합한 것이다. 수어와 영어를 모두 사용하는 바우만은 데프스페이스의 발명가가 아닌 자칭 "발견자finder"이자 "지킴이keeper"로서, 이 연구팀과 함께 일하면서 농인이 건축물을 사용하는 방식, 이들의 타고난 지식에 세심한 주의를 기울였다. 연구팀은 캠퍼스 전체를 조사하면서 농인이 오래전부터 뛰어난 적응력으로 건축을 활용해온 새롭고도 오래된 단서를 찾아나섰고, 그 결과를 (1)감각의 도달 범위, (2)공간과 근접성, (3)이동성과 근접성, (4)빛과 색깔, (5)음향이라는 다섯 가지 범주로 정리했다.

ASL은 몸뿐 아니라 몸의 주위로 확장된 환경까지 포함하는 대단히 공간적인 언어이다. 단어와 구는 복잡하고 함축적이며 팔과 손, 얼굴의 몸짓이나 나머지 신체 부위의 에너지와 역동성에 따라 전혀 다른 의미를 지니기도 한다. 몸짓의 강약과 맥락으로 진지한 표현과 빈정거림, 속삭이거나 따지는 말투를 모두 구분하여 표현할 수 있다.[3]

공간의 영향력은 대화를 나누는 집단의 크기와 함께 커진다. 뒤에서, 또는 넓은 시야 어딘가에서 불쑥 말을 시작할 사람을 포함해 모두가 서로 볼 수 있어야 한다. 농인의 의사소통 장치에는 전반적으로 더 큰 공간의 차원이 있다. 수어로 대화 중인 사람의 주위로 360도의 원을 그려보자. 보이지 않는 비눗방울 같은 공간 속에서 이 언어가 소통되는데, 그 크기가 구어를 사용하는 이들보다 크고 넓다. 이 소통의 구球는 데프스페이스에서 '공간과 근접성' 원칙의 일부이다. 예를 들어, 복도에서 화자가 뒤에서 다가오는 제3자를 볼 수 있도록 문은 투명 유리나 간유리를 사용하도록 권장된다.

바우만은 뒤로 쓸어넘긴 은발에 카키색 작업복을 입고 나무로 된 구슬 목걸이를 걸고 나타나 나와 함께 캠퍼스를 걸어다녔다. 그는 우리가 구어 대신 수어를 사용했을 때 둘 사이에 존재할 공간상의 암묵적 합의를 보여주었다. 차들이 길의 방향과 직각을 이루며 주차된 보도를 걷던 중에 갑자기 그가 완전히 내 쪽으로 몸을 돌려 말하기 시작했다. 발걸음은 여전히 빠르고 마치 수어를 하듯 시선을 나에게 고정하고 있었다. "자, 이제 어떻게 하시겠습니까?" 나는 마침 눈에 들어온 한 자동차를 가리켰다. 연석에 너무 가깝게 주차해 앞부분이 보도까지 튀어나와 있었다. "장애물이 있다고 알려줘야겠지요." 내가 대답했다. "맞아요." 그가 말했다. "당신은 물리적으로 손을 뻗어 길을 막고 있는 것이 있다는 신호를 보내야 합니다. 그러지 않으면 제가 다칠 수도 있으니까요." 자신은 물론이고 다른 사람까지 포함하는 이런 사회적 인식은 수어의 사회성에 동반하여 체화된 자연스러운 일련의 행동이다.

여럿이 함께 걸을 때 보통 그중 한 사람은 길을 보거나 장애물을 찾아 주위를 살피고 방향의 변화를 알리는 역할을 맡는다. 이 지정된 가이드는 필요할 때만 무리의 대화를 방해한다. 데프스페이스 디자인의 '이동성과 근접성'의 범주도 그와 같은 일을 한다. 데프스페이스의 권고사항 중에는 사람들이 서로 부딪히지 않고 대화를 이어나갈 수 있게 복도를 넓히고 발을 헛디디지 않고 느긋하게 오르내리며 이야기할 수 있도록 계단 디딤판의 너비를 여유 있게 설계하는 항목이 있다. 가능하면 계단 대신 경사로를 설치해 계단을 신경쓰지 않고 수어에 집중할 수 있게 한다. 물론 경사로는 휠체어 사용자에게까지 접근이 확장된다. 갤러뎃 졸업생이자 청각장애와 디자인 연구자인 매튜 말츠쿤Matthew Malzkuhn은 이러한 언어와 몸의 3차원성은 귀가 들리지 않는 상태의 의미에 필수적이라고 말했다. "우리는 구체球體를 형성하는 사람들입니다." 말츠쿤이 2007년 한 인터뷰에서 말했다. 건축은 귀가 들리지 않는 상태를 존재의 한 방식[4]으로 인정하고 아름답게 지원해야 한다는 말이다.

　수어의 시각성에 대한 이런 능숙한 수용을 표준화된 방이나 건물에서는 찾아볼 수 없다. 자신이 공부했던 교실이나 강의실을 떠올려보길 바란다. 학생들이 둘러 앉은 사각 테이블은 중간 거리의 시야는 확보하지만, 모서리에 각이 져서 끝에 앉은 사람을 보이지 않게 가린다. 많은 교실에서 여전히 책상과 의자가 열을 지어 배치되는데, 그런 공간에서는 학생 앞에 선 교사와 학생 사이의 단순한 양방향 시야만 허락된다. 많은 공간이 테니스장처럼 한 명의 상대와 관계 맺는 장소로 설계된다. 모두의 눈이 서로의 얼굴과 손을 볼 수 있는 카드 게임 테이블과는 매우 다르다. 갤러뎃대학교의 강의실은 카드 게임 효과를 노려 언제나 알파벳 U자 형으로 배치된다. 이런 개조는 상대적으로 쉽다. 대비가 훨씬 뚜렷한 다른 구조도 있다. 대부분의 건물에서 복도는 꺾이는 부분이 직각인데, 이는 보이지 않아도 발소리만으로 맞은편에서 사람이 오는 것을 알 수 있다는 전제하에 설계된 것이다. 갤러뎃대학교의 새로운 복도는 모퉁이가 완만한 곡선 형태라 시야를 확장하고 충돌을 방지한다. 이런 것이 데프 스페이스 원칙 중 '감각의 도달 범위'이다.

　말츠쿤처럼 바우만은 건축적 사고에 특히 유리한 수어의 "공간적 운동성"[5]을 설명한다. 수어는 본래 3차원적이다. 그래서 언어를 단순한 단어의 나열이 아닌, 있는 그대로 소통하는 풍부한 저장소로 만드는 높이와 너비와 깊이가 있다. 이와 비교하면 "선형성"[6]이라고까지 할 수 있는 구어의 단방향성은 시시할 정도이다. 갤러뎃에서처럼 내 영어가 빈약하다고 느낀 적은 없었다. 불현듯 떠오른 생각을 표현하려고 초라한 어휘로 버벅거리고, 어설픈 말은 단어가 입 밖으로 나오는 순간 흔적도 없이 사라지는 것을 뼈저리게 느꼈다. 그제서야 나는 바우만의 형제이자 갤러뎃대학교 청각장애학과 학과장인 덕슨 바우만Dirksen Bauman이 '농聾을 얻었다'는 의미에서 "데프 게인deaf gain"이라고 표현한 것이 무엇인지 알게 되었다. 그것은 흔히 사용하는 '청력을 잃었다hearing loss'는 말을 바로잡는 신랄한 표현이다.[7]

외부의 청인이 데프스페이스의 한 범주로서 '음향학'을 접하면 놀랄지도 모른다. 그러나 소리의 성질은 이곳에서도 세심하게 고려되는 사항이다. 특히 인공와우 이식 수술을 받은 사람들에게 에어컨 같은 기반시설의 소음이나 시끄럽게 울리는 장소의 주변 소음은 큰 방해가 된다. 한편 소리는 원목 벤치에서 그랬던 것처럼 실질적인 쓸모가 있을 뿐 아니라 즐거움의 원천이기도 하다. 내가 방문한 날 갤러뎃 기숙사 로비의 커피 가게에서는 가끔씩 음악을 크게 틀었다. 때로는 음량이 아주 커서 특별한 선율의 베이스 저주파 진동이 주는 즐거움도 함께 퍼졌다. 물론 즐거운 정도는 때와 장소, 한 사람의 청각과 신체적 구성에 따라 다르다. 나로서는 통역사의 말을 듣기 힘들 정도로 큰 소리였지만, 귀가 일차적인 소통 수단이 아닌 사람들에게는 아름다운 감각적 자극이었을 것이다. 이곳에서도 시끄러운 음악은 일상적인 소음이라 어떤 생활관은 일하거나 잠자리에 든 다른 학생을 존중하여 특정 시간에는 음악이 금지된 '조용한 기숙사'로 지정되었다.

　내 농인 친구 멜을 통해 나는 이들이 자기만의 방식으로 콘서트를 즐기는 것을 알고 있었다. 멜은 고속도로에서 혼자 운전할 때면 볼륨을 최대로 높인 상태로 왼쪽 무릎을 측면 스피커에 대고 직접 진동을 흡수했다. 그러면서 자신이 외우는 비틀즈나 스티비 원더 노래와 더불어 즐겁게 목청을 높였다. 갤러뎃 방문 후 나는 비로소 그 느낌을 더 잘 상상할 수 있었다. 소리는 파동이라 다감각적 즐거움을 선사한다. 우리는 소리 에너지가 공간을 가로질러 음압이 높은 상태에서 낮은 상태로 확산하는 것을 느낀다. 벤치를 두드리는 손에서 오는 것이든 플레이어의 우퍼로 인해 떨리는 종이의 움직임이든, 소리는 목재, 유리, 인간의 내장기관을 포함한 공간 속 모든 구조물의 원자적 기묘함을 통해 보이지 않게 흐르면서 보이고 느껴지는 파동이다. 손가락을 물웅덩이에 대고 선을 그어 수면에 에너지를 주입하면 그 시작점부터 세상을 향해 눈에 보이는 부채꼴 모양의 잔물결이 연쇄적으로 퍼지는 것과 같다.[8]

　갤러뎃대학교가 설립될 당시 사람들에게 귀먹음은 결코 강점으로 인식되지 않았을 것이다. 역사학자 더글러스 베인턴 Douglas Baynton에 따르면 귀가 들리지 않는 것은 "원래 그런 것이 아닌" 상태이기 때문이다. 벙어리mute, 반벙어리semi-mute, 귀머거리이자 벙어리deaf and dumb 등은 19세기 산업화 사회의 문화에서 다양한 청각장애를 묘사하는 말이었다. 시인이자 평론가인 새뮤얼 존슨Samuel Johnson은 귀가 들리지 않는 것을 "인간의 재난 중 가장 절망적인 것"이라고 불렀다. 당시의 역사적 문헌은 농인을 희한한 몸짓을 하는 사람이라고 동정 어린 투로 묘사한다. 그러나 베인턴에 따르면, 귀가 들리지 않는 경험을 농인이 직접 설명하기 시작한 19세기에 이르러 분위기가 달라지기 시작했다. 1836년, 영국의 농인 사회학자 해리엇 마티뉴Harriet Martineau는 비록 어려서는 청각장애를 "참기 힘든" 것으로 여겼지만, 성인이 되어 자신의 어릴 적 경험이 "가짜 수치심"임을 깨달았다고 썼다. 또한 베인턴은 장애에 대한 사회적 모델을 기대하면서 또 다른 영국 작가이자 여덟 살에 청력을 잃은 존 버넷John Burnet의 1835년작 《귀머거리와 벙어리 이야기Tales of the Deaf and Dumb》를 인용한다. "농은 '그 불운한 대상을 동료들의 사회로부터 차단했지만', 그건 '단일 감각의 박탈' 때문이 아니라 '다른 이들이 듣고 말하는' 상황 때문에 벌어진 일이다. 버넷은 만약 모든 이가 '귀가 아닌 눈으로 말하는 언어'를 사용한다면, '현재 농인이 느끼는 열등감은 완전히 사라질 것이다'라고 주장했다."9

청각장애인을 위한 학교는 18~19세기, 도시화와 산업화가 빠르게 진행 중인 문화에서 설립되었다. 1776년 프랑스에서 세워진 국립 농아연구소The National Institution for Deaf-Mutes는 세계적으로 농인 학생의 전문 교육에 영향을 미쳤다. 그러나 이

학교의 성공은 19세기 후반에 들어 말과 언어를 균일화하려는 민족주의 운동 때문에 저항에 부딪혔다. 압박은 강하고 효과적이었다. "구화법"을 주장하는 극우적이며 궁극에는 우생학의 형태를 띤 공격이 근대화가 한창인 서구 문화를 휩쓸었고, 청각장애 학생에게도 구어 사용을 강조하도록 교육계에 강요했다. 소수 언어인 수어는 민족 문화 통합을 위협한다는 죄목으로 탄압받았다. 1880년 밀라노에서 열린 국제 농인교사연맹 집회에서 참석자들은 "수어에 대한 구어의 반박할 여지가 없는 우월성"에 합의했다. 그 영향력이 1970년대까지 청각장애인 교육의 주류 기본 방침인 구화법과 함께 오래 지속되었다.[10]

농인 문화는 1970년대에 걸쳐 미국에서 구어를 쓰지 않는 존재 방식의 존엄성을 주장하는 농인 활동가들과 함께 하나의 문화이자 의식적인 정치적 정체성으로 인지되었다. 갤러뎃대학교는 이런 운동에 크게 앞장섰다. 1950년대에 언어학자 윌리엄 스토키William Stokoe를 필두로 캠퍼스에서 수어에 대한 새로운 관심이 커졌다. 농인 활동가들은 자신들의 언어와 역사, 문화 역시 인간이 존재하는 방식의 완벽하게 정상적인 변이임을 강하게 주장했다. 일부는 **귀먹음**Deaf을 하나의 정체성으로 보고[11] 민족성과 동등한 명칭으로서 이 단어를 대문자로 시작하여 고유명사화했다.

농인으로서의 정치 활동은 청각의 부재를 '치료'의 대상으로 보는 오랜 역사를 거부하는 것이다. 그 역사는 구어만을 강요하고, 농인 집단의 언어와 문화 규범을 있는 그대로 인정하는 대신 청력을 키우는 기술에만 투자한 역사이다. 갤러뎃대학교는 이 권리의 유산에서 중요한 역할을 했다. 1988년에 학생들은 당시 막 당선된 총장을 축출하고 학교 최초로 농인 총장을 세워야 한다고 주장했다. 또한 갤러뎃대학교 이사회의 절반은 농인이어야 하며, 이와 같은 시위 행위를 처벌하는 대신 지원하라고 요구했다. 그 시대 가두 행진 포스터는 농인 활동가와 여타 시민권 단체의 전략적 협력을 보여준다. 투어 중에 마야와 들른 갤러뎃대학교 기록보관소에는 "유대인, 흑인, 여성, 그리고 이제는 농인을 위한 시대"라는 손글씨가 적힌 팻말이 전시되어 있었다. 그 시대는 갤러뎃대학교 역사에서도 중요한 시기로, 미국에서 특별히 소수자 권리의 유산과 연합한 '농의 상태는 세계적으로 개인의 문제만이 아니라 사회적이고 정치적인 문제이다', '농인은 평등의 자격이 있으나 정체성이 소외된 집단이다'라는 철학적인 주장과 요구가 합쳐졌다.

그렇다면 데프스페이스는 농인 문화를 중심으로 건물을 짓고 만든다는 측면에서 반세기를 이어온 이런 정치적 의지의 간접적 결과물인 셈이다. 나는 바우만과 이야기하면서 확실히 그렇게 느꼈다. 우리의 대화는 복도의 재료와 모양에 관한 세부사항부터 시작해 그 의미를 설명하는 큰 그림으로 이어졌다. 바우만은 건축가들의 건축가이다. 그는 철학자 마르틴 하이데거가 진정한 '거주하기dwelling'라고 부른 것에 관한 형이상학적 연구에 건물이 어떻게 일조하는지에 관심이 있었다. 진정한 거주는 사람, 사람과 사람의 관계, 사람이 사는 환경으로 이루어진 사회적 삼자관계다. 데프스페이스는 보철물로서의 건축이 아니다. 대체물이 아니라는 말이다. 데프스페이스는 수어라는 정교하고 아름다운 언어와 행동을 매개로 관계가 형성되는, 눈에 보이지 않고 당연한 것으로 받아들여지는 방식을 둘러싼 건축이다. 이 시각적 증거는 농인 정치의 역사와 함께하며 다음과 같이 재미있고 설득력 있는 질문의 형태에 담겨 있다. 농인 디자인이란 무엇인가?

1864년 에이브러햄 링컨이 설립을 인가한 이후로 갤러 뎃대학교 캠퍼스는 언제나 농인을 염두에 두고 설계되었다. 초기에 설계된 한 건물에는 진동 초인종이 설치되었는데[12] 방문객이 체인에 달린 손잡이를 잡아당기면 납으로 된 추가 바닥에 떨어지고, 안에 있는 사람이 그 충격을 몸으로 느끼면서 소리가 들리지 않아도 방문객이 왔다는 것을 알 수 있다. 감각 치환과 기계적 문제 해결에 기초한 영리한 디자인이었다. 현대에도 이런 디자인을 반영한 사례가 있다. 어떤 건물에서는 교수 연구실 문을 두드리는 대신 문밖의 조명 스위치를 켜서 방문객이 왔음을 알린다. 보도를 따라 자갈을 깔아 울퉁불퉁하게 만든 경계선은 수어로 대화 중인 보행자에게 연석이 가까이 있다고 알려준다. 오래된 건물이든 새 건물이든 다수의 건물이 아트리움 구조를 활용해 감각의 도달 범위를 극대화한다. 시각언어를 사용할 기회가 방 하나에 머물지 않고 층과 층 사이 어디서든 소통 가능하게 확장되는 것이다. 마야는 초기에 지은 한 남학생 기숙사의 나선형 계단을 보여주었다. 원래 고등학생을 수용할 목적으로 지어진 건물이었다. 학생들은 빨랫감을 나선형 계단 중앙의 빈 공간으로 떨어뜨린다. 빨래가 끝나면 계단마다 한 명씩 서서 옷더미를 위층으로 전달하는데, 모든 방향으로 시야가 뚫려 있어서 소통이 원활하다.

이런 건축적 특징은 부적합 상태에 대한 대단히 창의적인 적응에서 비롯한다. 그러나 방과 가구와 건물에서 청력의 소실이 아닌 **농을 얻음**을 인정하는 데프스페이스를 창조하려면 농인이 직접 나서서 정치적으로 밀어붙여야 했다. 이는 의학이 그러듯, 농인들을 청력을 잃어 청인의 가르침과 관리가 필요한 집단으로 규정하지 말고 하나의 독립된 정체성으로 인정하라는 압박이었다.

자칭 "수어 공동체"인 갤러뎃대학교의 정체성을 감안할 때, 갤러뎃 학생의 3분의 1이 매년 편입생으로 들어오고 15~20퍼센트가 새로 수어를 시작하는 사람들이라는 사실은 놀랍다. 매해 새 학년이 시작할 때마다 부트캠프(신병훈련소)가 열리는데, 원하는 학생은 누구나 신청할 수 있는 4주짜리 집중 ASL 코스이다. 이후에는 네 단계로 ASL 강의가 운영된다. 대학은 입학 후 1년까지 통역 서비스를 제공한다. 전 세계에서 이 대학에 입학하러 오지만, 미국 학생들 사이에서도 수어에 대한 친숙도는 매우 다양하다. 수어로 소통할 수 있기까지 경험한 '문화 충격'을 갤러뎃에서 만난 여러 학생이 말해주었다. 가족 중에 청각장애인이 있어서 오랫동안 수어를 사용한 학생도 있고, 그 밖에 입술 읽기, 목소리 내기, SEE(Signing Exact English. ASL과는 문법 및 구조가 전혀 다른 수어) 등을 조합해서 사용하며 성장한 학생도 많다. 구어와 마찬가지로 수어도 전 세계에 수백 가지 형태가 있으며 매우 다양하다. 일례로 영국의 수어는 미국의 수어와는 거의 유사점이 없다.

한 학생은 캠퍼스에서 1년 동안 열심히 연습한 후에야 ASL을 익혔는데, 자신의 청인 부모와 가족은 그가 집에 가도 여전히 수어를 사용하지 않는다고 말했다. 갤러뎃대학교에 입학하는 문제로 부모와 갈등이 있었지만, 다행히 전액 장학금을 받은 덕분에 자신의 뜻대로 선택할 수 있었다고 한다.

집안에 농인이 여러 명이라 ASL을 모국어처럼 사용하는 한 미국인 학생은 수어에 익숙하지 않은 학생은 물론이고 교수나 직원(일부는 수어를 유창하게 하고 일부는 거의 못한다)들을 위해서도 규칙을 전환할 필요가 있다고 주장했다. 이 규칙은 언어의 문제일 뿐 아니라 정치적인 문제이기도 하다는 것이 그의 주장이다. ASL에 능숙한 일부 학생은 전환의 필요성을 다른 사람보다 우아하게 참아낸다. 과제를 낼 때 어떤 교수는 종이에 쓴 학술 영어를 강조하고, 어떤 교수는 ASL 사용에 중점을 둔다(학생들은 컴퓨터실에서 데스크톱으로 작업하지만, 자신이 수어하는 영상을 찍어서 교수에게 보내기도 한다). 이처럼 다양한 형태의 소통을 위한 적응은 어떤 의미에서 더 큰 질문을 고심하게 하는 언어 전환이다. 학생들은 문화를 지배하는 청인의 언어에 얼마나 애써 숙달되어야 하는가? 농인으로서 자신의 정체성을 얼마나 더 키워야 하는가?

오래된 건물 옆에 세워진 이 새로운 데프스페이스 건축 디자인은 그 안에서 학생들의 긴장된 삶을 반영한 시각적 경관을 만들어냈다. 이 학생들은 처음으로 집을 떠났을 뿐 아니라 언어와 사회 규범이 갑자기 달라진 곳에서 생활하게 되었다. 이들은 주류 교육에의 통합이 원칙이었던 공립학교에서 성장한 세대이다. 장애 옹호자들은 일반적으로 이런 형태의 통합을 주장하지만, 나는 갤러뎃에서 다른 가능성을 보았다. 이 학생들은 진정한 농인이 되기 위해서 이 대학에 온 것일까? 학생들과 이야기를 나누다보니 적어도 일부는 자신이 누구인지를 새롭게 드러내려고 이 학교에 들어온 것 같았다.[13] 이들은 그 시작으로 농인 교육을 위해 투쟁한 최초의 기관이자 농인의 정체성을 찾으려는 정치적 활동이 부침을 겪는 동안에도 학생들이 ASL을 배울 수 있도록 싸워야 했던 이 학교를 선택했다. 그렇다면 데프스페이스는 종종 건축가들이 건물을 두고 "외피外皮, envelope"라고 부르는 것의 예일 것이다. 하지만 이 외피는 뻔히 보이는 곳에 숨겨진 것을 드러내고 추적하는 이들의 활동과 소통을 위해 유연하게 내용물을 감싸는 특별한 겉싸개이다. 땅바닥과 벽면과 모퉁이와 옥상으로 이루어진, 농인의 삶에서 일어나는 일련의 습관과 패턴을 중심으로 형성된 외피를 상상해보라. 이는 특별한 존재 방식의 미묘함을 지지하는 주거 형태이다.

아는 척하기 좋아하는 일부 청인 건축가와 데프스페이스에 관해 이야기하면 반응은 보통 둘 중의 하나다. 넓게 개방된 공간, 원형의 좌석 배치, 자연광에 대한 강조는 "그저 훌륭한 디

자인"일 뿐이지 청각장애와는 아무 상관이 없다고 성급하게 주
장하는가 하면, 심지어 데프스페이스는 장애인을 위한 다른 디
자인과 목표가 교차되는 지점에서 어쩌다 작용한 것이라며 기
본 전제를 부정하려고 한다. 데프스페이스가 농인을 위한 것이
라면 그곳에서 맹인은 배제될 것인가? (짧게 말하면 답은 '아니오'이
다. 갤러뎃대학교는 '청각장애에 더해' 맹인이거나 휠체어를 사용하거나 그 밖
의 다른 복잡한 신체장애가 있는 학생도 교육한다.) 그들은 핵심을 놓치
고 있는 것 같다. 이곳에서 건물은 지배 문화의 기능과도 훌륭
하게 맞물린다. 그러나 데프스페이스의 개념은 디자인의 특징,
즉 어떻게 보이는가가 아니라 설계하는 과정으로서 데프스페이
스가 실천하려는 관심의 질에 관한 것이다. 정상적인 인간의 감
각 밖에서 일어나는 문화와 소통을 구성하는 미세하고 친밀한
세부사항은 주류 바깥에서 사람들이 어떤 커뮤니티를 꾸려나
가고 있는지 면밀히 살피고, 대개는 보이지 않지만 오랫동안 유
지된 암묵적인 지식을 공식화하라고 요구한다. 갤러뎃이 보여
주는 데프스페이스는 건축가들이 몸의 언어로 회귀하고, 모두
가 타인을 더 잘 듣고 보는 방법으로 돌아오라고 제안한다. 또
한 체화된 언어의 사회적 다차원성과 관계를 우선시하고, 표준
적인 삶의 구조를 재조사하여 좀 더 살기 좋은 공간을 만들 기
회를 찾도록 유도한다. 데프스페이스의 원칙에 따라 지어진 공
간은 분명 철학자 가스통 바슐라르가 "참된 의미에서 거주하
는 일체의 공간에는 집이라는 관념의 본질이 있다"라고 한 말
의 의미를 구현한다. 영어로 '거주하다inhabit'의 어원은 '살고 있

다to dwell'는 뜻의 habitare이고, 더 나아가 habitare의 어원인 habere에는 '보유하거나 가지다', 심지어 '주거나 받다'라는 뜻이 있다. 구체球體 안에서 주고받으며 사회적으로 상호의존적인 수어는 그곳에 모인 학생들이 거주할 집이 된다.

마야의 적극적인 권유로 나는 데프스페이스 이념을 단적으로 드러내는 작품으로 알려진 캠퍼스 밖의 한 장소를 방문했다. 수어하는 스타벅스다. 갤러뎃 캠퍼스에서 멀지 않은 H 스트리트 근처에 있다. 2018년에 문을 연 이 스타벅스는 최소한의 변형만으로 공간의 규범을 뒤바꾼 것 말고는 여느 스타벅스와 다르지 않았다. 계산대에서도 복잡한 설명이 필요 없었다. 내 앞에 있는 기기와 줄 서 있는 다른 사람을 보고 어떻게 해야 하는지 바로 알 수 있었다. 직원은 손바닥을 앞으로 향한 채 관자놀이에 댔다가 떼며 정중하게 "안녕하세요"라는 수어로 맞아주었다. 나는 태블릿 화면에 주문 내용과 내 이름을 적었다. 늘 그렇듯이 카드로 음료값을 결제했고, 직원에게 가벼운 몸짓으로 고맙다고 인사했다. 주문을 받는 중에 다른 직원이 끼어들자 그는 자기가 누구와 이야기하는 중인지 보여주려고 손바닥에 글씨를 쓰는 몸짓으로 정중하게 "실례합니다"라는 뜻의 수어를 말하고 동료와 수어를 이어갔다. 나는 이 직원이 나에게 양해를 구하고 새로 들어온 직원을 교육하는 상황을 모두 이해했다. 주문한 음료가 준비되자 카운터 끝에 설치된 화면에 내 이름이 떴다.

수어하는 스타벅스는 첨단 장비를 사용하지 않고도 그

공간의 기술에서 가장 섬세한 변화를 구현해냈다. 그리고 그 순간 권력의 역학이 통째로 빠르게 전복되었다. 내 분야에서는 '서비스 디자인'이라고 부르는 것이다. 서비스 디자인이란 바람직한 경험을 제공하기 위한 상품과 상호관계를 포함하는 요소의 조합이며, 이 경우에는 직관적이고 어려움 없이 고객의 주문을 받는 것이다. 나는 그곳에서 따로 설명을 듣지 않아도 주문할 수 있었다. 그렇다면 이 카페는 소수만 알고 이해하는 언어로 운영되면서도 보편적으로 디자인되었다고 볼 수 있다. 사람들이 소리를 듣는 광장 한복판에 있는 수어 공동체이며, 공간이 쉽게 바뀌고 확장되며 무엇보다 평범하지 않은 다방향적 방식으로도 **공유될** 수 있다는 시각적 증거다.

　　그 카페는 캠퍼스의 자랑거리임이 틀림없다. 근처에 비슷한 방식의 은행과 피자 가게가 열릴 예정이다. 나는 테이크아웃 컵을 들고서 절반은 말을 하고 절반은 수어를 쓰는 사람들 사이를 지나 거리로 나왔다. 나는 부적합 상태의 아직 해결되지 않은 진정한 도발에 대해 다시 한번 생각했다. 부적합자가 되는 것은 누구인가. 순식간에, 또는 빙하처럼 느리게 일어날 수 있는 변화는 어디에서 어떻게 일어나는가. 세계를 대표하는 카페, 그리고 오로지 '되기'와 정체성을 가르치고 배우는 대학 캠퍼스에서 그 도발을 찾는 방법에 대해 생각했다.

　　자신이 누구이며 어떤 세계에 속하는지를 결정하는 과정은 많은 대학생들의 이야기이며, 청소년기를 벗어나 성인기에 들어서는 시기에 삶의 근간을 흔드는 사건이다. 그러나 가장 흥미로운 창의성은 몸과 세상이 만나면서 낯설고 긴급한 마찰을 일으킬 때 나타난다. 그 마찰이 능력, 역사, 인구통계학적 배경 등 어디에서 비롯된 것인지는 상관이 없다. 장애의 역사에서 기숙사 방은 살아가는 방법을 결정하는 문제에 대해 개인적, 정치적으로 가장 큰 질문을 던지도록 설계된 환경이었다.

소아마비 생존자이자 휠체어 사용자인 에드 로버츠Ed Roberts는 낮에는 호흡 장치가, 밤에는 "구름 위의 휴식"처럼 그가 사랑했던 철로 된 폐의 피난처가 필요했던 사람으로, 1962년에 UC 버클리에 입학을 지원했다.[14] 스스로 캠퍼스에서 살아갈 방법을 찾겠다는 그의 투지는 독립적인 생활과 거주를 쟁취하기 위한 세계적인 운동으로 이어졌고, 도움을 청한다는 것의 의미를 재정의하게 된 특별한 적응형 건축의 살아 있는 역사가 되었다.

로버츠는 1950년대에 교실에 전화를 연결해 집에서 고등학교 수업을 받은 것을 비롯해, 열악한 상황에서도 어떻게 해서든 교육받을 방법을 찾는 데 익숙해져 있었다. 그의 어머니는 주위의 반대에도 불구하고 로버츠가 주류 교육을 받아야 한다고 주장했다(운전 교육을 이수하지 않았다는 이유로 로버츠의 졸업이 보류되어 졸업장을 받기 위해 청원까지 해야 했다). 커뮤니티 칼리지를 졸업한 로버츠는 스물세 살에 교수들의 격려에 힘입어 버클리에 지원했고 입학 허가를 받았다. 지원 서류에는 그가 장애인임을 표시하는 항목이 없었으므로 합격한 후 그는 캠퍼스에서 살아갈 방법을 알아서 강구해야 했다. 장애가 있는 다른 학생들도 버클리를 비롯한 여러 대학에 다녔지만, 로버츠의 몸은 거의 전체가 마비 상태였으므로 매일 침대에서 나와 휠체어를 타는 일부터 시작해 많은 도움을 받아야 했다. 일반적인 기숙사에서는 불가능한 도움이었다.

UC 버클리 측은 예전에 장애인 학생을 받았다가 실패한 사례를 들먹이며 로버츠의 입학을 취소하려고 했다. 로버츠는 버클리 캠퍼스 내 코웰 병원의 헨리 브룬Henry Bruyn 박사를 찾아갔다. 그는 소아마비에 걸려 후유증을 안고 살았던 로버츠 세대의 치료를 감독하고 있었는데, 캠퍼스에 있는 동안 로버츠가 코웰 병원의 병실에서 지낼 수 있도록 허락해주었다. 병실이 반영구적으로 임시변통한 기숙사 방이 된 것이다. 대학도 동의했다. 캠퍼스에 도착한 로버츠를 본 사람들의 기대치는 낮았다. 캘리포니아주 어느 지역신문의 머리기사에는 "무기력한 불구자, 휠체어를 타고 캘리포니아대학교 수업에 참석하다"라고 실렸다.[15]

기숙사로서의 병원은 놀라운 상상력을 요구하는 참신한 아이디어다. 로버츠의 의학적 필요에 맞게 방을 꾸미는 것은 어렵지 않았다. 문제는 대학생이 일반적으로 가족과 떨어져 살면서 하는 일들을 그가 어떻게 감당할 것인가였다. 학생들은 수업 일정을 관리하고 학업과 사교 활동 사이에서 균형을 맞추고, 새로운 관계를 형성하고, 자기 몸을 돌보아야 했다. 로버츠에게 그것은 자기 몸을 돌보기 위한 관계를 만들고 관리하는 것이었다. 옷을 입고, 화장실을 가고, 매주 교통편 일정을 짜는 등 사적인 일을 돕기 위해 개인 간병인을 고용하고 지시하고 해고하는 일이었다. 모두 한 번도 해본 적 없는 새로운 과제였다. 그러나 병원 기숙사는 성공적으로 운영되었고, 1969년에는 비슷한 여건의 학생 12명이 코웰 병원 기숙사에서 생활했다. 모두 학생으로서, 자기 자신의 개인 매니저로서 새로운 삶을 조율해가는 휠체어 사용자였다.

역사학자 베스 윌리엄슨Bess Williamson은 저서《장애인을 위한 미국Accessible America》에서 이 학생들에게 큰 도전을 일깨워준 그 시대의 구술 역사를 인용한다. 허브 윌스모어Herb Willsmore는 1969년에 입학하여 코웰 병원 기숙사에 살았는데, 갓 시작한 독립적인 삶과 기숙사가 그곳의 학생 거주자들 사이에서 대화의 큰 촉매제였다고 했다.

> 우리는 각자의 재활 치료 경험을 나누면서, 그 치료 과정이 우리에게 어떻게 자동차에 올라타고 내리는지, 집에 가면 어떻게 생활을 관리할 것인지, 어떻게 우리처럼 장애가 있는 사람에게 편리한 집을 꾸밀 것인지, 어떻게 소변 주머니를 비우는지, 간병인을 고용할 때 어떻게 면접을 볼 것인지 등등에 관해서는 말해주지 않았다는 사실을 털어놓기 시작했다.[16]

또 다른 병원 기숙사생 존 헤슬러John Hessler는 버클리에서 학업을 마칠 무렵 자신이 "6년간 고용한 이들이 잡역부에서부터 간병인, 요리사, 가사도우미, 비서, 연구 조교에 이른다"라고 썼다.[17] 이것은 교실과 학업의 벽을 훨씬 뛰어넘는 교육이었다. 기숙사는 학위를 따기 위한 생활 공간 이상이었다. 기숙사에서 유대를 키워간 학생들이 캠퍼스 안에서 정치적 정체성을 띠기 시작했다. 장애인 학생들은 자기 옹호자로 진화하여 단순한 입학 허가 이상을 주장하게 되었다. 1960년대 UC 버클리에서 이 학생들은 캠퍼스에서 자신의 존재가 시민의 권리와 밀접하게 연관되어 있음을 깨달았다. 그들의 권리는 정치적 전략에 처음 눈을 뜬 다른 소외 집단과 공동 운명이었다.[18]

기숙사 조직은 스스로를 롤링 쿼즈Rolling Quads(사지 마비 환자quadriplegic를 줄인 말)라 부르며 세를 불리고 힘을 키웠다. 눈에 띄는 시위와 모임으로 주목받으면서 그들은 휠체어를 사용하는 학생, 맹인 학생, 친구들, 그리고 사지가 멀쩡하고 앞을 볼 수 있는 동지들과의 동맹이 뒤섞인 불구자 정치 회의[19]를 소집하고, 캠퍼스에서 장애인의 권리를 요구했다. 이들은 캠퍼스에 공식 로비 단체인 신체장애학생 프로그램Physically Disabled Students Program(PDSP)을 설립하고 초기에는 연방 정부의 보조금으로, 이후에는 영리한 예산 계획과 운영을 통해 필요한 서비스에 대한 재정을 충당했다. PDSP는 주거와 간병인 고용에 대한 소개비를 지원받기 위해 UC 버클리에 학생 등록금을 25센트 인상하도록 제안했고, 결국 그것을 따냈다.[20] 또한 최신 전동휠체어를 고칠 수 있는 정비공을 포함해 캠퍼스 내 휠체어 수리 서비스를 요구했다.

여기에 다른 장애 학생들이 합류했다. 우리는 기관의 규범을 무조건 수용하고 따라야 하는가? 아니면 기관도 우리의 말에 귀기울여야 한다고 주장할 수 있는가? PDSP는 실용적인 것 이상의 서비스를 제공했다. 이 단체는 독립성의 개념을 완전히 새롭게 정의했는데, 실로 휠체어 사용을 초월하는 것이었다. 이 학생들은 교실, 거리, 주택이라는 건설환경을 검토하고 이들 구조물에 좀 더 쉽게 접근할 방법을 모색했다. 동시에 이들은 자신들이 성장해온 재활의 패러다임을 거부했다. 그 패러다임 안에서는 말 그대로 모든 일을 제힘으로 해내는 능력으로만 독립성을 평가했다. 그들은 자신들의 삶에서 신체적 돌봄은 언제나 필요하지만, 의사결정의 힘을 유지하면서 자신이 직접 선택한 도움의 방식에 따라 살아가겠다고 주장했다. 또한 독립성을 '자립self-sufficiency'(장애인을 환자로 취급하는 임상 환경에서 독립성의 기준)으로 정의하는 대신 '자기결정self-determination'[21]으로 이해해야 한다고 주장했다. 자기결정은 권한과 선택의 존엄성을 행위 자체와 분리한다는 점에서 자립과 다르다. 예를 들어 재활의 패러다임 안에서는 셔츠의 단추를 채우는 일처럼 자기를 돌보는 일에 도움을 요청하고 받는 행위는 의존성이 높다고 본다. 그러나 다른 사람의 도움을 받아 15분 만에 셔츠를 입고 문밖을 나가서 버스를 타는 사람은 혼자서 2시간에 걸쳐 옷을 입다가 끝내 집 밖을 나가지 못하는 사람보다 덜 의존적이다.[22] 의존성에서 보조를 분리하면, 또는 보조를 독립성의 개념에 포함하면 모든 것이 달라진다. 그렇게 되면 바람직한 삶을 지원할 다양한

제품과 서비스를 요구할 수 있기 때문이다. 독립적인 삶을 재정
의하는 문제에서 중요한 목소리를 낸 주디스 휴먼Judith Heumann
은 1978년에 이렇게 말했다. "우리에게 독립은 신체적으로 혼
자서 일을 해낸다는 뜻이 아니라 독립적으로 결정을 내릴 수 있
다는 뜻이다. 그것은 몸의 정상 여부와 상관없는 정신적 과정이
다."[23]

    2020년 초 코로나19의 위협으로 세계가 느려지다가 결
국 멈추었을 때, 나는 로버츠와 롤링 퀴즈를 많이 생각했다. 대
학 캠퍼스와 아이들이 다니는 학교가 폐쇄되고 비대면 체제로
운영되었다. 과거 수년간 오직 로버츠에게만 '정상'이었던 원격
수업 방식을 이제 모든 고등학교와 대학교에서 실시하면서 학
생들이 적응하고 있다. 이미 이 나라의 역사에는 선견지명이 뛰
어난 전문 지식이 존재하고 있었던 것이다. 캠퍼스가 폐쇄되기
전날, 나는 디자인 수업을 듣는 90명의 학생들에게 로버츠와 코
웰 병원, 그리고 앞으로 다가올 원격 학습을 위한 그들의 유산
이 되어버린 강력한 재설계에 관해 이야기했다. 나는 학생들에
게 롤링 퀴즈의 분투에 감사하라거나, 캠퍼스의 폐쇄로 우리가
잃어버린 것들에 신경쓰지 말라고 말하지 않았다. 반대로 나는
반세기 전의 사례와 학생들이 지금 받아들이고 있는 적응 사이
의 연관성을 보라고 말했다. 그것은 탄력성 있는 새로운 형태로
설계된 상호작용으로의 초대이며 폐쇄와 개방이 예상되는 과정
이다. 그 안에서 우리는 적응의 작업을 자각할 수 있을까?

    PDSP는 마침내 대학 캠퍼스의 경계를 벗어나 버클리 시

내에 터를 잡았다. 1972년, 벽장 넓이의 공간에서 새로운 조직이 탄생했다. 최초의 독립생활센터Center for Independent Living였다. 독립생활센터는 학생 단체가 처음으로 그 프로토타입을 시도한 것으로, 주거 추천, 간병인 서비스, 고용 지원 등 공공 서비스를 제공하는 일종의 비영리 단체로 운영되었다. 미국을 넘어 전 세계로 확장된 오프라인 조직은 이후에 독립생활운동Independent Living Movement(ILM)으로 거듭났다. 초기의 옹호 활동을 바탕으로 연방 정부의 후원을 받은 독립생활센터는 현재 미국 50개 주에 지부가 있고 세계적으로 퍼져 나가고 있다.[24] 센터는 도움이 필요한 이들에게 예약 없이 바로 서비스를 제공한다. 그리고 오늘날 UC 버클리에 로버츠의 이름을 딴 건물에 방문하는 모든 사람은 바닥에서 2층까지 감아 올라가는 기념비적인 붉은 원형 경사로를 볼 수 있다. 나는 어느 늦은 오후 그 경사로에서 아쉬운 30분을 보내면서 자전거로 학교를 오가는 사람들, 작은 아이를 안고 있는 부모, 전동휠체어를 탄 사람, 그리고 두 발로 걷는 사람들까지, 캠퍼스에서 몸의 물리학을 사용해 이동하는 몸들의 작은 행진을 지켜보았다.

지난 몇 년간 나는 매사추세츠주 첼시에 사는 스티브 샐링Steve Saling을 여러 차례 방문했다. 그는 자신과 24명의 사람들을 위해 설계한 집에서 독립생활운동의 오랜 유산을 볼 수 있도록 협조해주었다. 샐링하우스는 샐링이 자신의 신체에 일어날 큰 변화에 맞추어 설계한 기술과 돌봄의 복합체였다. 스티브는

30대 후반에 루게릭병이라고도 하는 근육위축가쪽경화증을 진단받았다. 그로부터 10년 이상이 지난 지금, 스티브는 독립생활 운동의 확장된 독립성을 실천하며 살아간다. 그러나 동시에 그는 우리 모두가 공유하는 의존성과도 더불어 산다. 스티브의 인생에서 나는 인간의 필요needfulness와 바람직한 삶에서 보조의 역할에 관해 내 관점과 어휘를 변화시킨 장비와 서비스를 보았다.

레너드 플로렌스 생활센터 로비에는 초대형 엘리베이터가 있다. 대형 전동휠체어가 드나들 수 있는 이 엘리베이터는 방문객들을 거주층까지 데려간다. 나를 마중하러 아래층으로 내려온 스티브가 머리 받침대에서 관자놀이까지 확장된 스위치를 조작해 휠체어를 움직였다. 그는 머리를 아주 조금씩 왼쪽이나 오른쪽으로 움직여 지시를 내렸다. 이 동작은 얼굴의 일부 근육을 움직여 현재 그가 할 수 있는 유일한 동작이다. 스티브는 나를 만날 때마다 미소와 눈 깜빡임과 가벼운 목인사, 그리고 "반가워요, 사라"라는 말로 맞아주었다. 이 인사말은 휠체어에 달린 자동 텍스트 변환기의 목소리다. 그런 다음 직접 엘리베이터를 호출해 나를 데리고 3층까지 올라갔다. 그곳에서 그는 평범한 가정집과 다름없이 꾸며진 방에서 생활한다.

샐링하우스 입구를 장식하는 상큼한 노란색 외벽(교외 주택의 외관처럼 보이게 채색된 인테리어 벽이다)에는 현관 옆으로 진짜 원목 블라인드가 달린 창문과 이 건물의 이름이 새겨진 환영 표지판이 있다. 안으로 들어가는 초대형 현관은 모두 두 개인데,

각각 문 하나는 안쪽으로 하나는 바깥쪽으로 열려 공간을 최대한 확보한다. 스티브와 나는 현관 바로 안쪽의 공용 공간으로 건너갔다. 그곳에는 일반 주택의 거실처럼 가구가 배치되어 있었다. 따뜻한 노란색, 부드러운 파란색과 초록색, 모두 자연의 색채를 모방하기 위해 선택된 것들이다. 벽난로, 벽에 걸린 예술작품, 안락의자를 포함한 장식은 많은 사람이 일반적으로 자기 공간을 꾸미는 방식을 따랐다. 심플한 곡선으로 몸의 체형을 흉내낸 램프와 가구들은 "기계를 조심해"가 아니라, "어서와서 쉬어요"라고 말하는 시각적 언어이다. 그 공간은 일반 가정집과 아주 유사해서 눈여겨보지 않으면 곳곳에 있는 정교한 장치를 놓치기 쉽다.

현재 51세인 스티브는 루게릭병을 진단받은 지 11년째가 되었다. 그는 동안에 소년 같은 인상이고, 턱까지 내려오는 갈색 머리를 성인이 된 이후로 계속 유지하고 있다. 그의 눈은 얼굴의 다른 근육이 느려지다 못해 정지해버린 한 인간의 풍부한 표현력을 보여주는데 꽤 실력이 좋다. 스티브는 엘리베이터를 작동하고 나를 위해 문을 열어주고 다른 주민에게 문자를 보내고 블라인드를 내리거나 올리는 일을 모두 할 수 있다. 전부 휠체어에 앉아서 지시하는 일이다. 이 샐링하우스에서는 난방과 냉방, 음악과 미디어 장치, 그 밖의 많은 것들이 스크린 인터페이스를 통해 스티브와 다른 거주자들이 조작할 수 있는 소프트웨어로 작동한다. 샐링하우스의 모든 주민은 루게릭병이나 다발경화증을 앓고 있고 적응형 장비가 필요하다. 대부분 휠체어를 사용한다. 휠체어마다 중앙 관제소 역할을 하는 태블릿이 있는데, 끝이 부드러운 막대를 손이나 입으로 움직여 조작한다. 스티브의 경우는 세상에서 가장 작은 커서가 그 일을 대신한다. 전형적인 둥근 금테 안경의 브리지 중간에 커서가 있는데, 납작하고 둥근 단추형 귀고리처럼 생겨서 어지간해서는 눈에 띄지 않는다. 그가 머리를 움직이면 커서가 눈앞의 태블릿에 신호를 보내어 건물 안의 시설을 작동시킨다. 태블릿은 스티브의 몸을 위해 만들어진 이 집의 마스터키이다.

　그를 방문할 때면 나는 거주자들이 함께 식사하는 긴 테이블이나 그의 방, 또는 거실에서 이야기를 나누었다. 보석 톤으로 칠한 방에는 과거에 그가 등산하던 모습, 기술 지원팀과 함께 적응형 스쿠버다이빙하는 모습을 찍은 최근 사진들로 도배되어 있었다. 나는 그의 일상, 건축 프로젝트로서 샐링하우스의 역사, 미래의 계획에 관해 질문했고 그가 커서를 사용해 대답을 타이핑하면 노트에 받아적었다. 태블릿 화면에는 가장자리의 바닥에서부터 알파벳이 수직으로 열을 지어 올라와 반복해서 모니터를 가로질렀다. 그 글자들은 영원히 흐르는 문자의 강이 되어 현미경 아래의 세포처럼 떠다녔다. 원하는 글자가 도착하면 커서로 '붙잡아' 알파벳 줄에서 분리한다. 예측 알고리즘이 그가 쓰려는 단어를 추측하고, 그가 과거에 쓴 내용을 바탕으로 문장을 구성하는 덕분에 시간이 단축된다. 모르는 사람 눈에는 최고의 십자말풀이 같다. 스티브가 커서를 작동하는 방식은 모두 그가 몸과 기계의 통합을 연구한 결과물이다.

문장을 완성하고 스티브가 재생을 클릭하면 컴퓨터 자동 음성이 그 문장을 말로 읽거나 모니터 반대쪽 화면으로 내게 보여주었다. 그 사이에도 스티브는 일을 처리하느라 바쁘다. 건물 관리인이 들어와 온수기에 관한 결정 사항을 확인했다. 그는 동의의 의미로 눈을 깜빡거린 다음 타이핑을 계속했고, 때로 간호사나 다른 주민이 지나가면 멈추고 인사했다. 이것이 달라진 몸과의 일상이지만, 그는 그 안에서도 변하지 않은 것이 있음을 세상에 확신시키려고 노력한다. 스티브의 휠체어 머리 받침대 뒤에 달린 배지는 낯선 사람들로 하여금 다른 사람에게 하듯 그에게 말을 걸라고 요청한다. 배지 가운데에는 "루게릭병이 제 몸을 빼앗아갔습니다. 그러나 정신은 아직 제 것입니다"라는 문장이, 가장자리에는 "저는 루게릭병과 함께 살고 있습니다"라는 문장이 쓰여 있다. 이 병, 그리고 이 병이 가져오는 모든 새로운 상황에 대항하지도, 관리하지도, 심지어 **고통받지도** 않을 것이며 대신 그것들과 **함께** 살아갈 것이라고 외치는 저 문장들은 사실이자 선언이다.

신경장애를 겪고 운동조절능력이 상실되기 시작했을 무렵 스티브는 조경건축가였다. 2006년 후반, 여러 병원을 전전한 끝에 공식적으로 루게릭병이라는 진단을 받았다. 초기에는 다른 사람들과 마찬가지로 그도 치료에 전념했다. 하지만 소용이 없었다. "10년 전에는 리튬까지 시도한 적이 있어요." 그가 말했다. "그러나 괜히 희망만 부풀리는 감정의 롤러코스터를 타는 게 별로 좋지 않더라고요." 거의 2년에 한 번씩 치료에 대한 새

로운 희망이 그를 뒤흔들었다. 그는 발병을 늦춘다고 알려진 한
약물을 언급했는데, 약값만 1년에 9만 달러가 들었다. 언젠가부
터 그는 더 이상 치료법에 크게 신경쓰지 않는다. "진짜로 효과
가 입증된 게 나오면, 제 귀에도 소식이 들어오겠죠."

　발병 초기에 스티브는 치료법을 찾아 의학과 약물을 파
고드는 한편 자신이 가장 잘 아는 일을 시작했다. 설계다. 스티
브는 시간을 앞당겨 미래의 문제를 고민했다. 도움을 받지 않고
는 혼자 서지도 말하지도 먹지도 못하게 되었을 때 살아갈 곳을
계획하기 시작한 것이다. 그는 미래의 몸이 머물 공간의 모습과
작동 방식을 연구하고 상상했다. 몸이 모든 움직임을 잃는다면,
그럼에도 바람직한 삶을 살기 위해 의지할 것은 설계(자신의 배경
이자 할 줄 아는 것)뿐이라고 자신에게 말했다. 스티브는 요양 시설
을 운영하는 배리 버먼Barry Berman과 협업했다. 노인을 위한 양
질의 환경과 서비스를 조성, 복원하려는 임상의와 간병인들의
네트워크인 그린하우스 프로젝트에 소속되어 있던 버먼은 스티
브의 발상이 얼마나 중요한지 바로 알았다. 두 사람은 스티브의
비전을 실행할 후원금, 건축가, 소프트웨어 엔지니어를 찾아다
녔다. '스마트' 홈 가전제품이 아직 주류 시장에 나오기 전이라
처음 몇 년은 힘들었다. 그러나 마침내 2010년, 우여곡절 끝에
샐링하우스는 문을 열었고, 2016년에 두 번째 센터가 개관했다.

　이곳에서 놀라운 것은 소프트웨어만이 아니다. 건축적
아이디어 또한 기발하다. 부엌은 개방된 형태로 휠체어 높이에
맞춰 레인지와 조리대가 설치되었고, 여느 가정집처럼 조리대

에는 큰 아일랜드 식탁이 연결되어 있다. 편의를 고려해 레인지의 불 조절 장치는 상판이 아닌 측면에 있다. 큰 식탁 두 개가 서로 가까이 있는데 다양한 휠체어 규격에 맞춰 하나가 다른 것보다 몇 센티미터 정도 더 높다. 거실에서 나오면 방충망이 설치된 문을 지나 테라스와 정원으로 연결되는데 건물 3층에 꾸며진 작은 야외 오아시스이다. 이 경관의 디자인이야말로 탁월하다. 테라스가 끝나는 곳에 초록 잔디가 깔렸고 가장자리에 꽃이 피는 식물이 있는데, 이 잔디밭은 단순히 풀을 심어둔 것이 아니라 그 아래에 재생 플라스틱을 깔아두었기 때문에 전동휠체어 바퀴의 마찰에도 끄떡없다. 심지어 잔디도 휠체어 사용을 염두에 두고 선별했다.

　　중증 루게릭병을 앓는 사람 대부분이 병실이라는 익명의 임상적 거주지에서 생활한다. 그곳은 오로지 의학적 관리가 목적인 공간이라 집이 주는 온기라고는 찾아볼 수 없다. 스티브는 그런 미래를 원하지 않았지만 우리가 만나기 10여 년 전에는 다른 대안이 없었다. 그는 자신의 변화하는 몸이 영위할 수 있는 바람직한 삶의 프로토타입을 추구했고, 그것이 내가 그를 만나면서 이해하려고 한 부분이다. 만약 불치의 병을 진단받아 그 병이 마침내 자신의 정신과 포부, 관심을 제외한 모든 운동 능력을 빼앗아가게 될 것을 알게 된다면, 당신은 새로운 몸, 상상해본 적 없는 달라진 삶, 기어이 내 앞에 오고야 말 그 삶을 어떻게 설계하겠는가? 치료법도, 손쉽게 대체할 수 있는 신체 부위도 없다면 디자인은 어디에서 제 유용성을 발휘할 것인가?

스티브는 훌륭한 방식으로 자신을 기계와 통합했다. 그가 자신을 위해 건설한 환경은 기계가 생명을 불어넣는 살기 좋은 거주지로서, 그저 감탄밖에 나오지 않는다. "의학이 대안을 제시할 때까지는 기술이 답입니다." 스티브가 인터뷰 내내 반복해서 한 말이다. 그리고 정문에 걸린 수제 현판에 쓰인 센터 전체의 강령이기도 하다. 이것을 선행anticipatory 디자인이라고 하자.[25]

맞다. 이것이 바로 진정 **독립**이라 부를 만한 것이다. 기술이 매개하는 독립생활의 측면에서의 독립이다. 그러나 샐링하우스의 놀라운 점은 자기결정을 가능케 하는 디지털 도구에만 있지 않다. 이곳에서도 평범한 재료들이 삶을 멋지게 보조한다. 휠체어 발 받침대에는 키친타월이나 부드러운 우레탄폼으로 만든 패드가 덧대어져 있다. 살과 금속 사이에 끼워진 천인데, 다리나 발의 피부에 쿠션 역할을 한다. 스티브의 갈색 버켄스탁 샌들은 끈 사이에 양가죽 띠를 둘러 피부가 쓸리는 것을 막아준다. 휠체어 옆 프레임에는 벨크로 테이프에 부착된 부드럽고 가벼운 천 가방이 있다. 거주자 대부분이 하나 이상 소지하는데, 크기가 다른 주머니가 여러 개라 물건을 넣기 좋은 다용도 맞춤형 가방이다. 집 전체에서 산소 포화도나 심장 박동을 모니터하는 의료기기의 신호음이 들린다. 그러나 대부분 무늬가 있는 천으로 덮여 있어 차가운 병실의 느낌을 주지는 않는다. 샐링하우스를 여러 차례 방문하면서 나는 갈 때마다 그곳 주민들이 치료사나 센터 직원, 또는 가족과 친지와 함께 고안한 적응의 예를 발견했다. 이런 변형된 저기술이야말로 깊은 관심과 돌봄의 증거이다. 그것도 가장 친밀한 수준까지 깊어진 돌봄이다. 돌봄의 손길과 기계가 대신하는 기능이 혼합된 삶의 생태계가 이곳에서 독립을 가능케 했다.

이곳 주민은 기술이나 돌봄의 필요성이 자신의 삶을 가치 있게 만드는 자율성의 수준을 넘어서는 때가 오면 선택의 갈림길에 선다. 스티브에게 그곳에서 주민과 간병인의 관계를 물었다. "저를 포함한 대부분이 자신이 할 수 있는 것은 혼자 힘으로 하고 싶어합니다." 한번은 스티브가 이렇게 말했다. "하지만 우리가 나서는 것이 자신은 물론이고 간병인에게도 위험할 때가 있지요. 그래서 자신을 객관적으로 평가하고 기꺼이 타협하는 태도가 중요합니다." 샐링하우스에서는 윤리적 잣대를 시험하는 끔찍한 결과가 초래되는 경우에도 자기결정권이 우선적으로 받아들여진다. "이곳 직원들은 설사 위험한 선택이라 하더라도 다른 이를 위험에 빠뜨리지 않는 한 스스로 결정할 자유를 줍니다." 스티브가 이메일로 말했다. "이런 적이 있었어요. 이곳에서 지내던 한 남성이 있었는데 음식을 잘 삼키지 못했어요. 하지만 의사의 만류에도 여전히 스스로 먹고 싶어했고, 결국 베이글을 먹다가 식탁에 앉아서 질식사했지요. 안타까운 일이지만 그는 자기가 좋아하던 일을 하면서 자기 방식대로 죽은 거예요."

스티브 같은 사람들은 타인의 도움을 받아들이는 쪽이다. 그리고 의존성에 쐐기를 박는 두 종류의 기계 앞에서 선택을 하게 된다. 더는 스스로 씹거나 삼킬 수 없게 되면, 스티브는 먹지 않아도 필요한 영양소를 공급할 비위관을 선택할 것이다.

결국에는 호흡을 위탁하기 위해 산소호흡기도 사용할 것이다. 주민의 일부는 기계에 의지하겠다고 하고, 또 다른 일부는 거부한다. 이런 수준의 결정은 독립성을 가장 포괄적으로 취급하더라도 부담이 된다. 이것이 아마도 루게릭병을 의미 있는 삶으로 상상할 수 없는 이유일 것이다. 이 병에 관한 대부분의 대화는 연민 어린 죽음, 조력 자살의 윤리, 종말을 선택할 자율성에 집중된다. 그 역시 중요한 담론의 소재이지만, 나는 스티브를 보며 루게릭병 환자에게도 삶이 가능하다는 사실을 배웠다. 독립생활운동을 생각하며 나는 스티브의 이런 선택을 독립성의 변주, 자기결정권의 증거로 보았다. 하지만 한편으로는 그를 보면서 의존성, 즉 필요 또한 인간의 자연스러운 상태임을 깨달았다.

"모든 인간이 생의 초기나 다쳤거나 아플 때, 또는 너무 노쇠해져서 혼자서는 살아갈 수 없을 때처럼 장기간의 의존기를 반복적으로 거친다는 것은 분명한 사실이다"라고 철학자 에바 페더 키테이Eva Feder Kittay는 말했다.[26] "상호의존이라는 말을 더 선호하는 사람이 있다." 그의 이야기는 계속된다. 그러나 "인간의 의존성을 먼저 인식하지 않고서는 상호의존성을 인정할 수 없다. (…) 어떤 면에서 우리는 마냥 의존하기만 할 뿐 다른 사람의 필요에 반응하지 못한다." 키테이는 독립생활운동을 장애 행동주의의 중요한 초기 흐름으로 보는데, 롤링 퀴즈와 같은 이들이 새롭고 자주적인 삶을 살아가는 방식의 하나로 집 안의 방을 되찾고, 장애인의 삶에서 강제된 의존성을 거부하며 독립을 재정의하는 데 결정적인 역할을 했다.

그러나 키테이는 이상향으로서의 독립성이 그 자체로는 충분하지 않다고 했다. "장애에 민감하게 반응하고 의존할 수밖에 없는 시기가 있으며, 그런 개인을 돌볼 책임을 느끼는 것은 인류라는 종의 전형적인 특징이다."27 실제로, 예컨대 노년의 삶에 대해 생각하는 사람은 누구나 자신이 살게 될 집을 포함해 독립적인 삶의 문제와 씨름해야 한다. 선택의 여지가 있다면, 나이가 들었을 때 자신이 살아온 익숙한 동네에서 살고 싶을까, 아니면 좀 더 서비스가 잘 갖춰진 실버타운을 원할까? 외부계단을 포기하고 단층짜리 거주지를 선택할 것인가, 아니면 엘리베이터가 있는 아파트로 들어갈 것인가? 안전을 위해 개를 키우며 자신의 집에서 살 것인가, 마음의 평화를 사생활과 맞바꾸고 가족과 함께 살 것인가? 물론 세계의 많은 문화권에서 노쇠한 부모는 전통에 따라 자녀와 한집에서 산다. 그들에게 따로 사는 것은 생각할 수 없는 일이다. 사람들이 직장이나 경제 문제로 거주지를 옮겨다니는 좀 더 과도기적인 사회에서는 부모나 조부모의 노화가 나머지 가족 전체에 영향을 주는 문제이다. 신체적 상태는 삶의 어떤 모습이 가능하고 어떤 면이 처리하기 힘들거나 그렇게 될지 결정하는 데 큰 역할을 한다. 그러나 그런 특정한 신체 상황과 상관없이, 노화에 직면한 모든 가족 안에서 벌어지는 노골적이거나 암묵적인 논쟁은 독립적으로 할 수 있는 것이 무엇이냐에 관한 것이며, 이것이 바로 많은 비장애인에게 '혼자서 할 수 있다'는 말의 의미이다. 살던 집에 머무를지 아니면 떠날지를 결정하는 것은 물론이고, 여행을 혼자 갈지 다른 사람과 함께 갈지, 운전할지 안 할지, 낮에 갈지 밤에 갈지 따위의 작지만 무거운 결정들에는 모두 큰 감정의 무게가 실려 있다. '혼자 힘으로' 행동하는 것은 보통 능력, 기능, 그리고 자기 가치에 관한 일련의 가정을 상징하기 때문이다. 이는 (대부분의 사람은 물론) 노인을 위한 대부분의 디자인이 모두 자립으로서의 독립을 위한 제품과 환경으로 판에 박힌 듯 흘러가는 이유이다.

그러나 키테이는 기본적인 의존성까지도 독립성만큼이나 풍부한 삶의 진실로서 인정해야 한다고 주장한다. 여기에도 폐쇄와 개방이 있다.

> 의존성을 우리 존재의 한 측면으로 인지할 때, (그렇게 된다면) 한 사회로서 우리는 의존성에 대한, 더불어 장애에 대한 두려움과 혐오에 정면으로 맞설 수 있다. 서로에 대한 의존이 어떻게 우리를 고립에서 구하고 타인과의 연결을 통해 삶을 가치 있게 만드는지 인식할 때, 비로소 의존의 필요를 포용하게 될 것이다.[28]

키테이는 학자이지만 추상적으로만 글을 쓴 것은 아니다. 복합적 인지 및 신체장애가 있어 성인임에도 상시 많은 도움과 돌봄이 필요한 딸 세샤의 어머니로서 키테이는 다음과 같은 선물을 직접 경험했다.

나는 딸 세샤 덕분에 철학자 앨러스터 매킨타이어Alasdair MacIntyre가 말한 "인정받는 의존성의 미덕", 그리고 상호적이지만 동전의 같은 면에 있지 않은 사람을 돌보는 관계에 내재한 특별한 가능성을 깨우쳤다. 상대는 독립적이지 못하지만, 기쁨과 사랑의 선물이 된다.29

과학기술 덕분에 가능해진 스티브 같은 사람의 삶과 독립생활운동의 유산에서 보듯 독립성을 다시 정의한다면, 도움을 요청하는 행위에 대해 비장애인이 암묵적으로 품고 있던 생각을 얼마든지 재검토할 수 있다. 그런데 의존성을 유익하기까지 한 삶의 명명백백한 사실로 재정의한다고? 이는 그 자체로 심오한 교훈이다. 특히 세샤와 같은 인지장애에서 의존성은 언제나 한 사람 이상과 얽혀 있기 때문에 그 자체로 부적합의 한 유형이다. 의존성은 필요한 돌봄을 얻을 수 있는 관계를 형성한다. 여기서 돌봄은 개인, 가족, 지역사회와 지방 단체, 교회, 모스크와 절, 주와 국가, 또는 이 모든 것이 혼합된 형태로 수행된다. 키테이는 세샤의 심각한 의존성을 몸소 경험하며 딸의 상황이 특별하다는 사실을 알게 되었다. 그러나 이는 여느 사람의 평생을 놓고 보아도 대단히 흔한 일이다. "인간은 버섯처럼 땅에서 저절로 솟아오르지 않는다."30 키테이는 이렇게 썼다. "사람은 평생 다른 이의 돌봄과 양육을 받으며 살아야 한다." 세샤와의 관계에서 키테이는 상호성을 단순한 거래 관계를 초월한 신비로움으로 묘사한다. "동전의 같은 면에 있지 않은" 상호관계는 밖에서 보면 한쪽은 주기만 하고 한쪽은 받기만 하는 비대칭적 애착을 형성한다. 그러나 서로 도움을 주고받으며 산다는 것은 절대로 기계적인 제로섬 교환이 아니다.

의존성과 돌봄은 장애를 정의하는 핵심이며 가장 보편적인 인간의 특징일지도 모른다. 장애가 "인간 구현human embodiment의 근본적인 측면"이라고 주장하는 학자도 있다.³¹ 근본적인 측면이라고? 유년기부터 말년까지 우리가 처하는 의존 상태와 보편적인 장애 경험이 실로 우리가 하나의 몸을 갖는 것, 또는 하나의 몸이 되는 것의 핵심이라는 주장은 얼마나 대단한가. 이는 한 사람의 자아감을 바꿀 수도 있는 발상이다.

그럼에도 불구하고 이 학자들은 비장애인이 자신의 몸을 타인의 장애 경험으로부터 지속적으로 멀리하기 위해 이성적으로나 감정적으로 엄청나게 노력한다고 지적한다. "장애를 가진 몸은 육신을 가진 삶의 보편적 결과가 아닌 외계의 상태로 그려진다."³² 스티브의 상태는 실제로 많은 이들에게 이질적으로 받아들여진다. 메디케이드Medicaid(65세 미만의 저소득층과 장애인을 위한 미국 국민의료 보조 제도-옮긴이)를 통해 샐링하우스에 꾸준히 기부하면서도 개인적으로는 한 번도 그곳을 방문한 적 없는 후원자들이 있다. 육체의 욕구가 적나라하게 드러나는 그곳의 사람들을 차마 볼 수가 없는 것이다.

스티브는 매년 가장 친했던 두 명의 대학 친구와 여행을 떠난다. 대개는 닷새 동안 몬트리올에서 흥청망청 보낸다고 한다. 원래는 친구가 한 명 더 있었는데 "넷을 하나로 만든 모임의 대장 격"이었고, 스티브의 결혼식에서 들러리도 섰던 절친한 친구였다. 그러나 그 친구는 한 번도 함께 여행하지 않았다. 스티브의 말에 따르면 그 친구는 스티브의 병을 받아들이기 힘들어했다. 스티브는 친구의 태도를 이해하기로 했다. 진단받기 전에는 스티브 자신도 주변에 아는 장애인이 없었고, 같은 상황에서 자기도 그렇게 행동했을지 모른다고 했다. "저도 이 친구처럼 피상적인 생각을 지니고 있었어요. 그래서 이해합니다." 그런데 스티브의 병을 장애라는 인간의 근본적인 사실로 보는 것이 그렇게 어려울까? 어맨다가 강의실에 왔을 때 학생들은 그들 자신의 몸도 어맨다가 살아가는 세상의 연장선에서 도움을 받으며 세상과 만나고 있음을 깨달았다. 그러나 내가 아는 한 스티브는 일말의 낭만주의도 허락하지 않는 진정한 의미에서의 사이보그이다. 그는 몸을 기계로, 기계를 몸으로 통합했다. 독립성과 상호의존성과 의존성은 모두 자명하고 피할 수 없는 바디 플러스의 특징이다. 스티브의 경험에 대해서는 다음 두 가지가 동시에 사실일 것이며, 그는 내게 둘 다 가르쳐주었다. 하나는 루게릭병의 의학적 치료법이 나오면 그와 다른 이들이 모두 즉시 기뻐하리라는 것, 그리고 다른 하나는 물질적으로나 비물질적으로 독립성과 의존성을 모두 지닌 가치 있는 삶이 건설될 수도 있다는 것이다.

　방을 통해 얼마나 많은 것이 이해될 수 있을까. 우리가 그 안에서 구어와 수어로 소통하고, 혼자서 할 수 있는 일에 관한 결정이든, 타인에게 의존해야 하는 일에 관한 결정이든 일상과 몸을 위한 수많은 결정을 내리는 방 말이다. '거주하기'에 대한 가스통 바슐라르의 관념이 우리가 "집의 정수"를 구현하는 곳에 살면서 우리의 방을 우리가 소속되고, 또 삶을 건설하는 장소로 만드는 데 어떤 도움이 될까? 이 장에 나온 방들을 바슐라르의 "활기 없는 상자"라는 말로는 결코 묘사할 수 없을 것이다. 왜냐하면 이 방들은 다수의 문화에 통합되지는 못할지라도 사람들의 생각보다 훨씬 깊이 세상을 경험하는 몸을 가진 이들에 의해 너무나 강렬하게 **경험되기** 때문이다. 그러나 마야, 롤링 퀴즈 이후의 학생 세대, 그리고 스티브의 집을 구성하는 방들이 우리가 보통 집을 생각할 때 자연스럽게 떠오르는 친밀하고 가정적인 방식으로만 경험되는 것은 아니다. 이 방들은 어떤 한 사람이 공간에서 느끼는 즐거움과 소속감을 위해 발명된 것일 뿐 아니라 집단의 상상력과 노동의 산물이기도 하다. 데프스페이스, 코웰 병원 기숙사, 그리고 샐링하우스는 모두 자신의 몸이 확장되고 변형된 상태에서도 마치 내 집에 있는 것 같은 행복을 느끼고 싶은 절박감에서, 또한 새로운 디자인이 구현되는 것을 보고자 하는 많은 이의 의지와 협력이 모여서 지어졌다. 그 방들은 또한 우리 자신의 집이 가지는 지극히 의존적인 특징을 다시금 확인하게 한다. 우리가 사는 집은 벽과 토대와 각종 파이프와 전선을 통해 우리의 다양한 신체를 지원해주는 사람과 기반시설(상하수도, 폐기물 처리, 전력망 등)에 연결되어 있다. 집은 결코 개인의 궁전이 아니다.

　　건축가와 환경 심리학자들은 때로 건설된 공간을 설명할

때 활동 무대action setting[33]라는 용어를 사용하기도 한다. 이는 모든 면에서 "활기 없는 상자"나 개인의 궁전과는 반대된다. 활동 무대는 건축 스타일로 정의되는 것이 아니다. 활동 무대는 개인의 경험, 타인과의 관계, 우리를 둘러싸는 외피의 물리적 특징, 그리고 그 안에서 일어나는 활동 패턴의 조합으로 탄생한다. 활동 무대는 이 모든 메시지를 사용하여 우리가 학교, 성당, 공원 등의 공간에서 어떻게 행동하고, 공간을 어떻게 활용하며, 공간이 보내는 신호를 어떻게 읽고 그에 합당한 몸과 목소리로 반응해야 할지 가르쳐준다. 이는 특정 건물이나 동네를 '좋아한다' 또는 '좋아하지 않는다'라고 평가하는 것보다 더 생성적으로 세상을 기술하는 방법이다. 그곳에서 가능한 활동을 위한 무대 설정은 무엇인가? 그 요소들 중 어느 것이 만족스러운 신호를 보내는가? 아마 겉으로 보면 데프스페이스 기숙사는 버클리의 코웰 병원 기숙사나 샐링하우스와는 거의 공통점이 없을 것이다. 그러나 활동 무대로서의 이 방들은 이내 조명을 환하게 밝힌다. 그 공간들은 독창적인 재료, 변형된 관계, 적응형 구조를 지니며, 그것은 차이와 장애라는 사실을 중심으로 구축된 집으로서의 방이라는 개념, 그리고 그 안에서의 활동과 소통을 구체화한다. 이 방들은 우리에게 지금까지 독립성이 어떻게 정의되어왔는지 재검토하고, 거주하기의 의미를 새롭게 보라고 요청한다.

....

거리

지리학과 희망선:
비전형적인 몸과 마음이
경관을 탐색하다.
공간을 정말 공공의 것으로 만들기.

....

도시에 대한 권리는 외침이나 요구 같은 것이다.
— 앙리 르페브르Henri Lefebvre, 《도시에 대한 권리The Right to the City》

스티븐이 예술가 웬디 제이콥과 협업하여
감각을 압도하는
보스턴의 도시 경관을
밝은 네온 색 테이프로 분할한다.

내가 처음 만난 스티븐은 지도, 항해, 길 찾기, 세상의 모든 교통수단을 오랫동안 사랑해온 스무 살 청년이었다. 현재 그는 보스턴의 어느 유명 관광명소에서 자신이 좋아하는 일을 하며 살고 있다. 제2차 세계대전 때 사용된 군용 트럭과 보트를 야심 차게 결합한 수륙양용 차량을 몰고 도시의 거리와 찰스강을 오가는 '오리 배 투어'를 인솔하는데, 따뜻한 계절이면 도시 전체를 누비다가 절정의 순간에 물로 들어간다. 스티븐은 수다스럽고 사교적이다. 피아노도 잘 치고 영어와 이탈리아어를 할 줄 알며, 날짜와 지리에 대한 기억력은 백과사전급이고 21세기 표현으로 자폐 스펙트럼에 속한다.

우리는 스티븐네 집 거실에서 그가 직접 그린, 지금은 운행하지 않는 보스턴 메트로 A라인 지도에 관해 얘기했다. 그의 집에는 지리학과 철도의 역사에 관한 책 수십 권과, 매사추세츠 주 전체가 나온 대형 지도가 있다. 이탈리아 태생의 법률학자인 그의 어머니는 스티븐이 마치 인간 GPS처럼 도시 전체의 도로를 외우고 있어서 일상적인 경로쯤은 문제없이 안내한다고 했다. 스티븐은 듣는 귀가 뛰어나고 사투리를 잘 구사하여, 어머니와 이야기할 때는 엄마의 강한 억양을 그대로 사용하지만 나에게 말할 때는 전형적인 미국 청년의 밋밋하고 어리벙벙한 영어로 자연스럽게 바꾸었다.

나는 스티븐이 지난 10년 동안 겪은 변화에 관해 듣고자 그를 방문했다. 스티븐은 이미 열 살 때부터 지도와 길 찾기에 지대한 관심이 있었으나 막연한 두려움 때문에 집 밖을 나가지

못했다. 시선을 일관성 있게 처리할 수 없는 광장이나 해변 같
은 광활한 공간은 그에게 커다란 두려움이었다. 그는 명확한 분
할과 구분을 좋아하여 세상을 구획으로 나누고 싶어했다. 시력
이 멀쩡한데 도수 없는 안경을 쓰고 다니는 것 역시 구획화된
시각적 틀을 선호하는 성향 때문이다. "저에게는 시선을 집중할
게 필요했어요." 그가 내게 말했다. 스티븐은 경계와 칸막이가
있는 세상을 원했고 경계와 선, 가장자리에서 편안함을 느꼈다.
표지판의 그래픽 문자, 공식적이거나 비공식적인 경로는 세상
을 알기 쉽게 만들어주었다.

  그래서 밤새 폭설이 내려 눈앞에 광활한 흰색 눈밭이 펼
쳐지고 집과 주차장 사이에 경계와 가장자리가 사라지면 스티
븐은 학교에 갈 수 없을 정도로 힘들어했다. 의사와 치료사는
스티븐의 부모에게 그가 넓은 공간을 부담스러워하거든 눈으로
읽을 수 있도록 작게 나누라고 조언했다. 한 줄로 그린 안내선
은 실제로 그가 개방된 공간을 다루는 효과적인 도구가 되었다.
그들은 막대나 그 밖에 손쉽게 구할 수 있는 재료를 사용해 눈
밭에 대강의 선을 그려 경로를 표시하고 임시로 길을 만들었다.
스티븐은 그 길을 안내선으로 삼아 어렵사리 밖으로 나올 수 있
었다. 하지만 이 역시 피치 못할 때만 감행하는 모험이었고, 보
통은 탁 트인 공간, 경관, 도시에 대한 대부분의 초대는 모두 거
부했다. 스티븐은 엄마와 함께 휴가를 가도 일광욕과 넓게 펼쳐
진 해변을 즐기는 대신 실내에 틀어박혀 지도를 그렸다. 그 시
절 그가 사랑했던 선과 지도는 여행 도구도, 대단치 않은 모험

의 수단도 아닌, 그 자체로 목적이었다. 그것은 경계로 둘러싸여 조직된 세상을 그린 정신적 모형이었다.

예술가이자 당시 MIT 교수였던 웬디 제이콥Wendy Jacob이 한 아이의 생일파티에서 스티븐과 그의 엄마를 처음 만나 이야기를 나누게 된 것도 선에 대한 공통의 관심 때문이었다. 예술 분야의 MIT 교수 중에는 과학과 수학의 개념을 조각, 공연, 건축 등의 스튜디오 작품으로 승화시키는 사람들이 있었다. 깔끔하고 무한하다는 이유로 웬디는 수학 중에서도 독특하고 우아한 1차원적 선을 사랑했고, 〈공간 사이에서Between Spaces〉라는 일련의 작품에서 선을 주제로 한 무대 공연을 기획했다.

처음에 웬디는 공간에 강철 케이블을 내거는 것으로 이 시리즈를 시작했다. 대형 케이블을 의외의 장소에 설치하고 줄타기 곡예사가 그 줄 위에서 공연하게 했다. 평범한 주택의 창문과 창문을 가로질러 연결하기도 했고, 동굴처럼 개방된 창고가 MIT 도서관의 책더미와 만나는 애매한 지점에 줄을 설치한 적도 있었다. 웬디는 MIT 공학자와 협업하여 줄이 받을 하중을 계산해 서커스 전문가가 그 위에서 정확한 공연 기술을 선보일 수 있도록 했다. 웬디에게 각각의 공연은 수학의 선을 실체화한 것이었다. 평소에는 눈에 띄지 않는 단방향 경로가 이 독특한 무대에 생명을 불어넣었고, 서커스에서 예상되는 드라마 없이 공연되었다. 수학에서 선은 어디에나 있고 끝나지 않는다. "이론적으로 선은 끝없이 이어지죠." 웬디의 말이다.

생일파티 당시 스티븐은 집 안에서 가구 사이에 털실을

늘어뜨려 공간의 부피를 가르고 있었다. 자폐 스펙트럼의 자기 옹호자이자 공학자이며 작가인 템플 그랜딘Temple Grandin과 여러 차례 협업하며 작품을 기획하기도 한 웬디는 자폐 스펙트럼에 지속적인 관심을 기울여왔다. 웬디는 스티븐이 주변 환경을 선형으로 모형화하는 방식에 호기심이 생겼고, 스티븐의 부모는 아들과 관심을 공유하는 사람을 만나 기뻤다. 그렇게 독특한 우정이 시작되었다.

2008년 늦여름을 시작으로 스티븐과 웬디는 MIT에 있는 웬디의 스튜디오에서 만나 제약 없는 자유로운 설계를 통해 작품을 만들어보기로 했다. "건물 안에서 탐색할 것들을 만들려고 했어요." 스티븐이 내게 말했다. "터널이나 지도 같은 것들이죠." 두 사람은 만나면 흰색 벽에 파란색 마스킹 테이프로 온통 줄을 치면서 시간을 보냈다. 접착력 있는 선으로 너른 공간을 가르면서 방을 나누고 또 나눴다. 이런 연습은 어느 늦가을 스티븐이 갑자기 벽에 단색으로 커다란 푸른색 덩어리를 색칠할 때까지 계속되었다. "마치 오래된 〈루니 툰Looney Tunes〉 카툰 같았어요." 당시를 떠올리며 스티븐이 말했다. "등장인물이 벽에 터널을 그려요." 그러면 그 터널이 마법처럼 출구가 된다.

이 일을 계기로 웬디는 스티븐에게 건물 밖으로 나가 도시와 도시 주변에서 작품을 만들어보자고 제안했다. 그렇게 공식적인 탐험가 클럽이 탄생했다. 탐험가 클럽은 2년 동안 매주 금요일 오후, 건설 현장에서 사용하는 분홍색, 주황색 테이프로 무장하고 보스턴 전역을 누볐다. 이들은 도시의 쌈지공원이나 시장, 버스정류장과 공터를 가르며 선을 풀어냈다. 탐험가 클럽은 지하철 블루라인 종점인 원더랜드역에서 보스턴 시청의 거대한 벽돌 광장까지 스티븐이 한 번도 가본 적 없는 장소를 탐험하는 것을 원칙으로 삼았다. 웬디와 웬디의 연구 조교가 미리 경로를 표시한 다음, 스티븐을 초대하여 그 선을 따라 한 걸음씩 걸어나가게 했다. 이 아마추어 지리학자 소대는 경고 테이프를 들고 공원 잔디밭과 벽돌로 쌓은 공유지 등을 가리지 않고 다니며 그곳의 2차원 기하학 지도를 다시 그렸다. 몇 주, 몇 달, 이 선들은 서서히 스티븐과 두 명의 클럽 구성원이 공유하는 탐색 방식이 되었다. 자폐 증상이 있는 열 살짜리 아이가 공공 공간을 정복하게 하는 특별한 보철물이었다. 이 선의 도움으로 스티븐은 도시 경관을 가로지르는 법을 배워나갔다.

웬디에 따르면 그 프로젝트는 치료나 교육의 도구가 아니었다. 결과물을 내세우지 않는, 오직 열정을 공유한 이들의 자유로운 제휴였으며 다른 곳에서 이 일을 반복할 생각도 없었다. 그러나 2년 동안 탐험가 클럽은 스티븐에게 중요한 도구를 선사했다. 어색한 세상을 좀 더 다루기 쉽게 만드는 비주류 나침반이었다. 시간이 지나면서 스티븐의 신경계가 성숙해지고, 또 클럽과 함께 연습한 탐색의 시간 덕분에 그는 마침내 이탈리아 볼로냐 광장 같은 다른 미지의 세계에서도 테이프로 선을 긋고 자신 있게 나아가게 되었다. 과거에는 받아들일 수도 없고 가로지르는 것도 불가능했던 막막한 공간이다.

그로부터 10년 뒤 거실에서 스티븐은 나에게 아버지와

함께 사해Dead Sea에 떠 있는 사진을 보여주었다. 사해는 요르단, 이스라엘, 팔레스타인의 경계에 있는 유명한 함수호이다. 사진 속 스티븐은 열두 살이었다. 사해에서는 염도가 높아 물에 뜨려고 애쓰지 않아도 수영할 수 있었다. "상상을 초월하게 뜨거웠어요." 햇빛에 눈을 가늘게 뜨고 있는 사진 속 자신과 아버지를 보며 그가 말했다. 두 사람은 물에 둥실 떠 있었고, 그 사이를 주황색 테이프로 만든 선이 갈라놓고 있었다.

자폐인은 서번트 증후군, 강박, 사회에서 동떨어진 독학자 등 잔인한 고정관념의 지뢰밭에 살고 있다. 그러나 우리 시대에 들어와 자폐의 본질에 관한 문화적 이견이 등장했다. 자폐증 치료, 유전적 연구, 행동 치료에 필요한 기금을 모으려는 옹호자도 많아졌거니와, 자폐증을 장애로 보는 개념 자체를 강하게 거부하는 활동가와 대중이 늘어난 것이다. 이들은 자연에서 생물다양성이 곧 힘이듯, 신경다양성 역시 비전형적인 몸과 마음을 통해 '그럼에도 불구하고'가 아니라 '그렇기 때문에' 세상에 크게 공헌한다고 주장한다.

자폐증에 대한 탐구는 한 세기 동안 보이지 않게 진행되었다. 기자인 스티브 실버만Steve Silberman이 《뉴로트라이브: 자폐증의 잃어버린 역사와 신경다양성의 미래》에서 쓴 것처럼, 자폐증 진단의 역사적 기원과 신화가 보다 큰 맥락에서 명확성을 띠게 된 것은 불과 수십 년 전이다. 자폐증은 20세기 초반에 두 명의 정신과학 연구자가 처음으로 거의 동시에 인지했다. 빈의

한스 아스페르거Hans Asperger는 자폐인의 재능과 섬세함이 존중
과 보살핌을 받을 가치가 있다고 확신하면서 자폐증을 병리학
적으로 접근하는 것에 저항했다. (한편 최근 역사학계에서는 아스페르
거가 나치의 우생학 프로그램과 공모한 증거를 제시했다.[1] 자폐 증상을 보이는
어린이를 기관으로 보내어 굶겨 죽이거나 중독시켜 살해하고는 질병에 의한 사
망으로 발표한 프로그램이다.) 아스페르거의 1944년 연구는 결국 그
의 진료소가 파괴된 후 세간에서 잊혔다. 비슷한 시기인 1943년
에 미국의 레오 캐너Leo Kanner도 논문에서 자폐적 특징을 식별
했지만, 그는 자폐증을 희귀한 증상이라고 보았고 그 원인을 태
만한 부모에게 돌렸다. 그 결과 자폐증은 장애와 병으로 취급되
었을 뿐 아니라, 의학적 진단을 내세운 수치스러운 낙인까지 찍
혔다. 장애 권리 운동이 일어나《정신질환 진단 및 통계 편람》
에서 자폐증의 정의가 수정되고, 자폐 스펙트럼이 발달 상태의
하나로 이해되어 이 아이들에게 보다 포괄적인 교육 환경이 보
장되기까지 수십 년이 걸렸다. 이에 더하여 신경다양성의 개념
이 폭넓게 인식되기까지는 더 많은 시간이 필요했다.

　이런 새로운 이해에도 불구하고 자폐증의 원인과 성격
에 대한 연구 대부분은 자폐증을 생물학적으로 접근해야 하는
의학적 문제, 예방 접종이나 기타 환경 요인에 의해 예기치 않
게 발생한 치명적인 위협, 존중되고 조건 없이 수용되어야 하는
정치적 정체성 등 다양한 가정하에 규정했다. 실버만이 썼듯이,
자폐증 '유행'이 보고되면서 2000년부터 2010년까지 자폐증 연
구에 많은 연구비가 투입되었다. 2011년, 미국에서 자폐증에 대

해 가장 크게 목소리를 내는 집단이자 논란의 여지가 많은 옹호 단체인 오티즘 스픽스Autism Speaks는 베이징 게놈연구소와 제휴하여 가족 중 두 명 이상이 자폐 증상을 보이는 1만 명을 대상으로 그들의 게놈 염기서열을 밝히고 야심 찬 분석에 들어갔다. 이 연구에 5000만 달러가 들었고 시작부터 '변혁'을 약속했으나, 데이터를 분석한 결과 어떤 결론에도 이를 수 없었다. 이들의 유전적 특이성은 유전자 지도 위 어디서나 나타났으므로 특정한 유전자와 자폐증을 연관 짓기에는 상관관계가 미약했다. 그나마 공통으로 나타나는 특징도 1만 명 중 고작 100명이 공유하는 수준이었다. 현실에서 자폐증은 대단히 역동적이고 다양한 상태로 나타난다. 길고 치열한 논쟁 끝에 이제 대부분의 연구자는 자폐증을 완전한 스펙트럼 현상으로 받아들여 자폐증 대신 자폐 스펙트럼이라고 부른다.[2] 특정 자폐 형질이 누구에게는 나타나고 누구에게는 나타나지 않을 수 있다. 스펙트럼의 가장자리에 있으면서 가벼운 증상만 보일 때는 타인이 쉽게 감지하지 못한다. 이제는 스펙트럼상의 특정 지점이 얼마나 흔한지만 파악할 수 있을 뿐이다.

후기 산업 문화의 기준에서 자폐 스펙트럼에 속하는 상태는 분명 정상에서 벗어난 것이다. 그러나 자폐는 삶이 일반적으로 보이는 즐겁고 힘겹고 위험하고 가슴 아픈 특징을 모두 지닌 존재 방식으로서 세상에 살아 있고, 또 경각심을 준다. 대부분의 문화는 자폐인이 쉽게 살아가도록 조직되지 않았기에 자폐 장애는 명백히 정치적 현실이지만, 자폐 스펙트럼에 속하는 이들이 점차 자신은 자폐증으로 '고통받지 않는다'고 목소리를 높이고 있다. 사람으로 살아가는 방식은 다양하다. 문제는 지어진 세계의 장비와 장치, 가정용품, 방과 건물, 도시 경관과 사회 구조가 인간의 모든 존재 방식을 수용하고 가능하게 하는지, 또한 사람이 만든 환경의 구조를 확장하거나 재구성하여 역사의 무게를 바꿀 수 있는지에 있다.

과거 스티븐이 경험한 열린 공간은 시야에 잡힌 평범한 풍경이 아니라 자신을 무자비하게 압도하는 전경이었다. 눈 덮인 집 앞이나 긴 해안선은 그에게 평온한 하루의 안전한 배경이 아닌 번잡하고 시끄러운 세상을 만들었다. 이는 감각처리장애의 한 예로, 자폐의 인지적 특징에서 흔히 나타나는 어려움이며 이 증상을 완화하기 위한 몸 양말body socks, 압박 조끼, 흔들의자, 씹는 장난감 같은 보철물에 대해서는 아마 많은 이들이 들어본 적조차 없을 것이다. 이런 물건들은 물리치료사가 "체계를 갖춘" 상태라고도 부르는 감각 신경계의 '조율'을 위한 저기술 디자인이다.

보철물의 도움을 받아 **체계를 갖추는** 것은 몸과 마음이 일상의 필수 과제를 '수행하는 기능'에 주의를 기울이도록 설계된 과정이다. 순차적인 의사 결정과 문제 해결, 지속적으로 집중하는 능력은 아침에 옷을 입고 문밖을 나서는 것처럼 평범한 일을 하는 데에도 필요한 기술이며, 조절장애가 있으면 어려움을 겪을 수 있다. 감각처리장애는 가벼운 애무를 폭행으로 여기거나 티셔츠의 태그를 아프고 자극적인 마찰로 느끼는 과민성에서부터 냉기나 열기가 주는 통증을 느끼지 못하는 저민감성까지 다양하다. 과민성의 경우 신축성 있는 라이크라Lycra 조끼로 마음을 진정시키는 강한 물리적 압박을 줄 수 있다. 저민감성인 사람에게는 구식 전화선처럼 돌돌 말린 긴 고무줄을 목에 걸고 다니며 수시로 입에 넣고 씹는 것이 몸이 갈망하는 감각입력을 제공할 수 있다.

이런 물건을 제작하는 공학 기술과 디자인이 현재 성장세인 보조기술과 적응형 기술 분야를 구성한다. 발가락 선에 솔기가 없는 무봉제 양말이 시중에 나와 있다. 누군가에게는 그 솔기가 몹시 거슬리기 때문이다. 잠시도 가만히 있지 못하는 발을 진정시키기 위해 의자 다리 사이에 설치하는 신축성 있는 긴 고무도 있다. 무릎에 올리는 3킬로그램짜리 진정 쿠션, 고치 안에 들어가 책을 읽는 기분을 주는 의자, 손에 꽉 쥘 수 있는 묵주를 변형한 장치도 있다. 이것들은 사적 또는 공적 공간, 긴 대기줄, 시끄러운 모임, 많은 군중과 작은 무리 사이를 지나갈 때처럼, 눈에 잘 띄지는 않지만 실재하는 몸과 몸 사이의 부적합과 지속적으로 타협한다.

스티븐이 감각을 처리할 수 있게 해주었던 밝은 네온색 테이프처럼, 세상의 감각적 현상을 조율하는 도구는 예상치 않게 익숙한 형태로 온다. 감각처리장애라는 진단을 받지 않았더라도 우리는 자신의 몸을 공간에, 반대로 공간을 몸에 조정해가며 산업화 사회의 건설환경을 수백 가지 방식으로 탐색한다. 신경을 자극하지 않으려고 귀마개를 하고, 스트레스를 풀기 위해

텃밭을 일구고, 뜀박질로 몸의 감각 변화를 자극한다. 지적으로
잘 기능하고, 창의적으로 선택하고, 편안함을 느끼고 '체계를 갖
추기' 위해서는 특정한 신체 상태, 아마도 특정한 감각의 입력
이 필요한 것 같다고 많은 비자폐인이 이구동성으로 말한다. 물
리적 신체 상태는 뇌의 건강과 깊은 연관이 있다는 연구 결과도
엄청나게 많다. 그저 자신의 체질에 맞는 적절한 조합을 찾기만
하면 된다.

　　시끄러운 식당이 나를 압도하고, 냄비와 팬이 부딪히는
소리에 화가 나고, 무서운 속도로 달리는 롤러코스터를 타는데
희한하게 편안했다면, 자신이 모종의 스펙트럼상에 있다고 보
아도 좋다. 감각의 세계는 살로 된 외피 안에서 움직이는 인간
의 몸에서 일어나는 이상한 혼합이다. 우리는 무엇을 입고 어떻
게 걷고 무엇을 넣고 뺄지 결정함으로써 감각의 손잡이를 돌리
고, 이 세상에서 자기가 좋아하거나 싫어하는 방과 거리를 가로
지른다. 헤드폰을 착용하거나 모자를 낮게 눌러쓰고, 무봉제 양
말을 신고, 기능성 조끼나 털이 폭신한 양가죽을 착용하고, 몸
을 꽉 조이거나 느슨하게 감싸고, 몸을 흔들거나 꼼지락거리고
손톱을 깨물면서 각자의 몸은 의식적으로 또는 무의식적으로
선택을 이어가고, 그러면서 매시각 자신이 살아갈 수 있는 사
적인 우주를 엮어간다. 스티븐이 선으로 세상의 지도를 그리고,
공간을 쪼개어 길들이는 것을 보면서 나는 그가 인간의 감춰진
근원적인 필요를 대단히 통찰력 있게 외면화했다고 생각했다.
스티븐은 세상의 모양과 소리와 시야를 일시적으로 개조하는

다리를 건설했다. 나는 궁금했다. 또 어느 누가 공간에서 길을 잃고 그 선을 찾아 헤맬까? 또 어느 누가 방법을 찾고 있을까?

공원이나 녹지 공간에서 사람들은 두 종류의 길을 발견한다. 벽돌이나 콘크리트로 포장된 공식적인 길과, 사람들이 계속 풀을 밟고 지나가는 바람에 초록이 닳아 없어져서 생긴 비공식적인 길이다. 이 지저분한 길은 순전히 반복해서 지나가는 바람에 만들어졌다. 운영자 한 명이 내린 결정으로 생긴 것이 아니라 한 번에 한 사람씩 여러 선택이 모여서 생긴 것이다. 대부분 이런 길을 상냥한 불복종이라고 생각한다. 아마도 지름길이거나 어쩌면 이곳에서 저곳으로 가는 가장 상식적인 경로일 것이다. 도시계획가들은 이런 길을 "희망선desire line" 또는 "젖소의 길", "해적의 길"이나 살짝 고루하게 "반反격자 궤도"라고도 부른다.[3] 이런 길은 일부 계획가들의 말대로 갈망을 나타낸다. 길이 없는 곳에 제대로 포장된 길을 놓아달라고 요구하거나, 이미 정해진 길과는 다른 길을 적극적으로 개척하려는 갈망이다.

희망선은 도시계획가나 건축가에게 저기술 크라우드소싱을 제공하여, 공간을 가로지르는 방법을 미리 결정하는 대신 보행자의 습관이 경로를 지시하도록 내버려둔다. 미국 미시간 주립대학교나 국립보건원 등의 일부 대형 캠퍼스에서는 희망선이 만들어질 때까지 포장 공사를 보류하기도 했다. 1990년대에 네덜란드 건축가 렘 콜하스Rem Koolhaas가 운영하는 메트로폴리탄 아키텍쳐 오피스(OMA)에서 맡은 일리노이 공과대학교의 증

·개축이 유명한 사례다. 이 캠퍼스는 사회적 화합이라는 명목 아래 특별한 난제를 제시했다. 이곳은 원래 기관의 공간을 두 배로 늘렸지만, 입학한 학생은 절반뿐이었다. 어떤 종류의 건물이 학교를 통합하고 활력을 불어넣을까? OMA는 희망선을 연구했고 그 결과를 바탕으로 하나의 긴 옥상으로 연결된 캠퍼스 센터를 계획했다. 그 건물은 기존의 용도를 관찰하여 지었을 뿐 새로운 창작품이 아니었다. 새로운 센터는 캠퍼스에서 기존 활동들 사이의 경로와 접속점을 효과적으로 에워쌌다. 단일 평면 건물은 진행 중인 활동을 포착하는 보관소와 같다. 오락, 쇼핑 등의 공간에 대해 미리 정해놓은 건축 유형이 아니라 새롭게 가시화된 이동 습관으로부터 형태를 취했다.

이러한 경관 설계는 사람들의 움직임에 주의를 기울이고 한 지역을 오래 관찰한 인간 중심의 접근 방식이다. 도시계획가는 사람들이 가는 곳, 또는 걷다가 자연스럽게 멈추는 곳의 증거를 찾아 쓰레기나 담배꽁초가 쌓인 곳을 확인함으로써 실제로 사용되는 길을 가늠할 수 있다.[4] 이런 추적은 예를 들면 교통 혼잡이나 보행자 안전 문제를 해결하는 데 유용하다.

다른 종류의 희망선도 있다. 미국의 여러 도시에서 기존의 안전 조항에 만족하지 못한 자전거 애호가들이 게릴라 전법으로 자전거 도로를 확보했다. 이들은 꼭두새벽에 도로에 나가 테이프나 페인트, 또는 (하고많은 것 중에서) 변기 뚫어뻥을 바닥에 붙여 자전거 길을 표시했다. 뚫어뻥은 값이 저렴하고 빛 반사 테이프로 감싸기도 편하고, 내구성도 있고, 차를 타고 시속 65킬로

미터로 달리는 중에도 그냥 지나칠 수 없는 의외의 품목이다. 바이커들은 있어도 대개 무시되거나 새롭게 정식으로 설치되기를 원하는 자전거 도로를 강조하기 위해 뚫어뻥 라인을 설치했다. 캔자스주 위치토에서는 자전거 도로를 따라 설치된 뚫어뻥이 언론에 널리 보도되었고,[5] 그로부터 2주 후에 위치토 시는 도로를 보강해 자전거 도로를 설치했다. 뚫어뻥 라인은 **전략적 도시주의**tactical urbanism의 좋은 예로서, 시민은 더 바람직한 도시를 창조하기 위해 이처럼 공연의 성격을 띤 작은 실험을 시도한다. 이런 공연은 소셜미디어에 사진이 널리 배포되는 것을 목적으로 하는 풀뿌리 방식의 공공 행위이다. 이 경우에는 안전한 거리를 만들기 위한 새로운 희망선을 표시함으로써 '이렇게 시도해보면 어떨까?' 하는 '왓 이프what if'의 가능성을 시도한다.

그러나 희망선은 순수한 실용성 이상을 보여주는 증거가 될 수 있다. 공식적으로 지정된 보행로에 대한 대안으로서 희망선이라는 자연스러운 불복종은 인간의 놀라운 선택이자 일반적인 방식에서 의도적으로 벗어나는 행위이다. 도시와 마을은 보통 수백 수천 규모의 집단이 사용할 시스템을 수학적으로 이치에 맞게 만드는 사람들, 즉 **계획가들**이 잘 설계한 것이다. 도시계획가는 사람들을 계단이나 엘리베이터로 이동시키고 회전문에 밀어넣고 기차에 태워 비용 대비 편익의 효율을 중심으로 경로를 구성한다. 보통 그 결과의 효율성은 뛰어나다. 반면 보행자가 비공식적으로 새롭게 만들어낸 선은 효율은 물론이고 **욕망**까지 반영하여 조직된다.[6] 또한 우리 개개인도 각자 자신의 삶내면과 외면을 거쳐 관료의 추상적인 언어로는 가늠할 수 없는 길을 만들어간다.

스무 살의 스티븐은 더 이상 세상의 틀을 만들기 위해 가짜 안경을 쓰지 않는다. 그리고 이제는 테이프가 없어도 바깥을 돌아다닐 수 있다. 탐험가 클럽 모험 당시 찍은, 테이프가 사방에 난무하는 사진은 세 명의 지리학자와 가끔 합류한 손님 탐험가가 함께 보낸 시간의 흔적이다. 그것은 불편함과 대담성이 창조한 스티븐 자신의 경로가 유물이 되어 남긴 이미지이다.

어떤 보관소가 매일 도시 경관을 가로지르는 수백만 보행자가 지닌 욕망의 증거를 온전히 담을 수 있을까? 드러나지 않는 온갖 형태의 보조와 함께 사람들을 각각의 경로로 이끄는 소망과 필요, 문밖을 나와 거리로 나가기 위해 '체계'를 갖추어야 하는 그 모든 것들을 말이다. 리베카 솔닛Rebecca Solnit은 《걷기의 인문학》에서 "걷기는 세상에 존재하는 방법이자 세상을 만드는 방법이다"라고 썼다. 이 책은 우리가 주머니와 핸드백에 작은 GPS 추적기를 들고 다니는 삶을 상상하기 전인 2000년에 출간되었다. 추적기는 강제된 발걸음과 욕망이 이끈 발걸음을 모조리 지도화하는 작은 기계이다. 그러나 그 선들조차 유령일 뿐 우리의 진짜 소유물은 아니다. 그렇지 않은가? 탐험가 클럽은 그 증거를 영구히 보관하고 있다.

저널리스트이자 활동가인 제인 제이콥스Jane Jacobs는 "도시 보도에서 사회생활의 핵심은 그것이 공공의 것이라는 데 있다"라고 썼다.[7] 유명한 저서 《미국 대도시의 죽음과 삶》에서 제이콥스는 사람들이 살고 일하고 장을 보는 가운데 비공식적으로 성장한 동네와 마을의 바쁜 거리에서 일어나는 삶의 중요성을 옹호한다. 제이콥스에 따르면 모든 생활이 근거리에서 이루어질 때 거리는 그 거리를 공유하는 이방인들까지 자연스럽게 받아들이면서 사회적으로 더 다양하고 안전해진다. "하찮고 목적이 없고 무작위적으로 보이는 보도에서의 접촉은 한 도시에서 공공 생활을 풍성하게 키워낼 작은 변화이다." 하지만 누구라도 최소한 보도까지 도달할 수 있어야 보거나 보여질 수 있고, 또 세상이 공유하는 공공 생활의 영역으로 들어오거나 나갈 수 있다.[8]

장애인 친화적 거리와 보도의 필요성은 현대 도시 경관에 가시적인 변화를 가져왔는데, 그중에서도 가장 의미 있는 변화는 동시에 가장 별 볼 일 없는 것이기도 하다. 그것은 전 세계 도시의 많은 교차로에 설치된 연석 경사로이다. 연석 경사로는 그저 횡단보도 턱의 콘크리트 모양을 바꾼 것으로, 보도에서 도로로 내려서는, 또 길을 건너 반대편 도로에서 보도로 올라서는 턱을 경사지게 깎아내어 자연스럽게 도로로 연결되는 구조를 말한다. 턱을 오르내려야 하는 과거 계단식 연석과 달리 이제는 보도와 도로 사이에 부드럽게 이어진 경사로로 이동할 수 있다. '절단'의 각도는 수동휠체어든 전동휠체어든 휠체어를 탄 사람들이 쉽고 안전하게 오르내릴 수 있게 조정되어 있다.

바퀴 달린 장바구니 카트를 끌고 분주한 거리를 열두 블록이나 가야 하거나, 자전거를 타고 있거나, 잠든 아기를 태우고 조심스럽게 유모차를 밀고 가는 사람이라면 누구나 이 유산의 수혜자이다. 그것은 오래된 도시를 접수하여 바퀴가 움직이는 각도에 맞춰 수많은 거리의 모서리를 하나씩 깎아낸 통과의 례이자 권리였다.

건설환경의 질감을 개조한 연석 경사로는 거리의 '정상적인' 사용자를 중심으로 계획된 도시 설계의 역사를 여실히 보여준다. 디자인은 실용적인 사용 수단을 가능하게 또는 불가능하게 만들지만, 공간을 이동하는 몸의 의미에 대한 날카로운 비판을 대신하기도 한다. 모든 문과 출입문이 오르내리기 힘든 턱이나 계단으로만 된 도시는 그곳에 노인을 모시고 가거나 아기를 안고 가거나 아장아장 걷는 아기의 손을 잡고 가는 사람은 없고, 오직 몸에 아무 불편함이 없는 건강한 몸만 거리를 걸어다닌다고 가정한다. 즉 지금까지 오랫동안 거리는 부모나 아픈 형제자매나 자식에 대한 돌봄의 의무가 없는, 튼튼한 제 한 몸뿐인 노동자를 대상으로 디자인되어왔다. 그런 식의 돌봄은 몸이 가야 할 장소에 도달하기 위해 도시의 투박하고 비효율적이며 보조가 필요한 거리를 통과해야 하는 이들을 위한 돌봄이 아니다. 거리 모서리에서의 혁명이 이제는 명백히 모든 시민의 편의가 되었다. 이는 건설환경의 가장자리를 부드럽게 하는 상식이고, 제한된 일부 사용자만을 염두에 두고 건설된 사회의 굳어진 모양을 완화하는 간단한 해결책이다. 그러나 이 혁명은 장애활동가들의 길고 힘든 싸움이 없었다면 불가능했을 것이다.

    1990년 제정된 미국 장애인법을 계기로 모든 거리에 연석 경사로가 설치되기 훨씬 전부터, 장애인들은 거리 디자인을 자신들의 정치적 권리를 위한 활동의 중심으로 강조해왔다. 그 디자인은 바로 공공의 공간, 따라서 공공권public sphere 내부를 대표하는 보도이다. 1940년대 이후 장애인들은 참전 용사를 위한 재활 지원의 일환으로 연석 경사로를 요구했지만, 소수의 시험 프로젝트를 제외하고 대개는 무시되었다. 1950년대와 1960년대에 일리노이 주립대학교 어배너-샘페인 캠퍼스에서는 장애 활동가들이 접근성이 떨어지는 건물의 계단에 나무 판자를 올려 관심을 끌어모으고 캠퍼스 부근에 연석 경사로를 설치하기 위한 로비에 나서는 등, 신체장애가 있는 학생들도 쉽게 접근할 수 있는 주택과 교통수단을 보장받기 위해 꾸준히 노력했다. 1960년대 후반, 캘리포니아주 버클리 독립생활센터의 리더 에드 로버츠를 위시한 장애 활동가들이 도시를 직접 '편집'하기에 나서, 연석과 도로 사이에 콘크리트를 부어 경사로를 설치했다는 소문이 있었다. 미래를 만드는 해커들의 접근 방식이었다. 일부는 더 세게 밀어붙였다. 게릴라식 작전으로 아예 콘크리트 연석을 부수어, 거칠게나마 경사진 절단면을 만든 것이다. 이런 디자인 시위의 한 유물이 스미스소니언 박물관에 전시되었다.[9] 그곳에서는 1978년 덴버에서 장애 활동가들이 깨뜨린 보도블록 일부를 보존하고 있다. 이들은 무시할 수 없는 공공의 몸짓이 되어 연석의 일부를 부수었는데 이는 현실적이면서도 날카로운 의견 표출이었다. 부서진 콘크리트 조각은 많은 것을 상징한다. 그 조각은 새로운 건축물을 무작정 기다리는 것이 아니라 물려받은 거리를 부수고 다시 만듦으로써 창조해야 한다는 주장이기도 하다.

장애학자 에이미 햄라이Aimi Hamraie는 자신이 사는 세상을 재설계하는 장애인의 예로 이 역사를 든다. 그것은 장애인들이 재활이라는 가부장적 이념 없이 자신의 시민권을 쟁취하기 위해 스스로 나선 노력이었다. 오늘날 연석 경사로는 아주 흔하다. 흔하다 못해 진부하기까지 하므로 대부분 이 역사를 잘 알지 못한다. 하지만 경사로를 확장하라고 외치는 시위는 맹렬했고, 오래 지속되었다. 버클리처럼 활동가들이 시행에 성공한 지역을 제외한 다른 곳에서는 장애인 친화적 디자인에 관한 '닭이 먼저냐, 달걀이 먼저냐'의 문제 자체가 이해되지 않고 있었다. "이 사안을 처음 제시했을 때, 입법자들은 이렇게 반응했어요. '연석 경사로가 왜 필요하죠? 거리에서 장애인을 본 적이 없어요. 누가 그걸 이용하겠습니까?'" 로버츠가 당시를 회상했다. "자기들이 순환논리의 오류에 빠져 있는 줄을 모르더라고요."10

투쟁은 1990년 3월 극적인 시위로 절정에 달했다. '국회의사당 기어오르기Capitol Crawl'에 휠체어, 다리 교정기, 지팡이를 사용하는 사람들이 참여하여 워싱턴 D.C. 국회의사당 앞, 대리석 계단 아래에 섰다. 이들은 갖고 갈 수 없는 장비는 모두 밑에 둔 채 제 몸만을 사용해 약 100개의 계단을 오르기 시작했다. 열 살짜리 어린이들도 전략적 광경이 된 이 행사에 참가했다. 이날의 시위가 정점이었다. 마침내 1990년 7월 통과된 미국 장애인법은 모든 도시에서 횡단보도의 턱을 낮추고, 새로 짓는 모든 건물에 경사로가 있는 출입구 설치를 의무화했다.

보도나 거리 따위의 기반시설이 오직 일부의 몸만을 위해 지어진 것을 두고 정치학자 클라리사 라일 헤이워드Clarissa Rile Hayward와 토드 스완스트롬Todd Swanstrom은 "두꺼운 불평등 thick injustice"이라고 불렀다.[11] 두꺼운 불평등이란 "깊고 조밀하게 집중되었을 뿐 아니라 불투명하고 상대적으로 다루기 어려운" 도시 구조물 내에서의 불평등을 말한다. 이렇게 분리된 하드스케이프 구조물은 영구적이고 익명이며, 다른 방식으로는 절대 상상할 수 없는 것처럼 불가피해 보인다. 도시계획에서 불평등은 공원 같은 편의 시설의 재개발 및 토지 이용 제한법을 부자 동네에 유리하게 몰아줄 때 발생한다. 이와 같은 도시계획은 미국 도시에서 오랫동안 인종 불평등을 악화시켰다. 이런 불평등은 공공 부문과 민간 부문의 계획이 뒤섞여 분리하기 어려운 상태로 장기간 존속해왔다. 헤이워드와 스완스트롬은 도시의 물리적 공간과 그 공간을 만든 정책에 불평등이 얽혀 있으면 "책임을 부과하기 어렵고, 따라서 변화가 힘들다"라고 주장한다.[12] 연방법이 강제하여 시행된 연석 경사로의 역사가 기존 환경을 성공적으로 '편집한' 예로서 그토록 대단하고 역사적으로도 중요한 이유가 여기에 있다. 보도의 형태를 바꾸자 더 많은 몸이 거리에 나올 수 있었고, 그러면서 공공 생활도 가능해졌다. 햄라이는 이렇게 말했다. "장애인이 정치적 견해를 법률로 만들 때, 그들은 또한 새로운 세상을 설계하고 건설하고 있다."[13]

　　도시 시스템이 모든 시민의 몸을 받아들이기 위해 편집
된 예는 연석 경사로 말고도 더 있다. 버스가 '무릎을 꿇는' 저
상버스는 현가장치에서 공기를 배출해 차량의 지상고를 바닥
으로부터 34센티미터에서 23센티미터까지 낮추어 노인과 휠체
어 사용자, 그 밖의 보조 장비를 사용하는 사람들이 버스에 쉽
게 탑승할 수 있게 한다. 1970년대 중반부터 장애 운동의 일환
으로 미국에서는 버스를 저상버스로 개조했다.[14] 또한 많은 국
제 도시에서는 버스와 지하철 창문에 장애가 있는 승객이나 그
외에 필요한 사람에게 좌석을 양보하라는 스티커를 붙였다. 나
는 스페인 바스크 광역자치주에서 한 버스 창문에 붙은 커다란
스티커를 보았는데, 지팡이를 짚은 노인, 임신부, 아기를 데리고
있는 엄마, 휠체어 사용자, 어린아이를 동반한 노인 등을 상징
하는 이미지와 함께 이들에게 좌석 우선권이 있다고 알리고 있
었다. 스페인어를 읽지는 못했지만, 이미지만으로 충분했다. '조
금만 관심 있게 주위를 둘러보세요. 당신보다 당신 주변의 사람
들이 그 자리가 더 필요할지도 모릅니다.'

　　지어진 세계의 견고함이 바로 그 세계에 완고한 유지력
을 부여한다. 기반시설(네트워크 시스템으로서 확실한 배치)이 현실 세
계의 다양한 몸을 고려하지 않은 채 추상적인 집단을 위해 계
획되면 두꺼운 불평등으로 바뀐다. 두꺼운 불평등의 형태를 바
로잡을 기회는 쉽게 오지 않는다. 책임 소재를 분명히하고 법적
변화를 끌어내기까지 수십 년이 걸릴 수 있다. 내가 사는 이 도
시에서 턱을 오르내리고 계단과 씨름하고 엘리베이터를 탈 때,

저상버스를 탈 때, 대중교통에서 누가 앉아 있고 서 있는지 관찰할 때, 나는 국회의사당 계단에서 도시의 전면적인 재구조화를 주장하고 법적 구속력이 있는 약속을 요구하며 온몸으로 계단을 오르던 시위자들을 떠올린다.

　한편, 각종 희망선은 급증하고 있다. 수없이 많은 발걸음과 바퀴가 만든 비공식적인 길, 한밤중에 임시로 설치된 자전거 도로, 콘크리트를 대각선으로 잘라서 만든 게릴라식 연석 경사로, 열 살짜리가 테이프로 만든 선들. 큰 변화에는 작은 실험, 공공의 이목, 파일럿 프로그램, 시험, 그리고 인내심이 필요하다.[15] 누가 그 도시를 만드는가? 도시의 시스템은 쉽게 바꿀 수 없다. 그러나 사람들은 여전히 계속해서 도시의 통로와 질감을 만들고 또 만든다. 공공의 거리는 공공권이다. 그것은 사용을 전제로 지어진 평범한 하드스케이프이다. 거리는 이곳에서 저곳으로 가는 도구이며, 동시에 상징적인 플랫폼 역할을 한다. 공공장소에 도달하는 방법이자 공공장소를 대표하고 설명하는 방식이다.

　11월의 바람이 거센 어느 날, 나는 기차를 타고 베이스프라는 한 네덜란드 마을에서 내려 여러 주거 지역을 거쳐 호혜베이크 마을 입구까지 갔다. 안내데스크에서 방문객 확인을 한 후 몇 개의 관문을 통과해 마을의 가장 큰 광장으로 안내되었다. 광장을 중심으로 거리, 주택, 상권이 모여 있었다. 흐린 날씨지만 기온이 차지 않아 사람들이 나와서 돌아다녔다. 나무와 화분이 널찍한 포장도로의 테이블과 의자를 둘러싸고 있었다. 정문에서부터 둘로 갈라진 거리가 내 눈을 사로잡았는데, 양쪽 모두 벽돌 건물에 밝은 간판을 달고 있는 작은 상점들이 줄지어 있었다. 교차로에는 도로 표지판이 있는데, 한쪽에는 '불레바르', 다른 쪽에는 '테아테르플레인'이라고 쓰여 있었다.

이곳의 상점과 거리, 광장과 마찬가지로 이 표지판도 진짜이면서 가짜였다. 표지판은 호헤베이크 마을의 지리를 표시한 것이고 상점들도 어떤 의미에서는 진짜 물건을 팔았다. 그러나 여느 거리와 달리 이곳은 경계 너머의 더 큰 도시와 단절되어 있다. 거리, 광장을 비롯한 나머지 모두가 폐쇄된 시설 안에 있는 것이다. 이곳은 150명 남짓한 사람들이 모여 생의 마지막을 보내는 집이다. 모두 종일 돌보며 지켜봐야 할 정도로 치매가 진행된 상태다. 헬스장과 미용실과 식당이 있는 호헤베이크는 일반 요양시설과는 달랐다. 거주자들은 그곳에서 자유롭게 돌아다닐 수 있고 방문객인 나도 마찬가지였다. 일단 정문을 통과해 들어오자 그곳을 둘러싼 삼엄한 경비를 잊었다.

지나다니는 사람 중에는 몸이 건강해 보이고 옷을 잘 차려입은 사람도 있었다. 얼핏 행동과 외모만 봐서는 이곳 환자라는 것을 모를 정도였다. 걷는 사람도 있고, 휠체어를 탄 사람도 있었다. 혼자 다니는 이도 있고, 여럿이 모여 대화를 나누는 사람들도 있었다. 방문객으로 보이는 한 여성이 개 두 마리를 데리고 휠체어에 탄 마을 주민과 함께 있었다. 그는 얼굴에 불어오는 바람을 조용히 즐기는 듯했다. 상태가 좀 더 진행된 듯한

한 사람은 휠체어에 앉아 따뜻하게 담요를 덮은 채 휠체어가 이동해도 거의 움직이지 않았다.

　나는 아이리스라는 여성을 만나기로 했다. 호헤베이크 마을에 상주하는 고객 응대 담당자로 365일 거의 매일 나 같은 방문객을 맞이한다. 나는 그전에 이곳의 분위기를 느껴보고 싶어서 식당을 예약하고 일찍 도착해 점심을 먹었다. 이 식당은 호헤베이크 마을을 특별하게 만드는 중요한 역할을 맡고 있었다. 그곳은 호헤베이크 마을 주민과 일반인에게 모두 개방되어 있다. 직원과 일반인 손님은 마을 주민을 위해 이곳이 정중하고 세심한 공간이 될 수 있도록 암묵적으로 합의한 것 같았다. 가족이 함께 온 경우도 있었지만 점심 회식을 하는 한 무리의 회사원들도 있었다. 내 자리 가까이에 한 젊은 엄마가 있었는데, 아기는 유모차에서 잠들어 있었고 엄마는 막 걷기 시작한 첫째를 잡으러 다니느라 바빴다. 오래전 대학원에 다니던 시절 네덜란드 역사에 관심이 있어 그 나라 말을 공부한 덕분에 주위 사람들의 대화를 제법 따라잡을 수 있었다. 천으로 된 냅킨에, 배경음악으로 재즈가 흐르는 적당히 고급스러운 식당의 여유로운 분위기였다. 뒤편에는 바닥에서 천장까지 색색의 조명이 마을 주민과 손님을 위한 술병들을 비추고 있었다.

　온순한 태도에 등이 굽고, 흰머리에 휠체어를 탄 남성이 천천히 식당에 들어왔다. 무릎에 작은 휴대용 라디오를 올려놓고 있었다. 안에서 돌아다니기만 하는 것을 보니 식사를 하러 온 것은 아니었다. 호헤베이크 마을에서는 돌아다니는 것이 생활의 일부이다. 그는 다른 손님들 이야기에 끼어들려고 테이블 사이를 돌아다녔다. 회식 중인 사람들은 조용히 무시했지만 젊은 아기 엄마는 예상했다는 듯이 말을 걸고 그를 환영했다. 아이에게 따뜻하고 공손한 소통의 모범을 보이면서. 식당 직원은 그를 오래된 친구처럼 맞아주었다.

　식사를 끝낼 무렵 아이리스가 찾아와 자신을 소개하며 호헤베이크 마을의 역사를 이야기했다. 30대인 그는 환대산업 분야를 전공하고 몸담았었지만, 호텔업계의 상업주의에 싫증이 나서 노년층을 상대하는 일을 찾았다. 이 새로운 직장은 접객 업무와는 "다르면서도 크게 다르지 않았다". 나는 호헤베이크 마을에서 오후를 보내며 아이리스의 말을 이해하게 되었다. 많은 젊은 네덜란드인처럼 아이리스의 영어는 정확하고 명확했고, 기운찬 억양으로 속사포처럼 말을 쏟아냈다. "전 세계에서 사람들이 옵니다." 전형적인 치매 병원이나 요양시설과는 다른 새로운 기억 치료 방식을 보려고 "학생부터 정부, 민간 단체까지 방문하죠". 내가 건축과 거리에 관심을 보이자 아이리스는 "하지만 디자인이 우선순위는 아닙니다"라고 말했다. 호헤베이크 마을의 조경은 이곳의 이념을 반영하고 강화한 것이다. "비전이 먼저지요."

　1980년대에 호헤베이크 치매 마을 자리에는 원래 전형적인 요양시설이 있었다. 중앙화된 간호사실과 긴 복도에 여러 개의 방이 있는 일반적인 병원의 구조와 비슷했다. 그러나 1990년대에 들어서면서 호헤베이크 이사회 가운데 돌봄과 복지를 공부한 사람들은 가족이 늙고 도움이 필요한 상황이 되자 자신들이 운영하는 돌봄 시스템의 실상을 솔직하게 돌아보게 되었다. 부모님을 이곳에 모시겠는가? 미래에 언젠가 나는 이곳에서 살 수 있겠는가? 대답은 '아니올시다'였다. 이런 깨달음을 바탕으로 이사회는 기억 치료 방식을 바꾸고 시설의 생활환경을 평범한 일상과 비슷하게 조성했다. 이곳 사람들은 함께 요리를 하고 공동체 활동을 했다. 되도록 요양원에 들어오기 전에 집에서 생활하던 것처럼 살게 하려고 다양하고 적극적인 프로그램을 계획했다. 호혜베이크 이념은 여섯 가지로 요약된다.[16] 거기에는 '건강'은 물론이고 '삶의 즐거움'이라는 항목도 있다. 신선한 공기, 예배 참석, 콘서트, 술집 따위에 대한 약속이다. '우호적인 환경'은 새로 치매 마을이 세워지기 전부터 이 조직의 근본이념이었다. 2009년에 호혜베이크 이사회는 몰레나르 앤드 볼 앤드 반 딜런 건축사 사무소에 호혜베이크의 핵심 가치를 온전히 실현할 환경을 새로 만들어달라고 의뢰했다. 마을의 세부사항이 중요했다. 평범한 마을처럼 보이게 하는 것과 더불어, 예닐곱 명이 함께 사는 집에는 개인 침실이 있어야 했다. 집의 실내 장식은 몇 가지 스타일 중에 개인 취향에 맞춰 선택할 수 있고, 집마다 부엌과 세탁 시설을 갖추었다. 호혜베이크 마을의 건축이 여섯 가지 핵심 이념을 실천하는 방식은 데프스페이스가 일련의 원칙을 바탕으로 물리적으로 진화한 것과 유사하다.

　　호혜베이크 마을의 모든 건물은 2층을 넘지 않는다. 거리를 걷다 보면 해가 잘 들고 시설이 완비된 헬스장과 수업 일정을 홍보하는 알림판을 지나친다. 음악 센터의 벽은 악기 그림으로 장식되어 있고, 피아노 위에 빈티지 호른이 조각상처럼 벽에 기대어 있다. 주민들에게 영화와 공연을 보여주는 영화관은 마을의 추가 수입을 위해 호헤베이크 주민이 아닌 외부인에게 임대되기도 한다. 자전거의 나라답게 이곳에도 자전거가 있다. 앞뒤가 아닌 나란히 타는 2인용 자전거는 바닥이 넓고 튼튼해서 균형을 잡기 쉬워 보였다. 상점과 가게들은 주민을 위한 일종의 활동 센터로 운영된다. 다른 요양시설이었다면 모두 하나의 대형 다목적관에서 진행되었을 것이다. 마을의 개별적인 디자인 요소는 이곳을 건설할 때 사용한 재료의 선택을 통해 기능을 알린다. 색, 모양, 간판 등 시각적 요소는 주민이 마을에서 길을 헤맬 때 최대한 헷갈리지 않도록 신경을 썼다. 모두 생생하게 '당신은 지금 여기에 있어요'라고 알려주어 마음을 편안하게 가라앉혀준다.

생활 구역은 다양한 민족을 아우르는 설문 조사로 결정되고, 거주자의 과거 생활 배경에도 어느 정도 맞아떨어지도록 다양한 스타일로 꾸몄다. 샹들리에나 고급 가구 등 세간을 제대로 갖춘 곳부터 원목 서랍장과 안락한 리클라이너를 배치한 단출한 인테리어까지 생활 공간의 형태가 다양했다. 식사는 주민의 능력이나 관심도에 따라 실제 부엌에서 간병인의 도움을 받아 손수 계획하고 장을 보고 요리도 한다. 서랍에는 주방 칼을 비롯한 날카로운 도구도 비치되어 있다. 안전에 위협이 될 수도 있으나 약간의 위험을 감내하는 것은 자율성과 주체성을 지키는 가치로 여겨진다. 아이리스는 많은 방문객이 이런 환경을 보고 놀란다고 말하며 이렇게 덧붙였다. "특히 미국인들은 꼭 놀라더라고요."

전 세계적으로 4700만 명이 치매를 앓고 있고, 인구 고령화가 심각한 지역에서는 그 수가 늘고 있다. 2050년이면 1억 3200만 명이 치매 상태일 거라고 추정된다. 사람들은 대개 치매를 기억, 특히 단기 기억을 잃는 질병으로 생각한다. 그러나 길을 헤매는 것 역시 기억의 소실 못지않게 중요한 증상이다. 뇌세포를 공격하는 플라크plaque와 엉킴tangle으로 인해 퇴행성 손상이 일어난 사람에게는 세상의 이음매를 전체 안에서 일관성 있게 짜맞추는 것이 어려워진다. 익숙한 길을 산책하다가도 문득 방향을 잃고는 혼란스러워한다. 혼란은 불안을 낳고 불안은 사람을 초조하게 만든다. 증세가 심해지면 대개 약물로 다스리지만, 할돌Haldol 같은 향정신성 약물은 초조함을 가라앉히는 대신 사람을 수동적으로 만들기도 한다.[17]

새로운 이념으로 공동체의 삶을 재정비한 이후 호헤베이크에서는 20년 동안 이런 약물 사용이 눈에 띄게 감소했다. 이곳 환경은 연쇄적인 공포를 물리치기 위해 초조와 싸우는 대신 애초에 방향감각을 잃지 않게 구성되었다. 호헤베이크 마을의 디자인과 감각적 환경의 구조 안에는 적어도 그것이 치료에 효과적일 것이라는 믿음이 있다. 이곳에서는 몸이 환경에 맞춰 변하는 것이 아니라 몸의 필요를 위해 환경이 변화한다. 이 '우호적인 환경'에 대한 약속은 내가 본 다른 어느 시설보다 생생하다. 많은 요양시설이 서구 문화의 그린하우스 프로젝트의 영향을 받았는데, 모두 노인 돌봄의 환경을 탈시설화, 즉 병원이 아닌 곳에서 돌봄이 이루어지게 하려고 노력하고 있다. 기억의 소실 여부를 떠나 모든 거주자가 집처럼 설계된 환경에서 살게 하려는 것이다. 퇴행성 뇌질환 환자가 다수인 시설에서는 점점 더 자인을 치료의 주요 핵심 요소로 인식하는 추세이다.

《길을 잃다: 건축과 치매Lost in Space: Architecture and Dementia》는 치매와 함께 찾아오는 질병과 증상을 완화하기 위한 디자인을 다룬, 우아한 커피 테이블 스타일의 책이다. 이 책은 환자의 길 찾기와 기억을 돕는 환경을 창조하기 위해 임상의와 간병인들이 직접 고안한 아이디어를 반영하고 있다. 이런 내용 중 일부는 아주 기초적이라 많은 생활지원주택assisted living facilities과 요양시설에서 점차 흔해지고 있다. 실내장식에 초록이나 파랑 같은 따뜻하고 유기적인 색상을 사용하면 시각적으로 집과 비슷한 신호를 주어 환자를 안심시킨다. '기억 상자'는 환자에게 익숙한 예전의 물건과 자료를 보관하는 일종의 작은 타임캡슐인데, 마치 예술작품처럼 방에 걸어둘 수 있다.

치매 치료에 더욱 구체적인 해결책들이 기억 치료 센터에서 시행되고 있다. 출구 위에 정교하게 그려진 벽화는 환자의 탈출 시도를 막는 데 도움이 된다. 대비가 높은 색상을 사용하면 현관과 방문, 테이블의 접시와 매트를 구분하는 데 도움이 된다. 더 나아가 호헤베이크 마을은 세심한 설계를 통해 가짜인 공동체를 진짜 세상처럼 운영한다. 평범한 거리처럼 보이게 하려고 식료품점에는 진짜 식품이 진열된다. 술집과 식당, 미용실도 마찬가지다. 주민들은 그곳에서 진짜를 경험한다. 의료 파일이나 모니터 등 일반적인 요양시설의 기구나 장비는 보이지 않는다. 아이리스의 말처럼 그것들은 "무대 뒤"에 있다. 이곳 직원들이 흔히 사용하는 극장의 비유다.

아이리스와 함께 단지 주변을 산책하다가 활기찬 모험을 떠난 듯한 한 여성을 만났다. 분홍색 퀼트 재킷을 입은 여성의 창백한 볼은 밖에서 돌아다닌 바람에 발갛게 물들었고, 짧은 회색 머리는 바람에 휘날렸다. 그는 우리에게 날씨 이야기를 건네며 다정하고 유쾌하게 인사했다. 그러더니 걸음을 멈추고 바로 근처에 있을 거라 확신하면서, 멀리 떨어진 힐베르쉼 타운으로 가는 방향을 물었다. 아이리스가 함께 걷자고 제안했지만, 여성은 잠시 고민하더니 혼자 가기로 하고 결의에 찬 걸음으로 우리보다 앞서 걸어갔다.

나는 아이리스에게 이 여성이 혼란을 겪는 줄 알면서도 전혀 문제가 없다는 듯 아무렇지도 않게 대하는 태도에 관해 다그쳐 물었다. 상대의 가상현실에 장단을 맞출지, 아니면 부드럽게 진실을 전할지 어떻게 정합니까? 나는 아이리스가 왜, 그리고 어떻게 뻔히 가짜 이야기임을 알면서도 저 여성에게 현실로 돌아가라고 말하지 않는지 궁금했다. 분명 어떤 치매 환자에게는 논리와 시간 감각의 일시적 소멸이 삶에서 가장 혼란스러운 일일 것이다. 왜 좀 더 신중한 도움의 손길로 안내하지 않는가?

아이리스는 자신이 이곳에서 익혀야 했던 기술이 바로 그것이 라고 말했다. "나는 진실을 말하는 것이 낫다고 믿는 편이에요. 하지만 사람마다 다르게 접근해야 합니다." 아이리스는 각 사례 마다 신중한 판단을 내리는 것이 자신을 포함하여 돌봄에 대해 전문적으로 교육받지 않은 직원의 의무라고 생각했다. 환자에 게 현실을 일깨우는 것이 가혹한 상황이라면 자제하는 것이 현 명하다. "말해야 하는 것과 말하지 말아야 하는 것을 잘 구분해 야 합니다. 그 기준은 사람마다 다르고 두 달 후에는 또 달라질 거예요."

좀 더 걸어가 우리는 다시 분홍 재킷의 여성을 따라잡았 다. 그 사이에 다른 여성이 우리와 합류했다. 이 여성도 평범한 옷차림에, 목적지를 알고 가는 듯 걷고 있어서 나 혼자였으면 환자인 줄 모르고 지나쳤을 것이다. 그러나 분홍 재킷의 여성까 지 함께 걷게 되자 두 번째 여성은 알 수 없는 이유로 눈에 띄게 동요했다. 물론 실제가 무엇인지 파악하기 힘든 상황 속에서 수 시로 오락가락하는 대화와 만남에 붙잡혀 있는 것이 얼마나 짜 증날지 상상할 수 있기는 했다. 그 순간 그의 분노가 분홍 재킷 여성에게 향했다. 아이리스가 이 상황에 노련하게 대처했다. 그 는 모두를 데리고 아까 내가 점심을 먹은 식당으로 갔고, 함께 차를 마시자고 여러 번 부드럽게 권하여 두 사람을 진정시켰다. 처음에 그 두 번째 여성은 앉지 않고 서 있겠다고 고집을 부렸 다. 그리고 나로서는 영문을 알 수 없는 문제로 분홍 재킷의 여 성과 실랑이를 벌였다. 그러더니 마침내 화를 누그러뜨리고 자

리에 앉았다. 웨이트리스가 차를 내왔다. 그의 표정은 부드러워
졌고 어깨를 보니 긴장도 풀린 듯했다. 아이리스는 공포가 발단
이 되어 일어난 공격의 순간을 물리적 공간, 시간의 힘, 그리고
주변 환경을 이용해 단계적으로 완화시킨 것이다.

　　이윽고 우리 넷은 평범한 대화를 나누기 시작했다. 우유
와 설탕을 건네고 내가 아는 네덜란드 어휘를 총동원하여 힐베
르쉼으로 가고 있던 분홍 재킷 여성에게 몸을 돌려 호헤베이크
마을에서 얼마나 살았느냐고 물었다. "나는 여기에 살지 않아
요." 그가 단호하게 말했다. "잠시 방 하나를 빌린 것뿐이에요."

　　호헤베이크 마을이 구현하는 현실과 가상의 혼합은 이
분야에서 논쟁이 되고 있다. 현실을 모방한 환경의 영향은 비단
길 찾기에 도움을 주는 것에 그치지 않는다. 그것은 실재하지
않는 세상을 구축한다. 이 가짜 세상은 가족이나 전문 간병인에
게 똑같이 난감한 문제이다. 전 세계의 많은 연구자와 임상의들
이 불편한 진실과 마음을 안정시키는 거짓을 두고 다양한 태도
를 보인다.[18] 어떤 사람들은 환자의 서사를 긍정하는 것이 환자
를 더 효과적으로 행복하게 한다고 믿는다. 다른 사람들은 장기
간의 신뢰를 쌓고자 한다면 마주하기 어려운 진실이라도 사실
대로 말하는 것(예를 들어 환자의 배우자가 오래전에 죽었다고 상기시키는
것)이 유일한 윤리적 선택이라고 주장한다. 이는 심각한 주제이
고, 학자들 사이에서 이 문제에 관한 완벽한 합의는 이루어지지
않았다. 그러나 내가 호헤베이크에서 만났던 직원들에게 이 '연
극'은 연속성의 보존이자 변화에 직면한 평범한 삶과의 연결로

합리화된다. 그것은 시설의 치료를 상징하는 임상적 논리의 차가움을 완화하기 위해 의도된 건축학적 치료라고도 할 수 있다.

아이리스와 헤어진 후 나는 잠시 안뜰에 앉아 이곳에서 보고 들은 것을 정리했다. 접근의 도구로서, 욕망의 도구로서, 불안정한 현재를 과거와 결합하는 방법으로서 거리에서의 삶은 그 구조가 보이든 안 보이든 우리의 많은 필요를 위해 실용성을 요구하며, 때로 거리는 일종의 무대가 된다. 나는 무엇보다 호헤베이크 마을의 거리가 반쯤은 공공 공간으로 기능하는 점이 기발하다고 보았다. 거리의 구조는 필요에 따라 분리되어 있지만, 시야에서 차단되지 않는다. 이 마을은 기억 치료를 받는 주민과 호헤베이크 인근의 마을 주민을 모두를 위해 지어진 양방향 레스토랑처럼 진짜와 가짜가 결합되어 있다. 거리, 건물, 마을을 설계할 때 더 많은 공공 공간을 두는 것이 공적이며 물리적인 생활, 즉 사회적 생활을 이처럼 다공적으로 여닫을 수 있다는 것은 무슨 의미일까?

우리는 부적합 상태에 도달했을 때 자신의 삶을 위해 서로 상반되는 재화의 관점에서 양자택일을 해야 한다고 생각하기 쉽다. 치매의 경우라면, 분리된 시설에서 치료를 받거나 '살던 곳에서 늙어갈 것'을 선택해야 한다고 말이다. 그러나 호헤베이크 마을의 공동 생활에 혼재된 모델의 바탕에는 모 아니면 도를 넘어서는 사고가 있다. 이 장의 사례들이 보여주듯이 디자인은 작은 제스처와 큰 아이디어의 조합을 통해 대상을 해체하고 다시 만드는 것을 포함하는 개념이다. 스티븐이 테이프로 만든 일시적 보철은 필요한 만큼 지속되었다. 연석 경사로는 구조 전체를 교체하는 대신 보도의 모서리를 가볍게 건드렸지만, 그 덕분에 많은 것이 변했다. 의료시설로서의 마을은 부분적으로는 개방되고 부분적으로는 폐쇄된 식당을 운영한다. 호혜베이크 마을의 이런 간단하고 강력한 발상에 놀란 이들이 매일 전 세계에서 이곳을 찾는다. 치료는 창의적으로 설계되었다. 이 모든 선택은 깊은 상상력과 실용적인 집단 의지로 각각의 특징을 생각함으로써 거리를 더 유연하고 더 오랜 시간 동안 개방하게 했다.

겨울 저녁이 빠르게 다가오고 있었다. 생각을 정리하고 있을 때 근처에서 한 여성이 문('진짜 세계'로 가는 문)에 매달려 나가게 해달라고 애원했다. 그날 다른 곳에서는 저 문이 시야에 들어오지 않아 미처 몰랐지만, 문득 이곳이 요양시설이라는 사실이 떠올랐다. 그 장면은 경각심을 일으킬 정도는 아니었다. 이곳에서 흔한 일 같았다. 직원들이 여성을 돌려보내려고 애를 썼지만, 그가 느끼는 괴로움과 혼란은 명백했다. 나는 갤러뎃대학교와 샐링하우스 건물에서의 활동 무대를 새삼 떠올렸다. 이곳에서 활동 무대는 실내 공간만이 아닌 마을의 임시 도로인 하드스케이프에서도 살아났다. 나는 이 여성이 몸을 돌려 광장의 나무 아래에 다시 자리를 잡고, 이층 창문에서 나오는 불빛의 따스함을 발견하고, 저녁 장사를 준비하는 식당의 음식 냄새를 맡길 바랐다. 이 거리의 무대가 그에게 안심하고 활동해도 된다는 신호를 보내길 바랐다. 그러나 너무 오래 쳐다보는 것은 실례가 될 것 같아 정문을 통과해 어두운 밤 속으로 걸어 나왔다.

Clock

시계

불구의 시간을 살기.
시계가 하루를 관리하는
삶의 속도는
얼마나 빨라야 하는가?

싱가포르의 '그린맨 플러스'
기능이 있는 신호등.
발급 받은 카드를 단말기에 대면
신호등의 보행시간이 임시로 연장되어
여유 있게 길을 건널 수 있다.

©강미래

무단횡단을 하지 않을 정도의 참을성이 있는 시민이라면, 세계 여러 대도시의 교차로에는 보통 반대편 코너의 기둥에 장착된 상자 속에 신호를 제어하는 버튼이 있다는 걸 알고 있을 것이다. 정지신호가 빨간불로 바뀌면 차들이 서고, 보행 신호등의 걸어가는 사람 형상에 초록색 LED 조명이 켜진다. 그리고 그 아래에 대개는 밝은 빨간색으로 초읽기가 시작된다. 그 숫자는 성급한 운전자가 다시 가속 페달을 밟기 전에 보행자가 거리 반대편으로 안전하게 건너는 데 주어진 시간이다. 신호등의 초시계가 한 자릿수로 내려가면 아예 다음 신호를 기다리거나, 이미 건너기 시작했다면 걸음을 서두른다. 할당되는 시간은 수학적 계산에 기반하여 도시계획가가 결정한다. 얼마나 혼잡한 교차로인가? 도로의 너비는 얼마나 되는가? 이 두 가지에 한 가지 요인이 더 추가되어 파란불의 시간이 정해진다. 정상적인 사람은 얼마나 빨리 걷는가? 즉, 평균적인 인간이 도로 한쪽에서 다른 쪽으로 이동하는 데 걸리는 시간이 고려된다.

평균치로 그 기준을 잡지만, 사람의 몸은 평균이 아니다. 그리고 최근 몇십 년간 싱가포르의 수도 싱가포르에서는 노년층이 늘어나면서 짧은 보행시간으로 인한 부적합 상태가 더 두드러지고 있다. 인구의 노화라는 새로운 인구학적 현실이 싱가포르만의 것은 아니다. 세계적으로 대부분의 나라가 2050년까지 전체 인구 중 60세 이상 성인 비율이 늘어날 전망이다.[1] 그에 따른 변화는 다방면에서 일어나지만, 그중에서도 잘 드러나지 않는 한 가지가 바로 추가 시간의 필요성이다. 길을 건너는

데 시간이 더 필요한 교통약자가 있다. 사람들은 나이가 들면서 걸음이 느려지지만, 노인이 아니더라도 휠체어를 탔거나 보행 장비를 사용하거나 만성 통증 때문에 빨리 걸을 수 없는 보행자들은 늘 있기 마련이다. 도시계획가는 이들에게 필요한 추가 시간을 어떻게 설계하여 확보할까? 오래된 도시는 어떻게 새로운 상태에 맞춰 구조를 변화시킬까? 특히 그것이 시간처럼 손에 잡히지 않는 무형의 조건일 때 말이다.

물론 해결책은 비교적 간단하다. 모든 횡단보도에서 보행 신호의 시간을 일괄적으로 연장하면 된다. 이것은 모든 교차로에서 속도를 늦추는 일종의 '보편적' 디자인이다. 이런 종류의 변화는 보행이나 휠체어 이동을 가장 우선순위에 두므로 어린아이를 데리고 길을 건너는 일도 훨씬 수월해진다. 그러나 아마 도시 전체에서 차량 통행이 느려질 것이다. 일부 횡단보도에만 시간을 추가하는 방법도 있다. 뉴욕시에서는 지난 10년간 일부 교차로의 보행 신호가 길어졌다.[2] 이런 변화는 인구학적 결정에 따라 일부 지역에서 제한적으로 실행된다. 해당 지역에서 나이 든 시민의 존재를 인정하고 그들의 필요를 충족시키기 위해 계획된 것이다.

싱가포르의 도시계획가들은 횡단보도 시설에 영리하게 개입했다. 이곳에는 이제 신호등 기둥의 보행 신호 요청 버튼에 싱가포르의 모든 노인에게 발급되는 할인 교통카드 단말기가 장착되었다. 카드에는 그린맨 플러스 프로그램이라는 기술이 적용되었는데, '그린맨'은 보행 신호등의 걸어가는 초록색 사람을 상징한다. 단말기에 카드를 대면 횡단보도의 보행 시간이 연장된다. 그린맨 '플러스'가 바로 그 뜻이다. 도로의 너비에 따라 다르지만 보통 3~12초 정도의 시간이 추가된다. 카드를 사용한 사람이 길을 건너면 신호의 길이는 원래 시간으로 돌아간다. 이 방법으로 접근가능성과 효율성을 동시에 확보한다. 나이에 상관없이 장애인에게도 그린맨 플러스 카드가 발급되어 필요한 보행 시간을 확보할 수 있다. 6년의 시범 테스트를 거쳐 2014년에 싱가포르의 교차로 500여 곳에 단말기가 설치되었다.[3] 버스 정류장에 벤치를 설치하거나 기존 교차로를 회전교차로로 바꾸거나 도로 표지판을 교체하는 따위의 전형적인 방식은 아니지만, 그린맨 플러스 카드 역시 도시 구조의 뼈대를 조금 느슨하게 풀어준다. 앞서 말한 것들은 물리적 공간의 특성을 통해 최적으로 움직이기 위한 도시 디자인이고, 이 카드는 크게 드러나지 않지만 기본적인 평등권을 실현하고, 명령에 따라 시간이 늘어나고 줄어드는 구조를 만드는 도시 디자인이다.

"의료 분야에는 (…) 장애를 시간과 연관 지어 기술하는 오랜 전통이 있다"라고 장애학자 앨리슨 케이퍼가 썼다.[4] "'만성' 피로, '간헐적' 증상, '지속적인' 통증 등이 지속 기간의 측면에서 장애를 묘사하는 방식이다." 장애의 언어 어디에나 시간이 있다고 케이퍼는 말한다. "빈도, 발병률, 발생, 재발, 차도 등의 단어도 증상과 질병, 그리고 질환을 시간의 틀에서 묘사한다." 얼마나 오래, 어떤 속도로, 얼마나 서서히, 얼마나 자주, 언제 시작했고, 앞으로의 예후는 어떨지 하는 것들은 모두 그것이 노화에 동반되는 느린 속도의 변화이든, 새롭고 정체를 알 수 없는 증상이든 의사가 환자의 몸에서 일어나는 일을 설명할 때 사용하는 시간적 단어들이다.

케이퍼가 관찰한 바로는 후천성, 선천성, 발달성이란 단어는 좀 더 추상적이며,[5] 그중에서도 발달성은 훨씬 복잡한 일을 한다. 평생에 걸쳐 나타나는 질환을 두고 발달성이라고 표현한다. 그러나 동시에 시간과 관련한 또 다른 마찰을 설명할 때도 이 말이 사용된다. 아동과 청소년에게 사용하는 '발달 지연'이라는 표현의 배경에는 언제나 한 개인의 발달을 표준화하여 주입하는 정상성의 개념이 있다. 아기가 기고 옹알이를 하고 혼자서 책을 읽기까지는 얼마나 걸려야 하는가? 종형 곡선의 꼬리에 있다는 것은 남보다 발달이 빠르거나 아니면 느려서 뒤처지는 것이다. 케이퍼는 우리가 서로 몸에 관해 던지는 가장 일상적인 질문에도 시간이 들어간다는 데 주목한다. 태어날 때부터 이랬나요? 얼마나 빨리 회복됩니까? 단기적이든 장기적이든, 신체장애든 인지장애든, 장애에서 차이와 편차는 시간의 고정성이 당연한 듯 언급된다. 케이퍼는 장애 자체의 보편적인 속성이 시간을 전제로 한다고 지적한다. "질병이나 노화, 사고에 의해 우리 모두는 살면서 언젠가 장애를 갖게 된다는 장애 연구의 만트라는 이 개념을 잘 요약하여 장애인이 된다는 것 역시 단지 '시간문제'임을 암시한다."[6]

장애인 사이에는 이 특별한 불일치에 대한 속어로 쓰이

는 더 포괄적인 용어가 있다. 바로 '불구의 시간crip time'을 사는 삶이다. 영어로 crip은 '불구'라는 뜻의 cripple의 줄임말인데, 이 '불구'는 장애인이 스스로 정치적으로 새로 태어나면서 용법이 달라진 명칭으로, 과거에 이 단어에 붙어 있던 비하의 의미를 떨어내고 집단의 자부심을 부여한 말이다. '불구의 시간'은 장애 문화에서는 두루 쓰이는 간단한 용어로, 산업화된 사회에서 생활의 속도와 삶을 시계 중심의 하루와 시간으로 무자비하게 조직한 것에 대한 불편한 관계를 나타내는 데 쓰인다. 장애인이 자기가 화요일에 '불구의 시간에 있다'고 말하는 것은 기차 승차장까지 가거나 공중 화장실에 다녀오는 데 시간이 더 필요하다는 신호이다. 더 확장하면 시스템에서의 적합도와 출발점을 나타내기도 한다. 즉, 한 사람이 이른바 정상적인 시간표에 따라 엄격하게 지정된 유치원-고등학교 교육을 마치는 데 걸리는 비타협적이고 예측할 수 없는 시간을 말한다.

장애학자 엘런 새뮤얼스Ellen Samuels는 불구의 시간이 "시간 여행"이라고 했다. 부적합 상태로 말미암아 나이와 단계가 앞뒤로 움직이는 시간 여행이다. 새뮤얼스가 불치의 병에 걸려 몸에 갑자기 장애가 생긴 것은 20대 초반이었다. 새뮤얼스의 나이와 몸 사이의 부조화를 보고 의사들은 그의 삶이 부자연스럽게 시간을 건너뛰었다고 말했다. "부모와 건강, 독립성까지, 당신은 이미 삶에서 너무나 많은 것을 잃었습니다. 보통 70대에 겪는 수준입니다."

새뮤얼스는 자신이 "건강에 문제가 있는" 사람에서 "해결할 수 없는 문제 자체가 되었다"라고 썼다. 그토록 어린 나이에 질병으로 괴로움을 겪으며 새뮤얼스는 어느 평범한 타임라인에도 속하지 못하고 축출되었지만, 이런 상태에 있는 사람이 혼자만은 아님을 깨달았다.

장애와 질병은 소위 정상적인 삶의 단계를 따라 진행되는 1차원적 시간에서 우리를 끌어내어 급발진하거나 급제동하면서 지루한 주기와 갑작스러운 종말이 일어나는 웜홀로 던져 넣을 힘이 있다. 우리 중 일부는 아직 젊은 나이에 노년의 장애와 싸우고, 일부는 나이가 몇이든 어린애 취급을 받는다. 질병의 의학적 언어는 만성적인, 진행 중인, 말기의, 재발과 단계라는 용어를 들먹이며 다시금 1차원적인 시간을 부과하려고 애쓴다. 그러나 불구의 시간을 보내는 몸을 차지한 우리는 자신이 절대로 1차원적이 아님을 안다. 우리는 정상적인 시간이 보호하는 공간에 사는 사람들의 무심한 단순화에 조용히, 그러나 그리 조용하지는 않게 분노한다.[7]

그렇다면 불구의 시간은 부적합한 상태에 있는 삶의 동기화되지 않은 플롯을 설명할 수 있다. 그러나 이 표현은 날카로운 비판의 날이 될 수도 있다. 하나의 몸이 주 40시간 이상 일하고, 아이나 병든 부모를 돌보고, 평생 계속해서 변화하며 도움을 요구하는 몸(임신, 노화, 심각한 수술에서 회복하는 과정)을 안고 세상을 살아가는 데 얼마의 시간이 걸리고, 또 걸려야 하는가? 여기에 더하여 위기 상황도 있다. 한 사람의 가치를 재는 척도로서 우리가 하는 일과 우리의 몸을 모두 바꿔놓는 건강 상태로 인한 위기이다. 과연 산업 시간의 시계라는 것이 사람의 몸에 맞게 만들어지기는 한 것인가?

현대에 학교와 직장에서 설정된 속도는 건강한 사람이 이상적인 속도와 효율성으로 성취하는 생산성을 전제로 한다. 그것은 눈에 보이는 시계는 아니지만, 배경에서 언제나 째깍거린다. 이 시계는 단순히 시간을 알리는 장치가 아니므로 모든 사람에게 다 맞지는 않는다. 이 시계는 경제를 위한 도구이다. 몸과 마음은 무한한 복잡성과 결합된 유기체이지만, 당장은 시계가 모든 것을 측정한다. 이 시계는 한 사람의 사회적, 인지적 몸과 마음이 정해진 이정표 안에서 적절한 지점에 도달하는지, 그렇다면 어떻게 도달하는지를 측정한다. 그리고 우리로 하여금 경쟁의 요구에 순응하게 한다. '남보다 앞서' 독서 단계와 시험과 취업 면접을 통과하고, 생산적 근로 시간이라는 무조건적인 이상에 남보다 빨리 순응하게 하는 경쟁이다. 이 근로 시간은 노동자라는 존재의 정체성을 아우르기 위해 설정된다. 많은 이들이 어디서나 제 분침을 똑딱거리며 시간을 알리는 근면한 시계의 기대를 고정되고 영구적인 것으로 받아들이는 경향이 있다.

그러나 불구의 시간은 경제의 시간 바깥에서 다른 사고 방식이 가능함을 알려준다. 불구의 시간은 가족 중심의 일정이나 일과 생활의 균형이라는 가치를 요구할 뿐 아니라 그깃들만큼이나 소중하다. 케이퍼는 "불구의 시간은 확장하다 못해 폭발할 정도의 유연성이 있는 시간이다"라고 썼다.[8] 그 시간은 장애의 붕괴, 해결할 수 없는 골칫덩어리가 되기를 거부하는 비전형적인 몸과 마음에 의해 폭발하고, 당장의 사회적이고 정치적인 더 큰 부적합을 드러낸다. 싱가포르에서 시간이 연장된 신호등은 시간과 맞서는 더 큰 디자인의 가장 희미한 신호로서 그 무엇보다 확산적이며 아주 다루기 힘들지도 모르는 부적합의 각본이다. 경제의 속도를 따르는 기계화된 삶과 불화하는 장애인은 단지 늦음에 대해 사과하는 것이 아니다. 그 사람은 신체의 느림이 아니라 모두를 위한 삶에 걸리는 예상시간, 빠르고 효율적인 생산성을 위해 뻣뻣하게 경직된 컨테이너의 원인을 진단하고 있는 것이다.

2006년, 아들 그레이엄이 다운증후군 진단을 받았을 때, 우리 가족의 삶을 구성한 것은 **지체와 지연**이라는 불구의 시간이었다. 우리는 곧바로 주에서 후원하는 '조기 개입early intervention'의 수혜자가 되었다. 이 프로그램은 그레이엄의 대근육과 소근육 발달, 말과 감각 입력을 자극하는 전문적인 치료로 일부는 집에서, 일부는 병원에서 진행되었다. 이 치료는 그레이엄의 유아기에 예상되는 뒤처짐을 보완하기 위한 추가적인 놀이시간이었다. 이런 조기 개입은 미국에서 최근에 설계된 것으로, 정상적인 교육 체계에 들어가기 전에 영유아의 잠재력을 최대로 키우려는 목적으로 고안된 서비스이며 1986년 이후 대부분 주에서 시행되었다. 주로 취약한 상태에 있는 젊은 가족에게 제공되는 놀라운 지원과 조언이다.

초기 몇 달의 경험에는 첫아기를 낳은 평범한 집의 일상이 포함된다. 남편 브라이언과 나는 이제 막 만난 아기를 향한 두렵고도 거부할 수 없는 동물적인 사랑으로 생기가 넘쳤고, 신생아 냄새라는 향수를 맡았고, 미니 양말 수십 짝을 엉뚱한 곳에 두었고, 유모차 모델을 비교했다. 그레이엄을 재우고 기저귀가는 법을 배우며 가파른 학습 곡선을 쫓아가고 있었다. 여느 부모와 마찬가지로 우리가 잘하고 있는지에 대한 걱정과 강박적으로 매사에 주의를 기울이는 시간이 뒤따랐다. 우리는 아기를 안거나 업고서 매일 로스앤젤레스의 협곡 공원들을 걸었다. 사고 친 개를 야단치고 나무를 감상하고 친구들과 계획을 짜며 비교적 활기차고 행복하게 보냈다. 적어도 적당히 떨어져서 보면 대체로 평범한 삶이었다.

그러나 나머지 삶은 당연히 평범하지 않았다. 우리는 출산 후 다운증후군 진단을 받고서 매우 놀랐는데, 임신 기간에는 모든 것이 완전히 정상이었기 때문이다. 유전자 혈액 검사에서 (거짓) 음성 결과가 나왔으므로 나는 걱정 없이 모든 초음파와 정기검진을 받았다. 확실하게 진단하려면 양수 검사를 해야 한다는 걸 알았지만 일부러 하지 않았다. 자궁의 아기가 다운증후군이나 유사한 질병이 있다고 해서 임신을 중지하지는 않을 테니 되려 침습적인 검사의 위험성이 더 찜찜했다. 그레이엄은 로스앤젤레스에서 섭씨 21도인 1월의 늦은 아침에 태어났다. 며

칠 뒤 조산사가 아기를 검사해보는 것이 좋겠다고 아주 친절하고 사려 깊게 권했고, 검사 2주 뒤 소아과 의사가 결과를 전했다. 한껏 부풀어올랐던 마음에 크게 구멍이 뚫렸다. 신생아 시절의 행복한 발견은 영원히 바뀌어버렸다. 달리 어떻게 설명하랴. 화요일에 그레이엄은 이 세상이 전에 본 적 없는 온전한 인간이었다. 수요일에 그레이엄은 다른 이의 눈에 통계가 뒷받침하는 위험과 숨길 수 없는 신체 특징으로 정의되는 특정 유형, 특정 부류의 사람으로 변해 있었다.

어떤 방식이 더 힘들었을까, 또는 더 쉬웠을까? 아기를 품에 안고 아기에 관한 충격적인 사실을 알게 되어 밤을 지새우는 것? 아니면 아이를 위해 막연하게나마 미리 계획을 세우는 것? 물론 우리는 우리 방식밖에 모른다. 나는 가장 고통스러웠던 불협화음을 이제야 이해할 수 있다. 브라이언과 나, 그리고 가까운 사람들 사이에서 그레이엄은 그가 태어난 이후로 여전히 모두가 사랑하고 원하는 사람임에 변함이 없었다. 그러나 그외의 다른 모두에게 그레이엄은 그가 받은 진단명으로 존재했다. 평생 비정상적인 유전자 상태로 묘사되고 이해되고 해석되는 다운증후군 아이.

가장 흔한 형태의 다운증후군은 아직까지 원인이 뚜렷하게 밝혀지지 않은 추가 염색체가 존재해서 발생한다.[9] 합병증도 함께 오며 일부는 심각한 수준이지만 대체로 신체적 특징은 아주 다양하다. 즉, 이들도 복잡한 몸뚱이에 들어 있는 다른 사람들과 다를 바가 없다는 말이다. 그럼에도 많은 형태의 심각한

지체와 지연이 일어나는 것은 분명하다. 초기에 우리는 두 가지 병렬 통계치 안에서 이정표를 따라 그레이엄의 발달을 해석하도록 권유받았다. 하나는 신경전형인neurotypical 아이들의 평균적인 발달 과정이고 다른 하나는 다운증후군 아이들만의 타임라인이었다. 이 역시 다운증후군 아이들의 발달을 평균 낸 차트였다. 그것은 흐르는 시간에서 눈에 보이지는 않지만 주와 개월로 표시되는 지속적인 분침 소리였다. (다운증후군 아이로서) 아이가 어떻게 지내고 있고, 우리가 어떻게 아이를 보살피고 있는지 (충분히 편을 들어주고 있는가? 불타는 칼처럼 화를 내고, 피 흘리는 심장처럼 아파하고 있지는 않은가?)를 모두 시간의 틀에서 차트나 수치로 감지할 수 있게 만든 것이다.

부모 노릇을 해본 적이 없었기 때문이겠지만 우리는 이 차트를 맹신하며 파고들었고, 가족과 지인들도 어디까지나 선의에서 그레이엄의 발달 과정과 특징에 관해 꼬치꼬치 캐물었다. 사람들은 그레이엄이 이른바 '고기능'(지적장애를 동반하지 않는 장애-옮긴이)인지 '저기능'인지를 알고 싶어했고, 인정하기는 부끄럽지만 우리 부부도 그랬다.

고저高低는 공간의 언어이다. 상대적으로 위인지 아래인지를 평가하여 인간의 등급을 매기는 방식이라고도 할 수 있다.[10] 그러나 실제로는 시간에 대한 수행 기록을 완곡하게 요약하는 것이 목적이다. 그레이엄은 보통의 아기가 하는 일을 얼마나 빨리, 얼마나 정상적인 속도로 해내고 있는가? 이 논리는 유해하고 순화되었으며 지나치게 광범위한 해석이 가능하다. 만약 아이가 '빠른' 쪽에서 걷고 있다면, 그는 '고기능'이고 따라서 덧셈과 뺄셈을 빨리 이해한다는 뜻일까? 아주 조금 느릴 뿐, 학교에서 제 나이 수준에 맞춰 모든 추상적인 개념을 이해할 거라는 뜻일까? 따라서 같은 진단을 받은 아이들 중에서도 좀 더 빠른 축에 속하므로 성인이 되어 남들에게 덜 의존하면서 평범하고 번듯한 직장에 다니게 될 거라는 뜻일까? 다시 말해 더 빠르므로 좀 더 정상적이고 존중받을 가치가 있다는 것일까? 고저의 언어는 불가피하게 전 세계에서 쓰이며, 성취에 대한 총체적 평가이고 따라서 암묵적으로 판단을 내리는 말이다. 한 사람이 얼마나 '고기능'인지를 묻는 것은 가치에 대한 평가이다. 한 사람의 가치가 폭넓은 문화의 눈으로 보면 얼마나 높을지를 따지는 것이다.

그레이엄은 9개월에 혼자 앉았지만 전혀 기지 못했다. 만세 살 반까지 걷지 못했고 여덟 살까지 제대로 뛰지 못했다. 12개월에 단어를 말하기 시작했지만, 초등학교 3학년이 되어서야 완전한 문장을 말했다. 만 두 살에 이미 알파벳을 외웠으나(강한 시각적 기억력은 다운증후군의 강점 중 하나이다) 열세 살에 그의 손글씨는 아주 어린아이 수준이었다. 전형적인 아이들의 성장 지표인 깔끔한 종형 곡선은 선이 모호한 가장자리 구역으로도 그레이엄을 일반화하거나 예측할 수 없었다. 이 곡선의 타임라인 대부분을 그레이엄에게 적용할 수 없었다는 말이다. 그리고 더 중요한 것은, 또래나 두 어린 동생과 비교하여 상대적인 빠름과 느림이 자기 가치의 기준으로서 그레이엄의 관심을 전혀 끌지 못했다는 사실이다. 춤이나 스포츠 같은 과외 활동과 학교 교육에 대한 그의 관심은 주로 호기심이나 친구 관계에서 비롯된 것이었다. 단순하지 않으면서도 상대적인 백분율이나 독서 단계로 멍들지 않은, 뭐랄까, 전반적으로 즐거운 것이었다. 요즘 그레이엄은 7학년 과학 수업에서 발표할 슬라이드를 준비 중이다. 아이는 자신이 제작한 슬라이드를 우리에게 보여주고 싶어한다. 그레이엄은 스스로 자랑스럽게 생각하는 한편, 신경전형인 급우들이 옆 책상에서 다른 과제를 하는 것도 알고 있다(앞으로 과제의 수준 차이가 점점 벌어질 것을 그레이엄 자신, 부모, 교사진 12명까지 모두가 알고 있다). 그레이엄은 여전히 학교에 가는 것을 기대하고, 그것을 성공과 연관 짓는다. 또한 수학처럼 어려운 과제라면 쉬는 시간을 많이 요청하고, 하기 싫을 때는 일을 미루거나 머리를 써서 선생님의 계획을 어그러뜨린다. 요약하면 그는 10대처럼 행동하는, 누가 봐도 빤한 10대이지만, 단지 비교 게임을 하지 않을 뿐이다. 학교에서 그의 즐거움은 다른 친구들의 속도가 빠르다 하여 위협받지 않는다.

　　자아감sense of self의 이런 기본적인 평정심은 아마 성인이 되면서 바뀔 것이다. 우리는 다운증후군 친구나 지인이 비장애인 또래와 비슷하게 변덕스러운 태도를 보이고 청소년기의 역할 및 관계의 문제를 두고 씨름하는 모습을 지켜보았다. 그러나 시계의 주도하에 지속적으로 어린 시절을 측정하는 사람은 자신이 아닌 남이다. 그에 관한 모든 평가는 병원과 교사 회의에서 언급되는 용어와 등급의 형태로 다른 사람들로부터 온다.

하지만 그레이엄이 아주 어렸을 때, 우리에게는 뒤늦은 깨달음이 주는 위안조차 없었다. 우리는 '언제쯤일까' 하고 수없이 물으며 아마도 필요 없었을 걱정을 하느라 수많은 시간을 허비했다. 그의 삶 매 순간마다 사람들은 '고저'의 딱지가 붙은 이 시간의 기준 속에서(아마 전적으로 임의로 정해진 것이었겠지만) 그레이엄이 어디에 있는지 우리에게 묻거나 **알려주었다.** 맥락에 따라 이유와 측정 기준은 다양하지만, 높고 낮음의 공간적 측정은 실제로는 높이나 깊이에 관한 것이 아니었다. 그것은 언제나 시간에 관한 것이었다. 사람들이 그레이엄의 '기능'에 관해 악의 없이 아주 무심코 물을 때, 그들이 알고 싶은 것은 그가 얼마나 **지체되었느냐**는 것이다. 그 용어는 무례하기도 하거니와 옛날 말이라 지금은 대부분 그 용어를 직접 사용하지 않는다. 그러나 높고 낮음은 실제로 빠르고 느림의 용어이다. **지체된다는** 것은 보통 느림을 나타내는 중립적이고 기술적인 용어이다. 그러나 이 말은 실제로 그레이엄이 아닌 현대 생활의 민낯에 관해 너무나 많은 것을 말해주고 있다! 느림은 순수한 묘사의 영역을 아주 쉽게 벗어나 한 사람을 깎아내리기 위해 무기화된 시간의 단어로 변질되어 널리 쓰인다.

그레이엄과 그에게 진단 내려진 지연과 지체에 관한, 좀 더 절실하게는, 아직 알려지지 않은 그의 미래에 관한, 다시 말해 시간에 관한 질문을 안고 살아야 했던 것이 초기에 우리를 가장 외롭게 만들었다. 시계가 가차없이 인생을 재고 따져 묻도록 내버려둬야 했던 것은 우리 가족뿐이었을까? 가족이라는 작은 단위가 더 큰 개념과 연결되어 있음을 깨닫기까지 많은 시간이 걸렸다. 그레이엄 덕분에 우리에게는 좀 더 쉽게 드러났지만, 시간은 모두의 생산성을 측정한다. 그것도 아주 내밀하게 이루어져 지극히 자연스럽게 느껴진다.

  역사 초기에 시계는 익숙한 상황과 예상치 못한 상황에서 모두 사용되었다. 기계식 시계는 산업 시간의 경직성이 아직 자리잡기 전, 일찌감치 유럽 수도원에서 등장했다. 시계는 성무일도daily office의 순서에 따라 살아가는 사람들이 사용했다. 성무일도란 이른 아침, 정오, 저녁, 취침 시간 등 정해진 시간에 기도를 드리는 예배 의식을 말한다. 도시의 시계탑이 공식적으로 시간을 알리기 전인 13세기와 14세기에 약 4만 명의 베네딕트회 수도사들에게 시간에 대한 순종은 실천과 규칙을 통한 해방이었다. 루이스 멈퍼드Lewis Mumford는 기술의 역사를 기록한 고전《기술과 문명》에서 이 초기 시계의 사회적, 정서적 역할을 상기시키며, 정해진 시간을 따르는 영적 습관으로 바람직한 삶을 구분하고 있다. 멈퍼드는 "수도원 벽 안쪽은 성역이었다. 질서의 지배 아래 놀라움과 의심, 변덕과 불규칙성은 제한되었다"라고 썼다.[11] 시계는 의도적으로 주류에서 벗어난 삶을 선택한 남성들을 위한 성스러운 시간의 리듬을 표시했다. 그렇게 함으로써 산업화된 세상 전체를 추월하는 시간 지키기의 정상성을 창조한 역설을 낳았다. 멈퍼드가 이 이야기를 책에 넣은 것은 1934년의 독자에게 다시 알릴 필요가 있는 진실을 상기시키기 위함이었다. 도구와 기술은 문화가 가치 있게 여기는 이상향을 따르고, 그것을 이끌고 또 따른다. 삶이 결코 경제적으로 효율적일 수 없는 사람들로 가득 찬 수도원이 "인간이 하는 일에 기계의 규칙적이고 집단적인 박자와 리듬을 부여하는 데 일조했다. 왜냐하면 시계는 단순히 시간의 흐름을 추적하는 도구가 아니라 인간의 행동을 동기화하는 수단이기 때문이다".[12]

물론 동기화는 이후에 스스로 생명을 얻었다. 시계탑, 그리고 마침내 집 안의 시계와 손목시계가 발명되면서 이 기구를 어디나 들고 다니며 그 지시에 따라 모두의 시간을 측정할 수 있게 된 것이다. 시계는 몇 분이 지났는지를 표시할 뿐 아니라, 시간을 삶의 다른 지표에 앞서는 것으로 여기게 했다. 멈퍼드는 이렇게 썼다. "추상적 시간이 새로운 존재의 매개체가 되었다. 사람은 배고플 때가 아닌 시계가 가리키는 시간에 먹었고, 피곤할 때가 아니라 시계가 허락할 때 잤다."[13] 공장과 농장의 조직화는 물론이고 이후에 철도의 광범위한 확장으로 급격하게 중앙집중화된 산업이 작동하려면 시간은 지역의 한계를 넘어서야 했다. 1883년 11월 18일, 미국과 캐나다가 합의하여 발표한 표준 시간으로 시간에 대한 국가적 협약이 이루어졌고, 이런 흐름이 전 세계로 퍼져나갔다. 산업 시계가 왕좌에 올랐다. 당시 〈인디애나폴리스 센티넬〉은 미소 띤 논조로 그날의 결과를 보도하면서 다음과 같은 예언도 함께 전했다.

철도 시계는 미래의 시계가 될 것이다. 태양은 더 이상 일을 좌지우지하는 상사가 아니다. 5500만 명의 사람이 기차 시간에 맞춰 여행하는 것은 물론, 먹고 자고 일해야 한다. 이것은 저항이자 반란이다. 태양조차 철도 시간에 맞춰 뜨고 지도록 요구받을 것이다. 미래에 지구는 거대한 철도 산업이 정한 시간표대로 순환해야 할 것이다.[14]

산업 시간은 유용하다! 그것이 없는 삶은 상상도 할 수 없다. 그러나 기계의 시간에 권위를 위탁하면서 생명체는 일련의 단위로 쪼개어져 몸과 계절의 접촉으로부터 시간을 단절시켰다. 멈퍼드는 그 효과가 "수학적으로 측정 가능한 순서와 차례라는 독립적인 세계에 대한 믿음을 창조하는 데 도움이 되었다"라고 썼다.[15] 즉, 수학이 산업의 지휘층과 결합한 것이다.

믿음의 문제는 대단히 중요하다. 실제로는 하루가 24시간이라는 진리조차 기껏해야 평균치이기 때문이다. 지구의 자전, 역법의 체제, 또는 계절에 따라 길어지고 짧아지는 진짜 낮 길이는 기계식 시계처럼 그렇게 정확하지 않다. 시계의 단위는 수학이지만 그 기원은 문화다. 그리고 기억과 기대 안에서 시간 여행하는 우리 삶의 이상한(본질적으로 상호작용하고 덧없는) 시간 경험을 시계는 절대로 대표하지 못할 것이다. 물리학자 카를로 로벨리Carlo Rovelli는 시간의 속성을 특징짓기가 너무 어려워서 구조라기보다 사건이라고 부르는 편이 더 정확하다고 썼다. "바위라기보다는 키스에 가깝다고나 할까."[16] 모든 물리학자가 같은 말을 할 것이다. 시간은 정확한 시계로 가장한 채 매일 의뭉

스럽게 등장하며, 우리에게 그 측정치를 양보하지 않고 '아무도, 누구도 기다리지 않는다'. 우리 각자는 할 수 있는 한에서 경제의 시계가 자신의 시간을 지시하게 할지, 그리고 자신이 거기에 부합하는지 아닌지를 어떻게 알 수 있을지 결정해야 한다.

그러나 앨리슨 케이퍼의 말대로 그것이 불구자의 미래에 무엇을 남기겠는가? 뒤를 돌아본다면 앞을 내다보는 데 도움이 될지도 모르겠다.

유럽의 많은 국가와 내 조국 미국에서 지적장애인을 위한 디자인은 정신병원이라는 시설에서 강력하게 형성되어왔다. 그것은 19세기 전반부터 인지장애가 있는 사람들을 수용하고 관리하는 새로운 방식으로 생겨났다. 지적장애가 있는 사람들을(정신질환이 있는 사람들도 마찬가지로) 정신병원에 격리하는 것은 대개는 산업화의 대응법이었다. 가족의 이동이 잦아지고, 새로운 서비스 경제가 등장하고, 집과 일터가 좀 더 뚜렷이 구분되는 가운데 핵가족의 효율성과 중심적인 역할에 방해가 되는 가족 구성원을 돌보는 일이 어떤 이들에게는 불가능해지자 돌봄을 위한 국가의 공식적인 개입이 필요하게 된 것이다.[17] 우리가 오늘날 지적장애라고 부르는 상태는 당시에 "백치idiocy"라고 불렸는데, 이들을 분리해야 마땅한 사회적이고 경제적인 이유가 있었다.

19세기 이전까지 지적장애인은 가족과 함께 지내거나 빈민구호소의 보호 아래에 있었다. 빈민구호소는 취약성과 보호가 혼재된 공동체 자원이었다. 하지만 19세기 중반의 인구조사 결과 빈민구호소와 교도소에 머무는 지적장애인의 수가 생각보다 많은 것으로 확인되자, 이내 사회를 위협하는 문제로 대두되었다. 지적장애에 대한 두려움은 빅토리아 시대에 만연했던 문화적 '타락'에 대한 전반적인 공포와 함께 일어났다. 새롭게 붐비는 도시에 불결과 빈곤이 등장했고, 다윈의 자연선택이 사회적, 정치적 틀에 적용되어 사회적 '적자適者'가 성취의 기준으로 새롭게 인식되었다. '백치'가 병리학적 대상으로 취급되기 시작하면서 중앙집중화된 치료의 필요성도 커졌다. 백치의 배역은 상대적으로 선한 동정의 대상에서 좀 더 심각한 사회적 위협으로 바뀌었고,[18] 특히 빈곤 가정에서는 지적 결함이 신체적 그리고/또는 윤리적 결함과 연결되었다. 역사학자 제임스 트렌트 James Trent[19]는 《정신박약의 발명Inventing the Feeble Mind》에서 장애와 빈곤의 이러한 결합이 핵심이라고 썼다. 그들을 '박약'하게 만들어 비생산적인 존재로 지위를 낮춘 것은 이런 아이들과 어른들의 경제적 취약성, 결과적으로는 그들의 가족에까지 확장되는 취약성이었다. 그래서 하나의 집단으로서 백치는 보호라는 명목하에 점차 가족과 이웃의 곁이 아닌 외부에 설계된 장소에서 구금 상태로 관리되었다. 여기에서 관리는 정말 중요한 용어이다. 트렌트는 많은 기관이 주장하는 재활 교육의 사명이 언제나 '박약한' 아이들을 원래의 지역사회로 돌려보내는 것은 아니라는 데에 주목했다. 대신 그들은 시설 안에서 성인을 위해 확장된 '보호관찰' 노동 환경을 만들어 자신들의 제도적 필요성을 손쉽게 영속시켰다. 대략 1850~1950년 사이의 제도적 돌봄은 '관리'라는 호의적인 말로 합리화되었고, 때로는 두려움으로 생겨나서 모든 경우에 통제와 연결되고 심지어 구분도 할 수 없게 되었다.

거기서부터 상황은 더 악화되었다. 우생학이 등장했고, 건강한 국가를 만들겠다는 우생학의 정책적 이상향이 미국에서, 그리고 특히 나치 지배하의 유럽에서 인지장애인에 대한 공포를 불러왔다. 그것은 인종적 민족적으로 순수하고, 지적으로나 신체적으로나 건강하며, 성적으로도 정상적인 적자로 세상을 채우려는 바람에서 '부적합' 시민의 번식을 방해하여 국가의 미래를 수정하려는 민족주의 정신의 운동이었다. 지적장애와 정신질환이 있는 사람들에게 우생학 시대는 권력이 잔인하게 남용된 시기였다. 대량 불임화, 의료 실험, 장애가 있는 영아를 부모가 안락사시키도록 부추기는 문학, 시설에서의 독극물 주입 등 모든 것이 건강한 시민을 보호하고 촉진한다는 명목하에 이루어졌다. 같은 시기에 청각장애인 교육에서는 '구화법'이 강요되었고, 도시의 공공 거리에서 "보기 흉한 (장애인) 걸인"을 금지하는 '어글리 법'이 시행되면서, 세기가 바뀌는 시절의 우생학 운동은 온갖 '결점 있고 퇴화한' 신체에 대해 경고했다. 무엇보다도 우생학의 조직 원리는 정체성이 아닌 포괄적 개념으로서의 장애에 뿌리를 두었다. 많은 종류의 '부적합'이 측정될 수 있고 알려질 수 있고 제거될 수 있으며 불일치, 즉 몸과 세상의 부조화는 박멸을 선언해야 할 만큼 인류 발전에 극적으로 위협을 준다고 본 것이다.

트렌트는 우생학 시대[20]가 차지한 저 밑바닥을 포함해 시설의 흥망성쇠를 이야기하고, 지난 두 세기에 지적장애를 가리킬 때 사용된 용어의 느슨하고 중첩되는 범위를 설명한다. 시간이 지나면서 단어의 의미가 변했다. "감각장애, 도덕적 결함, 의학적 질병, 정신적 결핍, 사회 구조에 대한 위협, 정신지체, 그리고 마침내 장애까지", 이 용어들은 의학적 진단의 역사와 그 진단을 형성한 사회적 정치적 개념 사이의 불가피한 얽힘을 증명한다. "그렇게 많은 변화가 있었어도 진전은 거의 없었다." 트렌트의 말이다.

이 명사들은 역사의 다양한 시점에서 자격을 갖추기 시작했다. '결함defectives'은 '정신적 결함'이, '치우imbeciles'는 '높은 수준'과 '낮은 수준의 치우'가, '우둔morons'은 '고기능 정신지체'가 되었다. 나중에 '정신지체mentally retarded'는 '정신지체가 있는 사람'이 되었고, 어떤 분야에서는 '발달장애가 있는 사람', 또는 '특별한 어려움이 있는 사람'이 되었다. 2005년에 미국 지적장애 및 발달장애 협회는 이 이름을 '지적장애'로 바꾸는 데 동의했다.

나와 비슷한 입장의 많은 부모들은 겉으로 보기에 행복한 이런 언어의 진화를 본능적으로 축하할 수밖에 없다. 그러나 트렌트는 더 깊이 알고 있었다. 이 언어의 변화 과정에서 "본질은 분명히 존재로부터, 존재에 대한 묘사로부터 해방되어왔다. 그러나 이런 어색하고 새로운 문구 뒤에서 우리가 지적장애라는 라벨을 붙인 사람들에게 보내는 시선은 생색, 의심, 배제, 연민의 오랜 역사에 계속해서 영향을 받고 있다". 그리고 트렌트는 그 언어가 편리한 위장일 수 있다고 덧붙인다. "우리 시대의 문구에는 악의가 없어 보이지만, 너무 자주 사용해서 옛날의 용어로는 허용되지 않았을 방식의 공격을 숨길 수 없다."

격리 시설은 더 이상 지적장애인을 위한 표준 치료 방식이 아니다. 정신질환이 있는 이들에 대한 탈시설화 운동이 그랬듯이 1960년대와 1970년대는 제도적 논리에 역풍이 불어와 전 세계에서 서서히 이런 창고식 거주지 대부분이 폐쇄되었다. 격리되어 명목상의 안전한 생활을 하는 대신, 발달장애와 인지장애가 있는 사람들도 학교와 지역사회(생활에 필요한 기술을 공유하기 위한 주류 학급과 '공동생활 가정' 환경)에 편입되어야 한다는 생각이 퍼지고 있다. 더불어 이런 운동의 취지에 맞는 간병인도 필요하다. 그러나 이 모든 용어의 변화, 시설 밖에서의 재배치, 전 세계에서 제정되는 선의의 법률에도 불구하고 통계 결과는 여전히 받아들이기 힘겹다. 장애인의 고용 전망은 어둡고, 그레이엄 같은 사람은 학대나 방치에 노출될 위험이 높다. 트렌트는 말한다. "생산, 이익, 만연한 탐욕의 관점으로 모든 의미와 가치를 정의하고 제한하는 사회에서, 지적장애인들은 착취당할 가능성이 높다." 통합을 위한 설정과 장소는 영향력이 아주 큰 반면, 불구의 시간이 제시하는 강한 비판은 무시된다.

행복한 삶이란 무엇일까? 무엇이 그레이엄처럼 가장 명백하게 제한된 형태로 불구의 시간을 사는 사람들, 그리고 산업화 시계의 그늘에 살고 있는 우리의 삶을 풍성하게 해줄 수 있을까? 트렌트에 따르면, 지적장애가 있는 이들의 경우 그것이 분리학급이든 통합학급이든, 시설이든 공동생활 가정이든 돌봄의 수단들이 그 자체로 목적이 되어버리는 실패가 너무나 자주 일어난다. 이는 더 큰 전제를 살피지 않았기 때문이다. 경제적 생산성(규범적이고 조절된 시간 안에서 이루어지는 삶)은 여전히 인간의 가치를 나타내는 확실하고 압도적인 측정 단위이다. 이 수단과 목적의 문제는 우리 모두에게 핵심적인 질문이다. 우리 자신과 아이들을 위하여 우리는 삶에서 어떤 미래의 선善을 희망해야 할까? 그리고 그 선을 길러낼 메커니즘은 무엇일까? 가족과의 저녁 식사 자리, 동네에서 다른 부모들과 나누는 이야기, 성취도가 높은 제자들과의 대화를 통해 나는 소위 사람들이 말하는 좋은 삶, 즉 우리의 노력이 의도하는 목적에 대해 계속해서 생각하고 있다. 우리는 사회적 행동의 성장과 지역사회와의 폭넓은 연결보다 학업이나 직업적 교육과 훈련을 훨씬 더 많이 조직하고 있는 것은 아닐까? 어떤 요소가 아이들에게 '좋은 학교'를 만드는가? 시험 점수? '선행' 학습을 통한 시간의 단축? 시계의 경제적 박자가 모든 대화를 결정한다.

    남편과 나를 경직된 시간의 손아귀에서 벗어나게 한 것은 그레이엄의 뛰어난 창의력, 문제 해결 능력, 수수께끼 같은 학습 곡선이었다. 입체적이며, 끊임없이 변화하는 세 아이에 대해 이정표, 백분율, 시험 점수를 따지는 일반적인 육아 체제를 다시 생각하게 하고, 아이들에게로, 각자 자기 세상을 만나는 아이들의 몸으로 계속해서 돌아오게 한 것은 그레이엄과 그레이엄 주변에 있는 사물과의 관계였다. 그레이엄 덕분에 우리는 아이를 성공 스토리 프로젝트의 각본에 밀어넣으려는 충동을 깨부술 수 있었다. 그 프로젝트는 아이가 다운증후군 아이들 중에서도 모범적인 사례로 인정될 만한 성취를 이루길 바라면서 그것을 통해 그의 유익한 가치를 '증명'하게 하려는, 너무나 흔하고 악의는 없어 보이는 결정이었다. 이것은 모든 가족이 정신을 바짝 차리고 임해야 하는 협상이다. 아이가 어떤 사람이 되길 원하는가? 전적인 수용과 지원이 아닌, 아마도 가족의 성공과 행복을 위해 일찌감치 정해진 방향을 추구하는 **부모의 필요**에서 시작된 옹호의 노력은, 알고 하든 모르고 하든, 어떻게 진행될 것인가?

시간이 흐르면 우리 가족은 독립, 의존, 상호의존을 보다 탄탄한 상상력으로 숙고해야 한다. 그레이엄이 사전에 계획되거나 즉석에서 제공되는 일반적인 지원만 받으며 혼자 살아갈지, 또는 친구들과 함께 살아갈지, 아니면 장기적으로 우리와 계속 함께 살지를 결정하는 문제와 관련하여 우리는 의존과 보조라는 명백한 사실에 대한 우리 문화의 반감을 인식하고 있었고 거기에 대응하는 법도 배웠다. 남편과 나는 우리 자신의 "파생적 의존derivative dependence"[21]을 인정하게 되었다. 그것은 우리의 능력을 넘어서는 보육, 학교 교육, 공원과 기반시설의 필요 등 어떤 부모라도 부모가 되는 순간 따라오는 것이다. 남편과 나는 또한 장기적으로는 우리의 삶까지 결정하게 될 그레이엄의 경제적, 존재적 취약성을 인정했다. 그러나 그것을 인정했다고 해서 우리가 고립되지는 않았다. 반대로 이제 우리는 우리 가족이 더 큰 이야기, 즉 이 지어진 세계의 끝나지 않은 작업의 일부임을 이해한다. 우리는 핵가족 너머로 정치적 관심을 확장하여 우리의 연결성을 심화시켰고, 장애가 공공의 눈에 보일 수 있는 바람직한 미래를 준비하기 위해 노력해왔다. 그레이엄이 초대한 불구의 시간을 사는 것은 확장되고 폭발된 삶의 시계와 함께 우리에게 일종의 자유를 불러왔다. 절대로 간단하지 않았고, 앞으로도 간단하지 않을 것이다. 그러나 이 사실은 우리에게 깊은 배움의 보고와 인류의 모든 구성원을 통해 생각할 수 있는 렌즈를 제공했다.

용어이자 생성적 개념으로서 불구의 시간을 발견한 일은 이론적 언어가 학술 용어의 틀에서 벗어날 때 줄 수 있는 선물이었다. 그 선물은 내가 부모로서 직감했지만, 그레이엄이 태어나기 훨씬 전부터 활발했고 생산적이었던 장애라는 학문, 수십 년간 장애인들이 분명하게 표현해온 개념들로 깊이 들어가기 전까지는 공식적으로 표현할 방법을 찾지 못했던 삶에 대한 설명이었다. 불구의 시간은 장애에 관한 많은 개념 중의 하나인데, 내가 그 시간을 목격하고 내 가정에서 그 시간을 살게 되고, 많은 장애 사상가에게서 그 역사를 찾고 난 뒤에야 내 아들과 우리 가족은 삶의 경계를 초월하는 쉼 없는 모험을 시작하게 되었다. 대중문화에서 보여주는 장애를 극복한 개인의 "승리" 이야기, 몸의 결함에도 "불구하고" 용감하게 앞으로 나아간 개인에게 쏟아지는 관심이 일으키는 소음에는 개의치 말라. 불구의 시간은 전혀 다른 것이다. 불구의 시간은 그레이엄의 삶과 세상 사이에서 불일치를 일으키는 주범이 단순히 그레이엄의 유전적 상태가 아니라 시계일지도 모른다고 암시한다. 나는 더 이상 경제의 시간 앞에서 외롭지 않다. 왜냐하면 내 앞에 있는 것은 우리 모두를 에워싼 하나의 단일 체제, 인간의 가치에 대한 기계적이고 실용주의적이고 궁극적으로는 빈곤한 척도임을 있는 그대로 정확하고 명확하게 보고 있기 때문이다. 내 아들에게 부드럽고 평온한 형태의 '포용'은 필요하지 않다. 물론 포용도 필요하지만 그것으로는 절대로 충분하지 않다. 그에게는 인격과 기여, 공동체에 대한 확고한 이해를 가진 세상이 필요하다. 시장 논리와 그 완고한 시계 바깥에서 살아 있고 작동하는 인간의 가치가 필요하다. 그레이엄에게는 그런 세상이 필요하고, 그건 우리들에게도 마찬가지다.

그래서 나는 그런 디자인 단서들을 찾고 있다. 발달장애의 미래를 설계하기 위한 제품(디지털이든 물질적이든), 가구, 방에 디자인이 도움이 될까? 물질적인 재화에 그런 디자인이 조금이라도 들어 있을까? 그레이엄에 대해 생각하면서 나는 그의 몸과 세상 사이의 부적합을 메꿔줄 모든 가능한 디자인 개입을 고려하고 있다. 신디의 핸드백 속에 마련된 도구 보관소, 내 부엌 서랍 속 옥소 필러, 우리집 텔레비전의 폐쇄자막, ADA 공방에

늘어서 있는 수백 점의 골판지 의자를 생각한다. 수어하는 스타벅스가 건축과 기술을 최소한으로 재배치하여 그곳에서 관계의 역학을 변화시킨 간단하면서도 우아한 시도에 관해 생각한다. 그런데 불구의 시간에 대해서는 어떤 디자인을 할 수 있을까? 보철물이 허용되지 않는 어려움도 있다. 훌륭한 아이디어가 많지만, 그 안에서 느림과 함께하는 미래를 설계하려면 횡단보도에 몇 초를 추가하는 것으로는 택도 없을 것이다.

 나는 좋은 아이디어가 발산하는 희미한 빛을 많은 곳에서 보았다. 가구나 앱으로는 결코 충분하지 않은 상황에서 디자인된 서비스들이다. 탈시설화 시대에 그레이엄 같은 사람들에게 창의적인 고용 지원은 부족하지만, 밝은 전망을 보여주는 곳도 있다. 지난 몇 년간만 해도 나는 스코틀랜드의 제과점, 미국 버크셔의 찻집, 인도 아마다바드의 수공예 스튜디오, 텍사스의 아이스크림 가게가 지적장애를 가진 사람들과 함께 또는 그들에 의해 운영되는 것을 보았다. 박물관에서 입장권을 받는 사람과 유치원에서 보조 교사로 일하는 인지장애인을 만났고, 고등학교 졸업을 앞둔 장애인 청년들을 대상으로 한 호신술 강좌를 보았다. 그들은 안전하게 버스나 지하철을 타고 일터로 다닐 수 있는 언어적, 신체적 기술을 배웠다. 또한 나는 지난 20년간 인지장애가 있는 젊은이들을 위한 하이브리드 교육 프로그램의 발전을 목격했다. 예산 관리, 요리 등 생활 기술의 실습 및 훈련을 교과와 결합한 기발한 커리큘럼 디자인이다. 창조의 힘은 끝이 없고, 또 필요하다. 나는 부모이자 연구자로서 다른 이들의 모습에서 그레이엄의 성인기를 상상할 수 있는 증거를 보고자 이런 가능성들을 열심히 찾아왔다. 그러나 지금까지 본 것 중 가장 잘 설계된 서비스[22]에서 인지장애가 있는 사람들은 타인의 도움을 받기만 하는 쪽이 아니었다. 이 장애 청년들은 도움을 주는 쪽에 있으면서 자신을 짓고 또다시 짓고 있었다.

어느 토요일 아침, 보스턴 근교의 도체스터에 있는 한 공원에서 30명 남짓한 젊은이들이 그곳을 청소하려고 모였다. 낙엽을 긁고 쓰레기를 줍고 야구장과 놀이터 주변의 관목과 풀을 정돈하는 일이다. 생각보다 쌀쌀한 5월 초의 아침이었고, 물가 근처는 바람이 거세고 눈이 부셨다. 사람들이 피크닉 테이블 근처에 삼삼오오 모였다. 뉴잉글랜드의 봄 날씨를 무시하고 옷을 얇게 입고 왔다고 후회하는 사람도 있었다. 어떤 사람은 따뜻한 커피가 담긴 종이컵을 감싸쥐었다. 시에서 쓰레기봉투와 도구를 제공했다. 이 젊은이들은 시민 봉사활동의 한 형태로 지역사회 청소에 나섰다. 많은 이가 모여 가벼운 일을 하는 사교적이고 유쾌한 분위기였고, 모두 이런 일에 어울리는 스웨터와 청바지를 입고 운동화나 등산화를 신고 있었다.

이 젊은이들은 보스턴 여러 지역에서 버스와 열차로 이곳에 왔다. 일부는 보행보조기나 휠체어를 탔고, 또 누군가는 대중교통을 타고 기억력을 시험했다. 우리는 대화하는 동안 몸을 따뜻하게 하려고 꼼지락거리며 몸을 앞뒤로 흔들고 셔츠의 소매를 내려 손을 가렸다. 자신감이 넘치고 거침없이 말하는 성격의 조사이아는 보행보조기를 사용했고 이번 시즌이 네 번째 참석이었다. 트래비스는 이제 막 시작한 새내기 자원자였다. 휠체어 사용자인 마리사는 학생 때 첫 번째 시즌부터 참가하여 지금은 프로그램의 공동 기획자가 되었고 현재 매사추세츠대학교에서 학부 마지막 학기를 마무리 짓고 있었다. 로즈는 키가 크고 목소리는 듣기 좋은 하이톤인데, 자신이 탔던 지하철 경로를 설명하며 하마터면 반대 방향으로 가는 열차에 오를 뻔했다고 했다. 혹시 길을 잃더라도 보스턴 지하철 승차장에서 일하는 빨간 셔츠를 입은 보안 요원들이 도와줄 거라고 또 다른 신참 쉴라가 알려주었다. 지하철 미로에 그려진 화살표가 얼마나 혼란스러운지에 대한 다소 긴 토론이 이어졌다. 표지판의 화살표가 위를 가리킨다면 그것은 '곧장 앞으로'라는 뜻이고, 때로는 '살짝 오른쪽으로'라는 뜻이고, 또 어떨 때는 계단이나 엘리베이터를 타고 '위로 가라'라는 뜻이라고들 했다. 로즈는 헷갈린다고 말했다. 로즈는 사람들과 자세한 이야기를 나누고 함께 확실히 이해하고 싶어했다. 이것은 모두 이 젊은이들이 참여하는 자원봉사의 일부이다. 이들은 삶의 대부분 타인의 도움을 받아오면서 책임감에 관해서는 거의 신뢰를 받지 못했던 사람들이다. 이날 그 역할은 역전되었다. 이들은 자기 능력에 맞춰 몇 시간 동안 육체노동을 했다. 낙엽을 긁거나 잎을 모으고 쓰레기를 줍거나 다른 이의 가방을 들어주었다. 그들은 공동 기반시설을 돌보았고, 모든 것을 공개된 장소에서 했다.

　　나는 청년 단체 에픽(EPIC)에서 지역사회 자원봉사자인

'봉사 전사'로서 1년 동안 활동하게 될 젊은이들의 여섯 번째 모임에 함께했다. 이 자원봉사자들은 한 달에 두 번 토요일 아침 시간을 내어 두 가지 활동을 했다. 내가 참여했던 것과 같은 공원 청소나 무료 급식소에서의 식사 준비, 지역 정원 가꾸기 등 살기 좋은 보스턴을 만드는 일이 한 가지였다. 다른 토요일에는 자기 옹호self-advocacy가 무엇인지, 기본적인 장애인 권리와 역사, 그리고 미래의 취업 면접을 위한 연습 등 자신들의 미래에 관해 이야기했다. 이렇게 1년에 100시간을 채운다.

봉사 전사들이 도체스터에 도착하자 소그룹으로 나누어 그날의 첫 모임을 했다. 몰든 외곽에서 최근에 고등학교를 졸업하고 방과 후 돌봄 일을 하는 루크는 에픽 졸업생으로, 팀 대표이자 유급 직원으로 일했다. 루크는 그날의 지시사항이 페이지마다 단계별로 크게 또박또박 적힌 공책을 들고 왔다. 그는 사람들과 함께 언제나처럼 다 같이 구호를 외치면서 하루를 시작했다. 어떤 구호는 다짐에 관한 것이었다. "전화는 끄고, 우리는 켜고!" 그리고 어떤 것은 대중 앞에서 자신들의 존재 방식에 대한 통제권을 주장하라는 권고였다. "모습을 드러내, 모습을 보여!" 그리고 그중에서 가장 중요한 구호는 타인에게 결정을 맡긴 채 수동적인 위치에 머무는 것을 거부하는 외침이었다. 이 말들은 단지 그날만을 위한 복창이 아니라, 삶 전체를 향한 복창이었다. 에픽의 목표는 타인이 정해놓은 의제(통제가 된 돌봄)를 받아들이는 데 익숙해진 젊은이들이 일을 맡아 책임을 지는 습관을 키우는 것이다. 공공장소에 나서는 토요일에 그들은 이렇

게 외친다. "내 필요는! 내가 표현한다!" 이 구호가 의미하는 바
는 다음과 같다. '내 필요는 나의 것이다. 내게 무엇이 필요한지
다른 이가 알아차릴 때까지 기다릴 수 없다. 내 필요를 말하는
것은 나의 의무이다. 다른 이들이 나를 대신해 말하게 하면 안
된다.' 그리고 작전회의를 위해 옹기종기 모였다가 공원을 청소
하기 시작한다.

　　대부분의 현대 학교와 레크리에이션 활동에서 지체장애
학생들은 지적장애 학생들과 한 그룹으로 묶이지 않는데 거기
에는 타당한 이유가 있다. 두 집단의 필요와 바람이 꽤 상이하
기 때문이다. 이 젊은이들 중 일부는 표준 교육과정에서 도움을
받기 위한 특수교육 서비스에 접근해왔고, 또 일부는 신체적 접
근성만을 위해 시설을 이용해왔다. 그러나 이 프로그램은 학업
성취와 상관없이 이 젊은이들 모두가 직면한 더 큰 장벽을 해
결하기 위해 시작되었다. 그들은 일상생활에서 너무 많은 사람
들의 가정, 즉 그들이 어떤 식으로든 성인의 세상에 참여하려면
특별한 시설이 필요하다는 가정에 대응해야 하는 부담을 느끼
고 있다. 에픽은 또한 아주 전략적인 목적을 위해 지체장애인과
지적장애인을 함께 묶었다. 이 젊은이들은 서로를 **동일한** 집단
으로서가 아니라 정치적으로 **연결된** 집단, 즉 더 큰 장애인 권리
공동체 내의 소우주로 볼 필요가 있었다.[23] 모든 종류의 장애를
전면에 내세우기 위해 형성된 연합인 것이다. 세상은 누구를 위
해 지어졌고, 또 그 건설은 누가 맡는가?

봉사활동을 통해 역량을 키우고, 적절한 노동 시간, 직업 교육, 자기 인식을 통해 이 젊은이들의 이력서를 향상시키는 에픽의 디자인은 나와 같은 부모가 잠을 못 이루고 걱정하는 바로 그 순간, 장애인을 위한 모든 경제적 지원과 뒷받침이 끝나는 청년기에 나타난다. 그레이엄이 성인이 되었을 때, 그 역시 주변부에 어느 정도 다공성과 유연성을 갖고 설계된 세상이 필요할 것이다. 그레이엄 혼자만 필요한 것도 아니다. 장애인이 지평선 저 멀리 제 나름의 이야기를 가지게 될, 아직 건설 중인 모든 가능성을 지닌 매력적인 어린이일 때는 특수교육, 적응형 스포츠, 여름 캠프가 모두 달려들어 자리를 내어준다. 그러나 이 바람이 잠잠해지면 어떤 일이 일어날까?

지체장애가 있는 봉사 전사에게 에픽은 취업 전망을 높여줄 기회이다. 그러나 지적장애가 있는 전사들에게 그 의미는 더욱 증폭된다. '특수교육'은 일반적인 틀에 박혀 단방향적인 것으로 (잘못) 이해되고 있다. 부적합 상태의 학생들을 오직 도움을 받는 쪽으로만 설정하는 것이다. 어린 시절에 그들은 그들 앞에 놓인 삶의 비전을 위해 학교가 학업 성취도를 추적하는 대상이 된다. 청소년기에 그들의 발전과 서비스에 대한 권리는 '취업 준비 상태'라는 추상적 개념을 향해 수렴되기 시작하고, 이 학생들의 미래에 대한 가능성은 상상하지 않게 된다. 교실 환경에서 그들은 학업과 '생활 기술'의 어떤 조합도 배울 수 있다. 그러나 17세가 되어 공식적으로 전환 단계에 이르면 문제는 심각해진다. 이들이 어떤 종류의 일자리를 가질 수 있을까?

아니, 직업을 갖는 것 자체가 가능하기는 할까? 그들이 안전하게 일할 수 있을까? 자신에게 필요한 도움을 어떻게 요청할까? 직원으로서의 가치를 어떻게 보여줄까?

조사이아, 트래비스, 로즈 같은 이 집단의 젊은이들에게는 봉사, 교과, 관계는 물론이고 공공건물이나 거리뿐 아니라 공공권 자체에 진입할 무형의 경로가 필요하다. 남다름이 그들의 가장 놀라운 장점이라고 배워온 사람들이 주류의 삶에 편입될 수 있는 경로 말이다. 연석을 깎고 병원을 기숙사로 만들고 국회의사당 계단을 기어올라간 역사적 대응처럼, 이 젊은이들도 새로운 세계를 건설하고 있다. 자신들이 그 일부가 되고 싶은 세계 말이다. 에픽과 함께하는 토요일에, 리더십이 요구될 가능성이 가장 적은 사람들이 삶을 바꾸는 역할 전환을 위해 모여든다.

제프 라파타에르난데스Jeff Lafata-Hernandez는 에픽의 창시자이자 리더이다. 그는 보스턴의 비영리 교육 단체인 시티 이어City Year에서 일하면서 이 단체가 제공하는 강력한 서비스 경험(이력서에 훌륭한 한 줄을 추가하고, 시민 생활과 공공 기반시설을 가까이에서 보는)이 장애 청년에게는 가능하지 않음을 깨달았다. 키가 크고 마른 제프의 부드러운 말씨와 태도는 그가 하는 일의 급진적인 성격을 잘 가려주는데, 그 말씨와 태도에는 자신이 훈련하는 모든 젊은이들과의 관계에 존중과 존엄이 있어야 한다는 그의 신념이 반영되어 있다. 이 우선순위는 그가 꾸리는 조직의 엔진이며, 봉사활동을 하는 날에 특히 잘 드러난다. "때때로 지나가던 사람이 다가와서는 일부러 아기 같은 말투로 봉사 전사에게 말을 겁니다. 알잖아요. 상대를 깔보는 귀여운 말투요." 제프가 말했다. "'안녕하셨쪄요?' 같은 거요." 그는 이런 종류의 행동을 즉시 알아차리지만, 봉사 전사들과 함께 있을 때는 침착하게 관찰한 다음 방금 일어난 일을 부드럽게 설명하며 이렇게 묻는다. "괜찮아?" 이 젊은이들은 아주 작은 성공에도 너무나 자주 축하받는다. 진정한 도전 기회는 거의 제공되지 않으며, 잠재력은 활용되지 않는다. 제프는 이들과 오래 일해오면서 두 가지를 알게 되었다. 이런 종류의 감상벽은 이 젊은이들이 공공장소에서 사람들과 교류하는 모습에 만연하다는 것, 그리고 그들도 그것에 익숙해졌다는 것이다.

봉사가 없는 어느 주 평일에 나는 교외의 비즈니스 파크에 소집된 그들을 만났다. 그곳에서 한 보험회사가 에픽의 파트너가 되어 모의 취업 면접 이벤트를 열었다. 회사 직원들이 자원하여 점심시간을 할애해 봉사 전사들과 함께 앉아서 곧 그들의 삶에 닥쳐올 취업 면접을 연습했다. 우리는 로비를 지나 평범한 베이지색과 갈색 벽의 복도, 가구, 의자를 지나쳐 지하 행사장으로 갔다. 모의 면접을 위한 테이블과 의자가 배치되어 있고 벽을 따라 상자에 든 샌드위치와 과자가 있었다.

면접을 시작하기 전 에픽 사람들은 모여 앉아 면접관에게 어떤 질문을 하면 좋을지, 그들의 경험에 대해 어떤 질문이 오갈지를 이야기했다. 제프와 다른 에픽 직원들의 독려로 참가자들은 무엇이 직무와 관련된 '경험'으로 중요한지 함께 고민했고, 에픽에서의 활동이 이력서의 강력한 한 줄이 된다는 것을 깨달았다. 그들은 직장에서 장애에 대한 편의를 요구해도 괜찮을지, 대화 중에 어떻게 행동할지에 대해서도 이야기했다. 곧 회사에서 나온 모의 '고용인'이 하나둘씩 점심을 먹으러 들어왔고, 일대일 면접을 위해 곳곳에 있는 테이블에 앉았다.

이들은 먼저 각자 가장 좋아하는 음식에 대해 이야기하면서 서로 알아가는 연습을 했다. 대럴이라는 봉사 전사가 최근에서야 처음으로 브로콜리를 먹어봤다고 하자 회사 직원들이 격려의 뜻으로 박수를 쳤다. 어색한 분위기를 깨고 유대감이 형성되는 순간이었다. 나는 이런 친절함을 좋게 보았지만, 제프에게 눈을 돌리니 그의 생각은 조금 다른 것 같았다. 제프가 볼 때 이 박수는 직원들의 마음에 새겨진 확고한 선입견이 은연 중에 드러난 것이었다. 어른이 다 된 이 친구들을 영원한 아이로 보는 편견. 직원들은 마치 이 젊은이가 제 나이의 절반밖에 안 되는 사람인 양, 자신의 취향과 습관을 용감하게 드러냈다고 충동적으로 축하했다. 제프는 당장의 면접을 위해 그룹과 함께 움직였지만, 그 전에 모든 이가 들을 정도로 크게 혼잣말을 했다. 웃으며 던진 말 속에 뼈가 들어 있었다. "저 얘기에 모두가 박수를 친다니 믿을 수가 없군."

"다운증후군 아이를 원하는 부부는 없다." 유전학자 제임스 왓슨이 말했다. 그는 DNA 구조를 발견하고 인간 게놈 프로젝트에 깊이 연관된 사람이다. "그런 아이를 원한다는 사람은 정신이 나간 게 틀림없다. 그런 아이에게는 미래가 없기 때문이다." 미래가 없다. 이 말은 그 아이에게는 시간의 지평이 없고, 긴 시간의 호弧에서 자라고 변화하고 성장하는 삶을 상상할 수 없기에 영원히 아이로 머무른다는 뜻이다. 어쨌든 그것은 기본적으로 평생 지원을 받으며 살아야 한다는 사실만으로 한 사람의 성장을 영원히 허락하지 않는 가정이다. '한 번 아이는 영원한 아이'라고 사람들은 말한다. 사람들이 내게 무심코 던진 말이기도 하다. 제임스 왓슨은 그저 으스대려고 깜짝 놀랄 만큼 불쾌한 방식으로 사회 주제에 관해 내뱉기로 유명하다. 그러나 이 경우 그의 말에는 많은 사람이 속으로만 생각하면서 겉으로는 말하지 않는 사실이 있다.[24] 정상적인 지능을 갖추지 못한 아이는 시계의 가장 중요한 요구에 응답하지 못한다는 것이다. '고기능'의 경제적 가치가 없는 사람은 의미 있는 미래에 접근할 사람처럼 보이지 않는다는 것이다.

전 세계에서 대다수의 부모가 선택적 임신 중지를 통해 다운증후군 아기를 낳지 않도록 어느 정도 강요하고 있는 것은 바로 이런 전망, 그들에게는 미래가 없고 텅 비어 있다는 전망이다. 이는 한 번에 하나씩 경제적으로 개별적인 가족의 결정을 통해, 가장 깊숙이 감춰진 일상 속 우생학으로 미래를 형성하고 도태시킨다. 의료 서비스가 보장되지 않고 사회 기반시설이 불균등하게 분포된 이 나라에서 많은 가족이 임신 중지를 선택하는 것은 어찌 보면 당연하다. 장애가 있는 아이들을 뒷받침할 지원이 부족하기 때문이다. 나는 태아의 다운증후군이 의심된다는 이야기를 듣고 임신 중지를 결정한 많은 여성의 글을 읽었고 직접 이야기도 나누었다. 그런 결정 뒤에는 수십 가지의 이유가 있을 것이다. 어떤 페미니스트 철학자들은 이런 결정(어떤 아이든 낳아 기를 것인지, 임신을 중단할 것인지)을 단순히 '선택'의 범주를 거부하는 삶의 선택으로 규정한다. 대신 그들은 이런 결정들이 권리의 문제를 포함하지만 훨씬 더 많은 것이 연루된 '생식적 정의'라는 더 큰 틀에서 작용하는 개별 옵션이라고 말한다. 임신에 대한 선택은 본질적으로 상황에 따른 것이며, 인종과 계급에 기반한 깊은 차이와 불평등을 수반한다. 생식적 정의의 비전은 유색 여성 연합들에서 먼저 표출되었는데,[25] 단지 아이를 임신하고 낳는 것만이 아니라 아이를 기르고 아이가 잘 살아갈 문화에서 장기적으로 아이들을 교육하고 키우기 위한 생식적 선택을 포함한다.

여전히, 어쩌면 역설적이게도, 사회적 안전망이 강한 북유럽의 많은 지역에서는 다운증후군 태아의 임신 중지율이 실제로 미국(약 68퍼센트)보다 더 높다(어떤 경우는 80퍼센트 이상).[26] 바람직한 미래를 향해 공유된 문화적 담론에 다운증후군은 들어있지 않고, 전반적인 인간 건강의 서사에는 정상 지능이 필수이며, 비전형적인 지능은 질병으로 치부되는 곳이 많이 있다.[27] 이유가 무엇이든 다운증후군에 대한 선택적 종결은 한 번에 하나의 결정으로 진행되는 집합적 설계 과정으로, 유전자 선별을 통해 인간 개체군을 균질화하는 과정이기도 하다. 왓슨과 같은 유전학자가 애초에 다운증후군을 언급한 이유도 그래서이다. 다운증후군은 유난히 명확해서 유전적으로 발견하기 쉽기 때문이다. 또한 온오프 스위치처럼 해당 형질을 가졌거나 가지지 않았거나 둘 중 하나로만 결정된다. 게다가 다운증후군 여부는 또 다른 보조기술로 탐지할 수 있다. 그것은 생식건강 프로그램의 한 테스트로, 여성의 일반적인 산전 검사에서 진행되는 지극히 평범한 항목이다.

그렇다면 나처럼 임신 중지 합법화에 찬성하는 엄마가 동시에 현대 사회의 임신에서 조용히, 심지어 알아채지도 못하게 일어나는 우생학적 도태 과정에 반대한다는 목소리를 낼 수는 없는 걸까? 어떻게 한 아이의 엄마가 다른 종류의 시간을 사는 아이의 가치를 뒷받침할까? 쉬운 답은 없다. 나는 상충하는 나의 신념들과 선택적 종결의 문제를 개인의 선택이라는 좁은 정의定義로 강등시키는 생식적 정의正義의 부재로 인해 오랫동안 아무 말도 못 하는 난처한 처지였다. 그러나 나는 에픽 봉사 전사들과 함께하면서 그레이엄보다 고작 몇 년 더 살았을 뿐인데 영원한 아이로 취급받으면서도 자신의 미래를 건설하려는 젊은이들을 보았다. 미리 규정된 성인의 개념과 그 유일한 목적인 경제적 생산성을 열망하고 또 반대하는 젊은이들이다. 나는 적어도 저 너머 어딘가, 지금보다 앞선 어딘가에서 펼쳐지는 다른 시계의 얼굴을 엿보았다.

모의 취업 면접 1년 후인 어느 11월의 토요일, 나는 에픽이 그해에 가장 큰 행사로 운영하는 제8회 연례 도시 봉사 행사에 참석했다. 대규모 단체 봉사 프로젝트를 실시하는 토요일이다. 이 행사는 매년 같은 일을 한다. 보스턴의 한 고등학교를 선택해 모든 교실의 문을 새로 칠한다. 이날은 브라이튼 고등학교의 139개 문이 대상이었다. 브라이튼 고등학교는 1931년에 개교한 학교로, 대성당에 버금가는 아치형 창문이 높이 솟아 있는 오래된 석조 건물이다. 그 창문은 싸구려 테이블과 벤치가 있는 급식실을 둘러싼다. 벽에는 학교의 스포츠 성적을 기념하는 현수막이 걸려 있고, 학생들의 태도를 다잡아주는 낡은 포스터도 있다. 물론 잘 먹히지는 않겠지만. 급식실에 모여 등록하고 개회식을 마친 다음, 에픽의 봉사 전사들은 밝은 주황색 페인트 통을 들고 다니며 100명의 다른 자원봉사자를 지휘했고, 그렇게 차근차근 이 커다란 과제를 수행했다.

나는 일과 시작 전에 마련된 티타임에 도넛을 먹으며 제레미라는 봉사 전사와 이야기를 나누었다. 마라톤 선수이기도 한 제레미는 장애인 청년을 위한 취업 개발 프로그램 오퍼튜니티 웍스Opportunity Works에서 인턴십을 마치고 고향에서 명예 보안관 교관이 되었다. 여름에 그와 함께 일했던 경찰관들처럼 그 역시 가슴과 어깨가 떡 벌어졌다. 그는 또 말을 더듬고 종종 손가락 끝을 귀 뒤에 대고 말한다. 시선은 불안하지만, 대화에는 열려 있다. 자폐 스펙트럼 장애가 있는 20대 초반의 청년인 그는 이제 봉사단 리더라는 큰일을 맡았다. 나는 앞서 홀에서 제레미를 보았는데, 그날 함께 작업이 예정된 소그룹을 안내할 대본을 연습하고 있었다. 작업과 물품을 할당하고 대원들을 모이게 하는 것이 그의 일이었다. 그는 내게 마라톤과 교관 업무, 그리고 그날의 과제에 대해 이야기했다. "제 일은 사람들을 그룹으로 나누고 일을 잘할 수 있도록 북돋아 주는 것입니다." 그가 말했다. "제가 원래 인기가 있긴 하지만, 에픽은 사교술에 관해서도 저를 도와주고 있어요."

나는 또다른 봉사 전사인 테런스와도 잠시 이야기를 나누었는데, 그는 자신이 맡은 책임에 긴장하고 있었다. 이야기 도중에 한 휠체어 사용자가 흥얼거리며 들어왔다. 테런스는 정문의 첫 번째 구역에 앉아 사람들을 안으로 안내하고 등록 양식을 작성하게 했다. "저 문으로 들어가서 왼쪽으로 가시면 돼요." 봉사 전사 일이 처음인 그는 이 일을 계속할지 생각 중이다. 그는 곧 고등학교를 마치기 위해 관내 특수교육 프로그램으로 전학을 가는데, 그러면서 토요일을 포기할지 고민했다. "주말은 가족을 볼 수 있는 유일한 시간이거든요." 그가 말했다. 한 달에 두 번의 토요일은 적지 않은 부담이었다.

늦은 아침, 우리는 새로운 봉사 전사 에밀리를 비롯한 에픽 지도부의 지시를 받으러 모였다. 에밀리는 퍼킨스 맹학교 학생으로 사람들 앞에서 연설할 생각에 긴장하고 있었다. 에밀리는 선글라스를 끼고 지팡이를 짚고 마이크 앞에 서서 에픽에서의 경험을 나누고 감사를 전했다. 일과를 마치기 전에 도색 작업의 성과를 '볼' 수 있을 거라는 농담까지 자연스럽게 던졌다. "물론 저는 못 보겠지만요." 급식실은 동굴처럼 메아리가 치는 공간이라 농담이 잘 전달되지 않았다. 그는 "즐거운 시간 보내

시길"이라고 말하며 우리를 복도로 보냈다.

　　행사 전날 밤, 에픽 직원과 자원봉사자들은 문에 마스킹 테이프를 붙이고 도구를 준비하고 페인트가 묻지 않게 각 문턱의 양쪽 바닥에 사각형의 비닐을 깔았다. 그래서 사포질, 청소, 페인팅 등 당일 행사는 순조롭게 진행되었다. 이들이 완벽하게 숙지한 대규모 작업이었다. 나는 복도를 다니며 페인팅 팀을 관찰했고, 중간에 잠시 멈춰 얘기하기도 했지만 최대한 많은 활동을 보고 싶어 3층을 모두 돌아다녔다. 문틀마다 서너 명이 모여서 일하고 있었다. 보행보조기를 사용하는 이들은 높은 구역까지 닿기 위해 도움을 청해야 했고, 어떤 이는 사포를 세게 쥐는데 도움이 필요했다.

　　교내를 돌아보며 나는 브라이튼 고등학교와 같은 공립학교가 이 행사의 대상으로 아주 적합하다고 생각했다. 건물 전체는 아름다운 석조 외장과 업그레이드할 필요가 있는 자재가 뒤섞여 있어 이 나라를 형성한 신념의 살아 있는 역사를 상징했지만, 공교육에 대한 투자는 형편없었다. 많은 교실 바닥이 건축 당시부터 있던 반짝이는 어두운 원목이었다. 두껍게 니스칠이 되어 있었지만 매우 멋졌다. 적어도 그건 진짜였다. 3.5미터 높이의 창문은 거대했고, 블라인드는 낡고 칙칙했지만 제 할 일을 충실히 했다. 리본으로 예쁘게 묶은 커튼도 있었는데, 이런 일은 어느 학교에서나 영원히 교사의 몫이다. 모든 교실에 짙은 원목으로 만든 아주 낡고 근사한 선반이 있었다. 오래된 칠판 양쪽의 붙박이 서랍장에는 책과 분필이 있었다. 칠판 위에는

1980년대 마그나복스 텔레비전이 올려져 있었고, 문밖 복도를 따라 이어진 천장이 이 역사의 지표를 완성했다. 천장에는 연장된 전선 다발이 구불구불 이어져 캠퍼스를 디지털 시스템과 연결하고 있었다. 분명 부자 학교는 아니었고, 대물림된 가구들이 있었다. 그래야 하니까. 교외의 학교라면 일찌감치 없애버렸을 것이다. 그러나 전통과 근대의 혼합은 공립학교가 지녀야 할, 아직 진행 중인 오랜 야망을 시각적으로 보여주었다. 그 야망이란 매년 이 문을 열고 들어오는 모든 10대에게 주어지는 배움의 가능성을 확인하는 것이다.

이곳의 복도 역시 과거와 현재가 뒤섞인 말을 하고 있다. 제2차 세계대전의 '명예 전사자 명단'에 들어간 수백 명의 학생에게 경의를 표하는 목재 기념물이 2층 복도에 걸려 있었다. 이름은 청동으로 새겨져 있고, 희생된 사람을 나타내는 별이 있었다. 그 기념물은 심하게 긁히고 구멍이 뚫린 노란색 보관함 위에 걸려 있었다. 보관함 위쪽의 로마 양식의 벽 장식은 이 건물의 초창기부터 내려온 유물이다. 누드 인형이 학생들에게 안전한 섹스를 권하며 벽 전체의 현란한 포스터들 옆에 있었다. 교실 문 위쪽의 인용구에는 에이브러햄 링컨과 소니아 소토마요르Sonia Sotomayor, 르브론 제임스LeBron James와 스티브 잡스의 명언이 섞여 있고, 교실 안에는 반짝이는 데스크톱 컴퓨터와 플라스크, 비커, 실습용 세탁기와 모형 주방이 줄지어 있었다. 브라이튼 고등학교는 빈곤층 학생이 많은 학교라서 교실 하나가 아예 학생들이 무료로 쇼핑할 수 있는 '매점'으로 개조되었다.

필요하면 옷과 신발, 세면도구, 통조림 등을 집으로 가져갈 수
있다. 다른 부유한 나라에서 온 내 친구들은 놀라겠지만, 이것
이 미국의 공립학교이다. 이곳에서의 사명은 학업 외적인 지원
의 형태로 확장된다.

　　정치 이론가들과 역사학자는 '민주주의'가 동사라고 말
할 것이다. 그것은 지어진 것이지, 소유되는 것은 아니다. 민주
주의를 '가졌다'거나 '가지지 않았다'고 말할 수 없다는 말이다.
민주주의는 실행이다. 반복되고 개혁되고 토론되고 확장되고
회복되고 재창조되는 실행이다. 게다가 교육은, 정치철학자 대
니엘 앨런Danielle Allen에 따르면 민주주의를 뒷받침하는 "원인
이 되는 힘causal force"이다. 교육의 이상적인 결과는 기차 시간
같은 산업 시계에 동기화되는 게 아니다. 앨런은, 학교 교육의
마무리 단계에서 학생들에게 필요한 것은 단순히 시장에 나갈
준비가 아니라 "참여하는 준비성"이라고 썼다.[28] 그것은 건강하
고 탄탄한 "도시의 주체"를 구성하는 기술의 조합이고, "삶의 방
식, 세상을 건설하는 방식의 공동 창조 활동이다". 우리는 모두
함께 바람직한 미래를 숙고하려고 배운다. 누가, 왜, 어떻게 그
미래에 속해 있는지는 부분적으로 우리가 서로에 대해 하는 이
야기에 달려 있다.

　　앨런은 세계를 건설하기world-building 위한 환경이 도시
나 국가의 규모에서는 굉장히 야심적일 수 있다고 썼다. 그러나
하나의 지역이나 브라이튼 고등학교와 같은 하나의 학교에서
는 별거 아닐 수 있다.[29] 심지어 공립학교는 민주주의를 실현하

는 **활동** 무대라고까지 말할 수 있다. 적어도 에픽의 봉사 전사가 이끄는 100명의 자원봉사자가 공립학교의 미완성된 구조물에서 열심히 일하던 토요일에는 그렇게 보였다. 이 부적합한 몸들이 도움을 받고 또 받지 않으며 페인트칠을 하고, 세계와 만나고 세계를 새롭게 만들었다. 나는 휠체어를 타고 돌아다니면서 문 앞에서 사람들을 맞이하는 테런스를 지나쳤다. 그는 친구와 눈빛을 주고받으며 자신을 평가하고 있었다. "나 침착하게 잘하고 있지? 내 생각에는 잘하고 있는 것 같아."

도움을 보이게
만들기

최상의 상태일 때 공공물은 물질적으로나 상징적으로
사람들을 한데 모으며, 다양한 사람들도 공공물 앞에서는
비록 일시적이나마 자신을 공유재와 결부된 공유물로,
영구적인 집단의 일부는 아니더라도
잠시 소집된 집합의 일부로 보고 경험할 수 있다.[1]

– 보니 호니히Bonnie Honig,
《공공물: 황폐해진 민주주의Public Things: Democracy in Disrepair》

D

접근성 아이콘 프로젝트에서
기존 아이콘에 덧씌운 그라피티는
국제 장애인 접근성 표지,
그리고 장애와 접근성을
다시 상상하게 한다.

우리 일상의 많은 것들은 일부러 사용자가 유용성을 눈치채지 못하게 설계하는 디자이너들이 만든다. 예를 들어 대부분의 주방도구나 소프트웨어 애플리케이션은 설명서를 찾아보거나 머리를 굴리지 않아도 직관적으로 사용법을 알 수 있다. 투명성이 곧 미덕인 셈이다. 그러나 일부러 눈에 띄게 만든 디자인도 있다. 대상의 주의를 얻으려는 것이다. 이것이 접근성 아이콘 프로젝트Accessible Icon Project의 가장 큰 목적이었다. 이 프로젝트는 엄밀히 말하면 불법으로, 지금까지 내가 시도한 유일한 불법 거리예술이다.

2010년 초, 나는 셋째를 임신했고 장애인 권리, 법, 역사를 4년째 빠르게 배워가고 있었다. 남편과 나는 다운증후군 아이의 부모를 넘어서 장애 공동체에 속해갔다. 우리는 텔레비전 쇼와 광고, 특수교육 교실의 형태와 분위기, 평범한 거리와 보도 등 온갖 곳에서 거두어들인 장애 이야기와 상징이라는 더 큰 경관으로 안내되었다. 거리의 물리적 특징은 그때의 우리에게 유독 생생했는데, 당시 나는 수시로 유모차에 두 아이를 태우고 다녔고, 나중에는 아기띠까지 맨 채 보도의 턱을 오르내리거나 지하철과 엘리베이터를 탔기 때문이다. 나와 함께 이동하는 아이들의 몸은 내가 암묵적으로 알고 있었으나 제대로 본 적 없는 것, 즉 수정된 도시의 증거에 새삼 경탄하게 만들었다. 연석 경사로와 진입 경사로, 엘리베이터 등 이전 세대가 어렵게 얻어낸 기반시설은 공공 공간을 매끄럽게 통과하도록 해주었다. 그리고 이제 나는 앞으로 성장하며 다른 편의와 유연한 세상을 요구하게 될 한 아이의 부모였다. 이에 나도 처음으로 국제 장애인 접근성 표지International Symbol of Access(ISA)를 제대로 보기 시작했다.

ISA, 즉 장애인 마크는 공공 공간에서 가장 진부하면서도 강력한 상징의 하나이다. 카페나 시청, 유치원 등의 건물 밖 표지판에 휠체어를 탄 사람의 이미지는 장애인 주차 공간이나 장애인 경사로, 접근로가 있음을 알린다. 장애인 마크는 공공 장소에서 표준화된 파란색-흰색의 이미지로서 손쉽게 사용하고 찾을 수 있기 때문에 실용적이며, 문자를 사용하지 않으므로 국제적으로 메시지가 전달된다. 이 이미지의 인지성은 휠체어의 물리적 접근이 가능하다고 나타내는 것은 물론이고, 공항이나 병원에서 신체적이든 그 밖의 것이든 일반적인 장애인 보조를 상징하기도 한다. 이 기호는 그래픽 디자이너가 아이소타이프isotype라고 부르는 것으로, 화장실 문이나 비상구 위에 그려진 사람 형상처럼 공간의 목적을 알리기 위해 도시계획가나 건축가가 흔히 사용하는 단순한 2차원 그래픽이다. 아이소타이프 형태의 표준은 신중하게 공식화되어 있다. 최대의 대비를 제공해야 하고, 일관된 비율로 보여야 하고, 멀리서도 쉽게 읽혀야 하기 때문이다. 실질적인 세부사항이 중요하다.

그러나 장애인 마크는 추상적 개념의 구체적인 표현이기도 하다. 이 개념은 기반시설이 배경의 일부가 되어 눈에 띄지 않고 제 일을 착실하게 할 때 사라진다. 장애인 마크는 큰 약속을 담고 있다. 자신의 몸이 세상과 만날 때 충돌하는 사람들을 위해 공공 공간의 극히 일부를 영구히, 또 확실히 확보하고 보호한다는 약속이다. 이를테면 건물에서 가장 가깝게 차를 세울 공간과 경사진 진입로를 보장하는 것, 이것이 공간을 만드는 하드스케이프다. 그러나 이 기호가 상징하는 바는 훨씬 크다. 그런 접근 가능한 세상의 물질적 특징뿐 아니라 공공 생활, 학교, 교통, 직장으로의 접근과 같은 물리적 접근이 가능한 모든 것을 상징한다. 접근권을 법적으로 보호한다는 개념은 최근 몇십 년 사이에 흔해졌는데, 세계적으로는 매우 드물고 역사적으로는 여전히 이례적이다. 하나의 상징은 결코 단일한 세상 속에서 단일한 사람의 보이는 모습 그대로 만들어진 것이 아니다. 장애인 마크는 휠체어를 탄 사람만을 위한 것이 아니다. 그것은 전체 개념을 아우른다. 이 기호는 장애인 친화적인 재화와 서비스를 집합적으로 상징하며, 이를 포착하고 한데 모아 단순하고 이해하기 쉬운 방식으로 구성한 것이다.

그러나 무엇이든 만연해지면 곧 사람들의 의식에서 잠들기 마련이다. 사실 그것이 훌륭한 기반시설의 조건이기도 하다. 팡파르 없이도 꾸준하고 이상적으로 공공의 일을 수행하고 그 이음매나 시스템이 고장났을 때만 관심을 끄는 것. 그 이미지가 내 눈에 들어온 것은 다운증후군 아이를 키우는 육아 초기였다. 우리 중에 휠체어 사용자는 없었고 지금도 없지만, 그 기호는 물리적 진입을 상징했고 그 의미는 훨씬 깊었다.[2] 부적합한 신체는 이 세상에서 오랫동안 충돌해왔고, 내 아들의 이야기는 문자 그대로나 비유적으로 아직 지어지는 중인 큰 서사의 일부였다. 장애인 마크는 진입로나 연석 경사로와 같은 증거를 내 눈 앞에 들이밀어 이 세계의 형태가 바뀔 수 있음을 매일 상기시켰다. 나는 다른 디자이너들이 비공식적으로 장애인 마크를 변형한 이미지들을 수집하기 시작했고, 그 특징을 비교하면서 감탄했으며, 오늘의 건설환경에서 이 이미지가 얼마나 사람들의 눈에 띄지 않는지를 깨닫고 좌절했다. 나는 저 기호의 목적을 한 번 더 일깨우고 싶었다.

나는 그라피티 예술가이자 철학자인 브라이언 글레니Brian Glenney와 함께 장애인 마크의 휠체어 이미지를 새롭게 변형하여 기존의 이미지 위에 덧붙인다면 사람들의 관심을 끌 수 있을지 시험해보기로 했다. 어떤 특징을 살려야 할까?[3] 이미지 속 휠체어 대신 휠체어에 탄 사람을 강조하려면 어떻게 해야 할까? 그리고 어떤 재료로 만들면 좋을까? 비닐? 스프레이 페인트? 우리는 마침내 기존 표지에 깔끔하게 들어맞는 크기로 제작된 투명 스티커를 생각해냈다. 깔끔하게 들어맞다는 것이 완전히 덮어씌운다는 뜻은 아니다. 우리는 새로운 상징과 옛 상징을 함께 보여주어 둘 다 눈에 들어오게 하고 싶었다. 거리예술이 늘 그래왔듯이 대중 앞에서 이 아이콘의 의미를 연속된 질문으로 던지기를 바랐다. 나는 이미 질문하는interrogative 디자인에 영향을 받은 터였다. 이것은 나중에 내 멘토가 된 MIT 산업디자이너이자 예술가 크리스토프 워디츠코Krzysztof Wodiczko가 만들고 실천한 용어이다. 질문하는 디자인은 단지 문제를 해결하기 위해서가 아니라 **질문을 던지기 위해** 물건을 만든다. 그것은 건설환경에서 스티커나 그라피티가 효율적으로 할 수 있는 거리예술이다. 이 예술은 예상치 못한 곳에서 눈을 사로잡고 뒤를 돌아보게 한다. 광고와 달리 거리예술은 보기에만 그럴싸한 메시지를 거부한다. 그리고 놀라운 투지로 거리의 시야에 신비스럽게 진입할 때 가장 효과가 좋다. 바로 그것이 우리가 목적한 바이다. 평소 자신은 장애인 마크와 아무 상관도 없다고 생각하는 사람이 이 새로 덧씌워진 이미지를 발견한다면, 이 상징을 새로운 눈으로 보게 될까? 잠시 가던 길을 멈추고 이 디자인이 아니라 거리와 광장에서의 장애에 관해 생각하게 될까? 이 세상은 누구를 위해 지어졌는가?

우리는 아주 간단한 실험으로 프로젝트를 시작했다. 보스턴 주변의 표지판에 수십 개의 (제거할 수 있는) 스티커를 붙인 것이다. 꼭 야음을 타서 할 일은 아니었다. 어차피 기반시설에는 늘 수많은 스티커가 붙여지니까. 그러나 우리는 은밀하게 작업했고, 발각되지는 않을까 내심 걱정했다. 이 발상이 어떻게 받아들여질지 보기 위한 비공식적인 실험으로서 우리는 일부 다른 지역에서도 시도하도록 사람들에게 무상으로 스티커를 나누어주었다. 작은 프로젝트치고는 다행히 언론의 관심을 받았고, 사람들은 우리에게 미국 장애인법 규정에 적합하고 공공 표지판에 사용할 수 있는 좀 더 공식적인 버전의 이미지를 요청했다. 우리의 거리예술 캠페인은 많은 장애인이 요청하고 디자인에 함께하며, 디자이너 팀 퍼거슨 사우더Tim Ferguson Sauder의 손에서 완전히 제구실을 하게 된 새로운 아이소타입으로 바꿔어 더 큰 질문을 이어가기 위한 상징으로 제시되었다. 이제 새로운 휠체어 이미지는 공식적인 아이소타입의 기준을 모두 충족한 공공 영역의 아이콘이 되었다.[4] 누구나 무료로 이 이미지를 쓸 수 있고, 누구도 그것을 소유하거나 사용해달라고 로비하지도 않는다. 접근성 아이콘 프로젝트는 맨해튼의 택시, 델리의 병원 간판, 베니스의 장애인 곤돌라, 사우디아라비아 장애인권리 옹호자가 제작한 포스터와 그래픽 등 전 세계 사람들이 사용하는 자원이 되었다. 이 새 이미지는 미국 정부 건물에서 사용되고 두 박물관의 영구 소장품이 되었다. 이 아이콘은 단지 거리예술가 두어 명의 작품이 아니고 상업화된 적도 없는 **공공의** 것이다. 많은 이들이 환영했지만, 싫어하는 사람도 있었는데 이들의 반감은 공공 활동에 대한 모든 반감이 그렇듯 대놓고 표현되었다. 우리는 이 프로젝트의 성공과 비판에 놀랐지만 무엇보다 장애에 관한 논쟁을 새롭게 일깨웠다는 측면에서 기뻤다. 이는 계속해서 대중의 관심을 끌어내야 하는 미완의 권리이고 대본 없는 미래의 주제이다. 거의 10년이 흐른 지금 이 프로젝트는 우리 손에서 벗어났다. 이 이미지는 실용적이면서도 상징적인 무료 도구이고, 우리 같은 사람이든 우리와 다른 사람이든 그들이 결정하는 방식에 있어서 모든 개인과 단체에 속해 있다. 그러나 이 일은 질문하는 디자인으로서 초기의 소란스럽고 임시적인 상태로 내 마음 속에서 시작되었고 지금까지 이어지고 있다.[5]

　　어맨다의 강연대처럼 접근성 아이콘 프로젝트는 재료의 형태를 띤 '왓 이프'의 질문이자 지금은 고인이 된 미학자 맥신 그린Maxine Greene이 "사회적 상상력"이라고 부른 것의 한 예이다. 맥신 그린은 두 명 이상이 모여서 그림이든 조각이든 춤이든, 그들 앞에 놓인 표현적인 인공물에 관해 숙고할 때 일어나는 삼자교환에서 발생하는 예술의 공유된 힘을 평생 연구했다. 크든 작든(한 대상의 존재에 함께하는 한 명 이상의 사람) 저 셋 안에서 수행되는 것에서 "인식 가능성"을 엿볼 수 있다고 그린은 말했다. 사회적 상상력은 "만사를 그렇지 않을 수도 있다고 생각하는 것이다".6

　'왓 이프'란 즉, '만약 이렇게 된다면 어떨까?'라고 상상하는 것이다. 그린은 우리에게 그 상상이 반드시 아주 놀라운 모습이거나 환상일 필요는 없다고 상기시킨다. 물론 거창한 환상도 가능하지만 하나의 물건이나 이야기나 공연 안에서 우리 마음에 들어와 자신과 타인 사이의 사회적 영역에 진정한 관심을 기울이게 하는 아주 미묘한 가능성에 대한 감각으로도 충분하다. 그리고 분명히 우리는 일상의 가능성에 대한 신중하고 지속적인 감각은 아주 드물다는 사실에 동의한다. 우리 안에 있는 모든 지친 현실주의자들의 충동이 거기에 저항하기 때문이다. 그러나 가능성이라는 것은 '왓 이프'의 질문으로서, 매일 크고 작은 몸짓으로 새롭게 만들어지는 가능한 세계를 보고 충격을 받아 깨어날 때 얻는 양분이다. 그린은 우리 앞에 '왓 이프'를 배치하고 구체적인 대상에 대한 변형된 현실을 제시함으로써 예술작품이 "사물의 더 나은 질서를 암시할 수 있다"라고 주장했다.7 때때로 더 나은 것에 대한 암시는 있는 그대로의 힘겹고 추악한 진실을 드러내거나, 우리가 보고 싶어하는 바람직한 세상을 시각화함으로써 일어난다. 때로 그 소환은 그저 질문하는 행위에서 일어난다. 디자인이 던진 '왓 이프'의 질문.

　　이 책에 실린 이야기들은 대부분 거리예술이 아니라 장애인의 일상에서 등장하는 실용적인 디자인과 공학을 담고 있다. 그러나 그린은 우리에게 여기에서도 '왓 이프'가 필요하다고 말한다. "우리의 사회적 상상력은 불완전한 우리 사회에, 우리가 사는 거리에, 우리 학교에 있어야 하고, 또 있을지도 모르는 것의 비전을 발명하는 능력이다."[8] 이 책의 이야기들이 거듭 말하는 것은 사회적 상상력으로의 또 다른 초대이다. 사방에서 일어나는 도움과 보조의 형태를 새로운 눈으로 볼 수 있도록 돕는 것이다. 우리의 삶에서, 다른 이들의 삶에서 작용하는 보조 도구나 적응형 디자인은 모두 똑같지는 않을지라도 서로 연결되어 있다. 이것은 '특별한' 형태의 보조가 아니라, 우리 몸이 건설환경과 다른 사람들로부터 '도움을 받는다'(모든 삶의 근본적이고 유익하기까지 한 필요의 상태)는 가장 명백한 증거이다. 법학자 마사 파인먼Martha Fineman은 필요로부터 자유롭고 자신의 삶에 대한 유일한 행위자가 되는 것에 기반한 권리와 의무가 있는 자족적인 시민으로서의 개인이라는 개념이, 적어도 미국에서는 현대 생활의 핵심적인 암묵적 가정 중 하나인 검증되지 않은 '자율성 신화' 위에 세워져 있다고 썼다. 그는 "사회적 선을 결정하는 적절한 관심의 단위로서 대중이나 집단과 달리, 우리는 사적이고 개별적인 이상과 역사적이고도 대단히 낭만적으로 묘사된 관계를 맺고 있다"라고 썼다.[9] 사적인 삶, 즉 눈에 보이지 않는 노동과 온갖 종류의 의존성으로 채워진 가족의 영역으로 강등된 것이 공공의 관심을 위한 영역으로 회복되고 인정될 수 있다. 보조, 의존, 취약성이라는 이 체화된 경험에는 인간의 진정한 존엄성이 있다. 이것들은 우리 모두를 부양하는 돌봄의 네트워크를 만든다. 디자인된 세계는 이 문제를 보다 가시적이고 덜 배제하게 하는 쪽으로 작동할 수 있지만, 디자인은 좀 더 강력한 민주주의 비전의 작은 일부에 불과할 수도 있다. 그 비전은 우리가 시험하고 키우고 필요에 따라 확장하고 재정비하고 개선하며, 어쩌면 사회 기반시설로서 지원하도록 로비하는 소박한 실험을 통해 우리 세상을 짓고 허물고 다시 짓는 동인은 물론이고 여러 확장된 필요를 온전히 유지하는 바디 플러스와 삶의 시민적 비전이다.

만약 우리 주변 어디에나 보조가 있다면 왜 그것을 보기 위해 그렇게 열심히 상상해야 할까? 사회적 상상력에서 작용하는 '왓 이프'는 우리가 살고 있는 세계를 다시 형성하는 새로운 도구와 환경에 대한 요청일지도 모른다. 그러나 그렇지 않은 경우에도 우리가 얻고 있는 도움의 경이로움을 이해하기 위해 상상력이 필요할지 모른다. 그것이 내가 기존 건설환경의 중심부에서 10년 이상 장애를 마주하면서 보아온 일상의 가능성에 대한 감각, 즉 예술과 디자인과 공학이다. 장애를 해결해야 할 문제로만 생각하는 대신, 우리는 '왓 이프'의 질문에 잠시나마 관심을 주어 몸이 무엇을 할 수 있는지에 관해 다시 생각해보면서 그 경이로움과 관계를 맺을 수도 있다.[10] 우리가 허락만 한다면 사물의 디자인에 약간의 생산적인 불확실성을 포함시킬 수 있다. 그것은 산업 시간의 좁은 궤도 안에서 물려받은 '정상'의 경직성을 새로 조명하고 눈앞에 있는 '왓 이프'의 가능성을 가리킨다.

'왓 이프'라는 질문은 크리스가 한 손으로 기저귀와 씨름하는 모습에서, 그리고 데프스페이스의 복도에서 우리가 본 것들이다. 이 질문은 골판지 의자에서 어린 니코의 머리 받침대까지, 오드리 로드와 간호사 사이에 살아 있었다. 스티브의 안경에 달린 작은 커서에, 벳시의 새로운 채소 필러에, 신디의 펜 홀더에, 스티븐이 테이프로 만든 선에 있었다. 어떤 '왓 이프' 질문은 유용한 제품이고, 심지어 규모를 확장해 진지하게 찾고 복제되는 문제의 해결책이다. 다른 것들은 '왓 이프'를 추구하는 한 사람 주변에서 조직된 공예품처럼 독특한 생각이다. 사적인 이익뿐 아니라 **공적인** 문제로서 보조를 제공하는 것으로 이런 디자인 중 어떤 것을 어떻게 강화할 수 있을까?

보조를 가시화하려면 지역 수준의 작은 실험에서 규모 확장의 약속까지 온갖 종류의 디자인이 요청된다. 나는 코로나19의 확산이 거세지면서 등장한 새로운 디자인 아이디어들을 관심 있게 지켜보았다. 식료품 가게는 재빨리 서비스를 정비해 노인에게만 지정된 쇼핑시간을 두었다. 공학자 동료들과 다른 기술 전문가들은 3D 프린터나 재봉틀로 어떻게 마스크를 제작할지 논의했다. 또 다른 이들은 수면무호흡증 보조 기구 등의 장치를 산소호흡기로 전환하는 방법을 모색했다. 나는 학생들이 나간 기숙사 방을 임시 진료소로 바꾸는 역전환 가능성이 모색되었을 때 로버츠와 버클리 코웰 병원의 병원 기숙사를 떠올렸다. 겸손한 협업을 통한 이런 일들은 디자이너들이 비단 위기의 시기만이 아니라 평소에도 공공의 일을 할 수 있는 방식이다. 철학자 보니 호니히Bonnie Honig의 말에 따르면, 공공의 것은 우리를 영구적인 집단으로 만들지는 않더라도 가능성이나 아이디어를 중심으로 잠시 소집할 수는 있다. 이 책에서 디자인은 오래 지속된 질문을 던진다. 위기의 시기에 새롭게 증대되지만 실은 늘 장애인들이 바로 앞에서 묻고 있었던 질문. 우리가 서로에게 빚을 졌다고 기꺼이 인정할 수 있는 보조 도구는 어떤 것일까?

감사의 말

이 책과 나의 모든 실행은 수십 년 동안 수많은 학자와 활동가가 장애 연구와 장애인 권리를 위해 애써온 덕분에 가능했다. 그 노력들 중 이 책에 담긴 것은 극히 일부에 불과하다. 마이클 베루베Michael Bérubé의《우리가 아는 삶: 아버지, 가족, 특별한 아이Life As We Know It: A Father, a Family, and an Exceptional Child》와 그레이엄 풀린Graham Pullin의《디자인이 장애를 만나다Design Meets Disability》는 그레이엄이 아주 어릴 때 내 삶에 들어왔다. 두 책 모두 필요한 순간에 올바른 단어와 이미지를 제시해 10년 이상 진행 중인 연구를 시작하는 데 도움이 되었고, 이 책에도 아주 큰 영향을 미쳤다.

패트릭 앤더슨Patrick Anderson, 캐서린 커들릭Catherine Kudlick, 마라 밀스Mara Mills, 조지나 클리지Georgina Kleege, 수전 슈웨이크Susan Schweik, 빅토리아 마크스Victoria Marks, 헤더 러브Heather Love, 대린 마틴Darrin Martin이 보여준 동료애와 캘리포니아대학교 예술연구소의 조기 전속專屬에 감사한다. 그곳은 내 작품을 다른 이들의 활발한 학문과 예술에 연결해주었다. 싱크탱크 뉴아메리카의 국가 펠로우십, 국립인문재단의 퍼블릭 스콜라 연구비, 매사추세츠 문화협의회의 예술가 펠로우십에서 제공한 기적 같은 선물 덕분에 집필에 전념할 수 있었다. 예술가 커뮤니티 야도Yaddo와 비영리단체 캐리세계선협회Carey Institute for Global Good의 전속 시설은 이 책을 쓰는 데 필요했던 느린 생각과 글쓰기를 실천할 귀한 고독과 공동체, 생활비를 제공해주었다. 그중에서도 특히 톰 제닝스Tom Jennings와 캐리세계선협회는 시설을 가족 친화적 거주지로 재설계해주었다. 이 책의 정신이 빛나는 제안이었다. 인도에서 가르칠 수 있도록 워크숍에 초청한 주하이 반살Juhi Bansal과 아마다바드대학교에 고마움을 전한다. 나는 바사르대학교의 레아 베드로Rhea Vedro가 보스턴에 기반을 둔 예술가를 중심으로 조직한 공동체에 합류해 지역 살롱 전문가로서 이사벨라스튜어트가드너Isabella Stewart Gardner 박물관에서 보낸 시간을 소중히 생각한다. 우리는 함께하는 동안 서로 격려하고 응원했다. 바사르대학교의 앤맥니프태틀록Anne McNiff Tatlock 펠로우십은 나에게 학생들과 함께 이 책의 아이디어를 시험해볼 부엌(선지자 리사 브롤리Lisa Brawley가 이끄는)과 장애 이론 개념 워크숍을 위한 교수 세미나에서 저녁 식사를 함께하며 모였던 흥미롭고 생산적인 공동체를 선사했다.

　내 에이전트 리디아 윌스Lydia Wills는 이 책이 어떤 책이 될지 진작부터 알고 있는 듯했다. 이 프로젝트에 대한 그의 자신감은 나보다 앞서 있었다. 레베카 세일턴Rebecca Saletan은 집필과 편집 과정에 무한히 인내하고, 초기 구상에 도움을 주고, 모든 문장을 예리하고 섬세하게 배려하여 어떤 작가라도 간절히 원할 편집자가 되어주었다. 제프 클로스케Geoff Kloske와 리

버헤드 북스 출판사의 전 직원, 특히 헬렌 옌투스Helen Yentus, 제이슨 부허Jason Booher, 루시아 버나드Lucia Bernard, 셰일린 타벨라Shailyn Tavella, 조 커닝햄Jo Cunningham, 케이시 페더Kasey Feather, 미셸 코포폴로스Michelle Koufopoulos, 카랄리나 트리고Catalina Trigo, 애나 자딘Anna Jardine에게 감사의 말을 전한다.

올린 공과대학교의 모든 동료에게 감사한다. 특히 뎁 차크라Deb Chachra와 린 앤드리아 스테인Lynn Andrea Stein은 수년 전 나에게 공학을 가르쳐보라고 제안했고, 빈센트 마노Vincent Manno가 그 기회를 마련해주었다. 나는 이 '슈퍼 학과'에서 여러 영역의 교수들이 전문적으로 공유하는 삶을 대단히 가치 있게 여긴다. 이 책은 로드아일랜드 디자인 학교에서 처음 만들어지고 올린 공과대학교에서 운영되는 내 수업 '정상성 탐구'에 들어온 학생들의 헌신으로 가능했다. 두 기관의 학생들은 내가 제시한 주제를 열정적으로 받아들이고 훌륭한 질문을 끝없이 던졌다. 학생 조교 토니 세일러Toni Saylor, 메리 마틴Mary Martin, 윌리엄 루William Lu, 켈리 브레넌Kelly Brennan은 초반부터 이 책을 구상하는 데 큰 도움을 주었다. 사서 매기 앤더슨Maggie Anderson은 연구를 훌륭하게 보조해주었고 팩트 체크를 도와주었다.

사라 드보어Sara DeBoer, 리사 브롤리, 뎁 차크라, 조지 에스트리히George Estreich, 브라이언 펑크Brian Funck, 제니퍼 그랜트Jennifer Grant, 엘리자베스 거피Elizabeth Guffey, 도티 헨드렌Dotty Hendren, 팀 몰리Tim Maly, 베스 윌리엄슨Bess Williamson은 매우 세심하게 원고를 읽어주었다. 충실한 동지 매튜 배틀스

Matthew Battles는 반복된 초고 편집을 흔쾌히 맡아주었고 글에서 내 목소리를 더 대담하게 다듬어주었다. 동료이자 훌륭한 의사인 조너선 애들러Jonathan M. Adler는 개념을 정확하게 전달하고 보다 개인적으로 접근해서 독자가 명확히 읽을 수 있도록 조언했다.

　　소중한 피드백과 조언을 아끼지 않은 로즈메리 갈런드톰슨, 앨리슨 케이퍼, 데이비드 설린, 브라이언 어윈Brian Irwin, 알렉산드라 레인지Alexandra Lange, 조시 홀스테드Josh Halstead, 매트 코레이아Matt Correia, 로라 몰딘Laura Mauldin, 재럿 풀러Jarrett Fuller, 조엘 레이놀즈Joel Reynolds, 타마라 모건Tamara Morgan, 애덤 올소워프Adam Al-Sawaf, 몰리 캠벨Molly Campbell, 케이트 스컬리Kate Scully에게 감사한다. 조앤 맥닐Joanne McNeil, 미미 오누하Mimi Onuoha, 저 토프Jer Thorp, 에이미 햄리, 크리스포터 위드홀름Kristofer Widholm, 앤 갤러웨이Anne Galloway, 케빈 해밀턴Kevin Hamilton, 제프 겐트리Jeff Gentry, 브라이언 글레니, 알렉스 재프루더Alex Zapruder, 다이애나 벌린Diana Berlin, R. 루크 두보이스R. Luke Dubois, 그리고 영국의 위어드 퓨처 팀에게 고마움을 전한다. 제프 골든슨Jeff Goldenson과 에이드리언 르블랑Adrian LeBlanc은 적절한 시기에 필요한 허가를 해주었다. 샌드라 짐머만Sandra Zimmerman과 에이미 콜린스Amy Collins는 25년간 내 동아줄이었다. 내 FCC 커뮤니티, 특히 댄 스미스Dan Smith와 케이트 레이저Kate Layzer에게 감사한다. 이들은 믿음의 실천, 문제와 함께하고 어둠 속에서 노래하기, 모든 것을 품고 희망하는 사랑이라는 영감을 주었다.

　우리 어머니는 나에게 세상의 모든 단어와 언어를 사랑하라고 가르치셨다. 무엇보다 이 책은 장애 연구와 디자인 비평, 이론과 일상의 언어를 옮겨놓은 것이다. 이 책을 쓰면서 나는 전달된 지식의 복잡성에 대한 어머니의 열정을 보았다. 가정의학과 의사로 어릴 적 아칸소주에서 병원 회진에 나를 데리고 가곤 하셨던 아버지는 어떤 모습의 몸이든 두려워하지 말라고 가르치셨다. 부모님, 도티 헨드렌과 마이크 헨드렌, 알리시아 펑크와 래리 펑크의 격려와 응원에 진심으로 감사한다.

　극작가 세라 룰Sarah Ruhl은 작가이자 부모가 되는 것에 관한 명상을 글로 썼다. 아이들의 훼방에도 불구하고 자기만의 방과 시간을 뒷받침할 돈을 마련하는 문제에 관한 많은 딜레마를 적었다. 그는 마침내 깨달았다. "하루가 끝날 무렵, 글쓰기는 글쓰기가 아닌 삶이다. 그리고 정의에 따르면 삶은 침범이나 훼방이 아니다." 그래서 나는 세 아이, 그레이엄, 프레디, 말콤에게 감사한다. 내가 엄마가 되어 일상의 매시간 공원과 보도와 자전거 도로의 형태, 부양가족 돌봄 비용, 공립학교 운영, 지역 거리 문화의 규범 등 수많은 것에 주의를 기울이는 삶을 주고, 그 밖의 수많은 것을 깊고 특별히 생각하는 사람이 되도록 변화시켜준 것에 감사한다. 이것들은 대부분 공유되는 공공물이다. 이 책에서 명확히 하고 싶었던 것은, 이 시설과 프로그램의 소재와 운영은 설계된 것이며, 정치이론가가 '민중'(국민이 통치하는 공공권)이라고 부르는 것에 대한 사랑에 활력을 불어넣었다. 나는 대단히 생생하고 구체적인 방식으로 감사를 빚졌다. 도시의 어린아이들을 위해 운영되는 유치원, 방과후 프로그램, 여름캠프에서부터 평일 저녁 8시까지 운영하는 무료 청소년 프로그램까지, 내가 사는 도시가 양질의 자녀 돌봄을 받을 수 있는 보조를 제공하고 차등 비용을 적용한다는 오래 고수한 신념에 감사한다. 또한 시장市長이 후원하는 여름 고용 프로그램은 모든 단계의 도시 기반시설에서 청소년에게 일할 기회를 주어 그들이 자신의 삶에서 활동 무대를 보고 형성하게 하였다. 부유한 부모만 있는 게 아니라 온갖 종류의 힘든 일과 근무시간을 버티는 부모들이 있다고 가정하는 우리 지역사회의 강점은 이런 서비스 제공으로 분명해진다. 그리고 이 책은 그런 공공적 신뢰의 산물이다. 이 나라에서 모든 젊은이에게 공동체 수준에서 강하고 즐거운 투자를 하는 것이 그토록 드물다는 사실에 나는 끝까지 놀랄 것이다.

　　남편이자 공동 부모인 브라이언 펑크는 원시적인 추상을 향한 내 타고난 성향에 회의적인 시선을 던져 이야기에 훨씬 더 많은 관심을 기울이는 법을 처음 가르쳐준 사람이다. 앞서 일어난 것, 앞으로 일어날 것, 한 번에 한 가지씩. 그는 그 박자로, 그 캐릭터 안에서, 그 놀라운 변화와 함께 살아간다. 내 이야기의 절반 이상이 이제는 그와 얽혀 있다는 것은 내 인생의 가장 큰 행운이다.

주

들어가는 말: 누구를 위해 지어진 세계인가?

1   원래 어맨다는 이 프로젝트를 "대안연단(Alterpodium)"이라고 불렀고 공식적으로
     다음 논문에 실었다. Cachia(2016). 내가 이 책에서 기술한 것은 어맨다의 글에서
     전반적인 핵심을 끌어낸 것이다. 나는 어맨다가 의뢰한 물건을 좀 더 구체적으로
     명시하기 위해 대안연단 대신 '강연대'라는 단어를 썼다. 연단은 대개 강당에 설치
     된 더 큰 강단을 말한다. 어맨다가 전체적인 맥락에서 이 프로젝트를 연단이라고
     명명한 것은 사실 은유의 측면에서 훌륭한 선택이지만, 이 책에서는 '강연대'라는
     말이 좀 더 명확한 뜻을 전달할 거라고 생각한다.

2   Heskett, 26. '유용성과 유의성'이라는 장에 이 두 개념이 어떻게 서로 다른 방식으
     로 실현되는지를 보여주는 탐구와 사례 연구가 실려 있다.

3   장애학자 애슐리 슈(Ashley Shew)는 이 현상을 "테크노에이블리즘(techno-ableism)"
     이라고 불렀다. Shew 참조.

4   문제로서의 장애에 대한 그럴듯한 프레임 씌우기에 관해서는 다음 문헌을 참조하
     라. Titchkosky and Michalko, 127-29.

5   Cryle and Stephens, 84-85. 19세기 전반에 걸쳐 이 문제는 뜨거운 논쟁거리였
     다. 나는 일반 독자를 위해 전반적인 개요를 요약했다.

6   Davis(2013), 1-2.

7   Cryle and Stephens, 215.

8   동료인 조너선 애들러(Jonathan Adler)의 도움으로 집단과 개인에서 '정상'의 사용에
     대해 깊이 생각할 수 있었다.

9   Cryle and Stephens, 12-13.

10   Davis(2013), 1-2.

11   우생학의 역사에 관해서는 '시계' 장을 참조하라.

12   우생학의 역사와 주립 박람회의 사례는 다음 참고문헌을 참조하라. Estreich
     (2019), 2~3장. (인용문, 34).

13   Davis(2002), 39.

14   오랫동안 세습된 이 논리 안에서 장애, 성, 인종을 연결하는 공통적인 영향에 관해

서는 다음 참고문헌을 참조하라. Erevelles and Minear.

15 장애에 대한 세계보건기구 보고서. 통계치를 계산한 방법, 그리고 국가가 장애를 계산하고 평가하는 방법 및 장애에 기여하는 사회정치적 요인의 다양성 등을 고려해야 이 수치가 나타내는 불가피한 복잡성을 설명할 수 있다. 예를 들어, "브라질에서는 많은 어린이가 대부분의 고소득 국가에서 쉽게 구할 수 있는 안경이 없어서 학교를 그만둔다"라는 내용이 있다. 이런 복잡성을 완화하기 위해 보고서는 지역 연구와 국가별 조사의 차원적 특이성을 다룬 두 포괄적 데이터로 보완한다.

16 Garland-Thomson(2011), 593.

17 갈런드톰슨은 노트북의 고성능 프로그램을 사용해 목소리로도 이메일을 작성한다. 그의 이메일 서명은 음성 텍스트 전환 과정에서 발생하는 오타에 대한 사과가 아니라 "유연하고 창의적으로 읽어주셔서 감사합니다"이다.

18 이 프로젝트에 대한 추가 정보는 휠체어 댄서 앨리스 셰퍼드(Alice Sheppard)와 키네틱 라이트(Kinetic Light)의 작품, 그리고 카르멘 파팔리아(Carmen Papalia)의 작품에서 볼 수 있다. 예술가들의 공연으로 프로젝트가 완전한 생명을 얻었다.

19 결국 마모와 파손으로 학생들이 만든 모델은 쓸 수 없게 되었고, 어맨다는 버전 2.0을 찾았다. 현재 어맨다는 디자이너 휴고 필레이트(Hugo Pilate)와 함께 만든 고성능 플라스틱 모델을 사용한다.

20 인간과 도구에 관한 이 생각은 내가 '팔과 다리' 장에서 다룬 사이보그 이론의 기초이다.

21 Davis(2007), 4.

22 Davis(2002), 276.

23 Bruno Latour(2009)는 모든 디자인을 재디자인으로서 생각할 수 있다고 주장했다.

24 Deleuze, 218.

25 Deleuze, 222.

26 이 책에서 내가 몸이라고 사용한 단어는 학자들이 좀 더 정확하게 체현 또는 화신(embodiment)이라고 말하는 것으로 우리의 물리적 육체와 모든 가능성과 의미 사이의 상호작용이 외부 세계에 나타나는 것을 말한다. 정확히 말하기는 난해한 단어이다. 많은 사람들이 몸에 관해 말하는 일반적인 방식은 실제로 그것이 우리가 존재하는 현상이고 세상의 모양에 따라 변하는 방식에 있을 때 우리가 지닌 것을 말한다.

27 "단지 장애가 무엇인가를 생각하기보다 장애가 무엇을 하는가를 생각하는 것이 중요하다." Amanda Cachia, 2012, 해버퍼드칼리지에서 열린 〈What Can a Body Do?〉 전시 에세이에서. http://www.amandacachia.com/writing/what-can-a-body-do-2/.

28   서사와 장애에 관한 추가 정보는 다음 문헌을 참고하라. Estreich and in Adler et al.

29   Linton, 5.

30   이 제목으로 어맨다의 전시가 열리기 전, 아스트라 테일러(Astra Taylor)가 제작한 다큐멘터리 〈성찰하는 삶Examined Life〉에서 주디스 버틀러(Judith Butler)가 수나우라 테일러(Sunaura Taylor)와 나눈 대화에서 나는 들뢰즈와 그의 에세이 '몸은 무엇을 할 수 있는가?'와의 연관성을 발견했다.

팔과 다리

1   "손에 도구가 주어지면 그에 상응하는 운동을 하거나 하기 쉽게 되듯이, 정신의 도구도 사물에 대한 이해나 그 원인을 파악하는 지침을 제공할 수 있다." Bacon(1620), https://en.wikisource.org/wiki/Novum_ Organum/Book_ I_ (Spedding).

2   모든 보철물 사용자가 자신의 신체 장비에 대한 끊임없는 질문 세례를 환영하는 것은 아님을 말해두고 싶다. 우리 학생들이 어맨다와 일하며 배웠듯이, 질문이 환영받으려면 특별한 관계가 형성되어야 하며 그것은 사람에 따라 모두 다르다.

3   캐서린 오트가 공동 편집한 에세이 모음집 《인공 부품, 실용적 삶: 보철물의 현대사 Artificial Parts, Practical Lives: Modern Histories of Prosthetics》의 들어가는 말은 사이보그 애호가들에게 몸과 장비의 물성을 모두 유지하라는 강력한 요청이다. 오트는 독자에게 하나의 아이디어로서 포스트휴먼에 관해 고상한 토론을 하기보다 "보철물이 부착된 상태를 유지하라고" 요구하는데, 이것은 "작가가 할 수 있는 주장의 종류와 해석의 도약을 올바로 제한하는" 생산적 움직임이지만, "보다 중요하게는, 새로운 저자를 자극하고 인습에 얽매이지 않는 지식을 생산할 것이다." Ott, 2. 전체적으로 이 책은 이 점에 관한 깊은 영감을 준다.

4   Haraway, 163.

5   이는 학술 연구에서도 나타나는 경향이다. "보철물 은유를 받아들인 학자 대부분이 (…) 언제나 다른 곳에 위치한 수사법에서 (…) '몸'의 인공적이고 '포스트휴먼적' 확장에 너무 빨리 매료된다. 대단히 복잡하고 문자 그대로의, 그리고 논리적인 바탕을 탐구하기 전에 먼저 보철물을 대체하고 일반화한다."(Sobchack, 21).

6   이 역사는 국립 미국사 박물관의 캐서린 오트 팀에서 연구한 매트 콜레티(Matt Coletti)의 연구를 참조했다. https://americanhistory.si.edu/blog/heroes-come- empty- sleeves-0.

7   그럼에도 전쟁 후 몇 년간 의수와 의족에 관한 특허 약 150개가 출원되었다. 특히 의족은 19세기 말에 새롭게 개선되었다. 예를 들어 좀 더 반응성이 좋은 무릎 관절과 자연스러운 걸음걸이를 위한 발뒤꿈치의 스프링 기능이 있다. 이 발명의 역사에

관해서는 Figg and Farrell- Beck를 참조하라.

8 Serlin, 21-56.

9 Serlin, 12. "미래의 사회 공학"은 Serlin이 강조한 바이다.

10 이 역사와 통찰력을 주는 해석, 그리고 스티케에 대한 참조는 모두 다음 참고문헌 덕분이다. Williamson, 19-21.

11 에미이 햄라이는 신체에서 멀어지고 환경에 가까워지는 장애의 전체 사회적 모델이 종종 경제 생산성의 결과물을 향한 정상화 프로젝트에 수용되었다고 주장한다. 자세한 내용은 Hamraie를 참조하라.

12 《대체할 수 있는 당신Replaceable You》은 국가적 목적을 위해 개인의 변형에 헌신한 시대에 성형수술과 인공장기의 발전, 전후 보철물을 연관 지은 설린의 역사서 제목이다.

13 Edgerton, 22-25.

14 Edgerton, xi.

15 사실 인도 여행 내내 부분과 시스템에 관해 생각했다. 나는 아마드바드에서 보낸 9일 동안 내 인생에서 가장 놀라운 음식을 먹었다. 모든 음식이 고기를 넣지 않고 만들었다. 상대적으로 보수적인 구자라트주 전체의 힌두 문화는 여전히 압도적으로 채식주의를 선호한다. 그곳에서는 고기가 나오는 식당을 찾기가 어려울 것이다. 내 미국 친구들은 채식 위주의 식단이 부유한 서양 사람들의 특징이라고 생각하지만, 세계의 많은 지역에서 사람들은 채식 위주의 저렴하고 맛있는 식사로 지구에 가벼운 발자국만을 남기며 살아가고 있다.

16 Kurzman, 78.

17 Lorde, 59-61.

18 개인 인터뷰(2016). 나는 인류학과 동료 케이트린 린치(Caitrin Lynch)와 함께 신디의 많은 발명 수집품에 대한 디지털 아카이브를 제작했다. engineerinathome.org에서 확인할 수 있다.

의자

1 이 내용은 ADA 웹사이트에 있는 트루스델의 인터뷰 내용을 참고했다.

2 Cranz, 18.

3 좌식 생활이 건강에 미치는 영향을 연구한 많은 연구 중에 일부만 소개하면 다음과 같다. Michelle Kilpatrick et al., "Cross-Sectional Associations between Sitting at Work and Psychological Distress: Reducing Sitting Time May Benefit Mental Health," *Mental Health and Physical Activity* 6, no. 2 (June

286

1. 2013): 103 – 9, https://doi.org/10.1016/j.mhpa.2013.06.004; and Ryan David Greene et al., "Transient Perceived Back Pain Induced by Prolonged Sitting in a Backless Office Chair: Are Biomechanical Factors Involved?," *Ergonomics* 62, no. 11 (November 2, 2019): 1415 – 25, https://doi.org/10.10 80/00140139.2019.1661526. Neville Owen et al., "Too Much Sitting: The Population Health Science of Sedentary Behavior," *Exercise and Sport Sciences Reviews* 38, no. 3 (July 2010): 105 – 13, https://doi.org/10.1097/ JES.0b013e3181e373a2.

4   Cranz, 23 – 24.

5   Cranz와 다음 문헌도 함께 참조하라. Witold Rybczynski, *Now I Sit Me Down: From Klismos to Plastic Chair: A Natural History* (New York: Farrar, Straus and Giroux, 2016).

6   Opsvik, 22.

7   Cranz, 29. 또한 크렌츠는 비서구 문화권에서도 의자가 지위나 계급을 나타냈다고 언급했다. 그러나 예를 들어 중국 본토에서는 그가 글을 쓸 당시 의자가 지배적이 지 않았다. 일상에서는 왕좌처럼 평면 등받이가 있는 의자보다 등받이가 없는 형태 가 더 많이 사용되었다.

8   Cranz, 15. 1943년 처칠이 폭격으로 파괴된 영국 의회의사당을 재건하는 문제에 관한 연설을 하면서 "우리가 건축을 만들지만, 다시 그 건축이 우리를 만든다"라 고 말한 구절을 차용한 것이다. https://api.parliament.uk/historic-hansard/ commons/1943/oct/28/house-of-commons-rebuilding.

9   Lange, 74 – 77.

10   Papanek, ix.

11   Victor Papanek, *Design for the Real World: Human Ecology and Social Change* (1971; London: Thames & Hudson, 2004), 241. 여기에서 분석과 비교는 폴 호손의 해석도 참조했다. (https://www.metropolismag.com/ideas/rereading-design- for-the-real-world/).

12   Papanek(1971), 75, 76.

13   Papanek(1971), 92 – 93.

14   Papanek(1971), 56 – 57.

15   실제 장애 정치에서 파파넥의 무관심에 대한 이 비판은 베스 윌리엄슨 덕분이다. "파파넥과 다른 사회 참여 디자이너는 자신의 학습을 위해 장애인의 경험을 탐구하 고 도용하길 열망했지만, 장애 권리 운동이나 그밖의 장애인 친화적 디자인 옹호를 인식했다고 보이지는 않는다. (…) 그들이 '우리를 위한' 장애 인식의 이익을 강조한

것은 접근의 비용이 너무 비싸서 정당화할 수 없었던 시기의 주장을 반박하지만, 장애인의 소외된 상태조차 조사되지 않았다." Williamson, 172.

16 에어론 의자의 역사는 다음을 참조했다. Cliff Kuang, "The Aeron Chair Was Originally Designed as the Perfect Seat for Granny" ("The Secret History of the Aeron Chair"), *Slate*, November 5, 2012, https://slate.com/human-interest/2012/11/aeron-chair-history-herman-millers-office-staple-was-originally-designed-for-the-elderly.html.

17 이 용어들의 역사는 각기 다르다. 이 운동의 자세한 내용은 Hamraie, Guffey (2017), 그리고 Williamson을 참조하라.

18 보편적 디자인 개념의 실천에 대한 긴 소개는 Holmes를 참조하라.

19 일반 독자를 위해 보편적 디자인에 관한 내 생각을 소개했다. 햄라이는 '보편적' 디자인의 다양한 순열의 훨씬 미묘하고 복잡한 역사를 제공하며, 특히 이 디자인이 '모두'를 위한 것이라는 주장 안에 대체로 인종과 계급의 차이를 무시한 방식을 설명한다.

20 메이스가 다음에서 인용한 것이다. Williamson, 147-48.

21 Hamraie, 8.

22 리즈 잭슨이 벳시 파버와 한 인터뷰는 내가 여기에서 요약한 옥소 필러의 오리지널 스토리에 초점을 맞추었다. 이 역사에서 벳시가 그랬듯, 창의성의 원천은 종종 그 유산에 의해 쓰여진다. 잭슨이 기록을 수정한 것은 디자인에서 장애인의 올바른 위치를 공개적으로 복원한 좋은 예이다. https://www.nytimes.com/2018/05/30/opinion/disability-design-lifehacks.html.

23 이 예들은 다음 문헌을 참고했다. Williamson, 173-78.

24 이 설명은 스마트 디자인 회사의 디자이너이자 옥소 굿그립 제품에서 샘과 벳시 파버의 파트너인 데이빈 스토웰(Davin Stowell)이 인터뷰에서 내게 얘기한 것을 인용했다.

25 미디어 역사학자 마라 밀스(Mara Mills)는 "알렉산더 그레이엄 벨이 음파를 축음기 바늘에 전달하고 다시 그을린 유리판에 전달하기 위해 인간의 고막을 사용하여 포노토그래프로 실험한 것은 말의 전자 전달의 기초였다"라고 썼다. 전화 기술, 압축 음성 신호, 오랜 컴퓨팅의 역사에 대해서는 Mills(2010)를 참조하기 바란다. 벨의 소망은 청력 소실을 질병 모델로 보고 그 상태를 "제거하려는[복원하려는]" 의도에서 비롯한 자선가의 발상이었음을 주목할 필요가 있다. 기술에 대한 기여는 여전히 높이 살 만하다.

26 이 역사에 관해서는 래리 골드버그에게 감사한다. 골드버그는 WGBH 공영 방송국의 미디어 엑세스 그룹 이사이자 디코더 회로법 옹호 운동의 지도자였다.

27 다음 문헌의 날카로운 분석 덕분에 이 점을 철저하게 생각해볼 수 있었다. Williamson, 특히 183-84.

28 이 인용과 서술은 윈터 자신의 TED 강연, TED 라디오 인터뷰, 그의 연구실 문헌 등에서 발췌한 것이다.

29 ADA는 장애 기술의 DIY 접근에 대한 더 긴 역사와도 연결되어 있다. DIY 장애 장치와 가정용품의 역사는 Williamson의 다음 장을 참조하기 바란다. "Electric Moms and Quad Drivers:Do-It-Yourself Access at Home in Postwar America."

30 Manzini, 13-14.

31 Manzini, 13-14.

32 Manzini, 2.

33 Rose, 4.

방

1 Bachelard, 27.

2 어떻게 공동 디자인이 실행되었는지는 Byrd를 참조하라.

3 어떻게 하나의 수어가 10여 개의 다른 뜻을 지니는지는 크리스틴 선 김(Christine Sun Kim)의 TED 강연을 참조하라. "The Enchanting Music of Sign Language."

4 Malzkuhn이 다음에서 인용한 것이다. Byrd, 245.

5 Hansel Bauman이 다음에서 인용한 것이다. Byrd, 242.

6 구화 영어의 이러한 "선형성"은 과학자 데릭 브라운(Derek Braun)의 논평에서 한 익명의 갤러뎃 학생이 설명했다. 그는 수어가 새로운 과학 개념을 만들어내는 방식에 관해 인터뷰했다. https://www.nytimes.com/2012/12/04/science/sign-language-researchers-broaden-science-leon.html.

7 이 표현은 덕슨 바우만(Dirksen Bauman)과 조지프 머리(Joseph Murray)의 《데프 게인Deaf Gain》(2014)의 제목이 된 중심 주장이다.

8 소리의 역학에 관한 배경지식을 제공한 동료 마크 서머빌에게 감사한다. 공학자가 아니면서 공과대학교에서 일하는 것의 가장 좋은 점은 자신의 평생 교육이라는 점에서 계속해서 도전하고 늘 초심자의 마음을 잃지 않게 된다는 점이다.

9 다음에서 인용. Baynton(2015), 49.

10 Baynton(2015), 48-51.

11 Baynton(2015), 48-51.

12 이 역사적 사례는 다음 문헌을 참고했다. Hurley(2016).

13 성인 수어자가 농인 커뮤니티에 새롭게 동화되는 과정의 예는 다음을 참조하라. "The Lived Experience of Adults with Hearing Loss as They Acculturate into Deaf Communities —ProQuest." Accessed January 2, 2020. https:// search.proquest.com/openview/9f43eec4e5ef49f7b62cad9b8f06db28/1? pq—origsite=gscholar&cbl=18750&diss=y.

14 Steven E. Brown, *Ed Roberts: Wheelchair Genius* (Institute on Disability Culture, 2015), 12.

15 *Berkeley Daily Gazette*, December 5, 1962.

16 다음 문헌에 인용된 Willsmore의 말이다. Williamson, 100.

17 다음 문헌에 인용된 Hessler의 말이다. Williamson, 100.

18 이후 한 참석자가 그 시기를 다음과 같이 떠올렸다. "정치적이 될 잠재력이 들끓지 않는 곳은 한군데도 찾아볼 수 없었다." Williamson, 102.

19 불구는 예나 지금이나 장애인이 자신을 기술할 때 사용하는 정치적 언어이다. 이 단어에 관해서는 '시계' 장에서 자세히 다루었다.

20 Williamson, 102.

21 Kittay(2015). Williamson, 97 – 98도 함께 참조하라.

22 이 예는 다음 문헌에서 쉽게 설명했다. DeJong, 24.

23 다음 문헌에서 인용된 휴먼의 말이다. Kittay(2011), 50.

24 "Centers for Independent Living | ACL Administration for Community Living." Accessed January 2, 2020. https:// acl.gov/programs/aging— and— disability— networks/centers— independent— living.

25 선행 디자인은 과거에 몇몇 건축가와 공학자, 특히 세드릭 프라이스(Cedric Price)와 벅민스터 풀러(Buckminster Fuller)가 사용한 용어이다. 그러나 내가 아는 한 건강이나 장애에 쓰였던 말은 아니고 대개 지속 가능성과 바람직한 (규범적인) 미래에 관한 대화에서 언급된다.

26 Kittay(2015), 55.

27 Kittay(2011), 56.

28 Kittay(2011), 57. 의사 아툴 가완디(Atul Gawande)는 책 《어떻게 죽을 것인가》에서 "독립에 대한 우리의 숭배는 삶에서 일어나는 현실을 고려하지 않은 것이다. 언젠가 심각한 질병에 걸리거나 병약해져서 독립이 불가능한 때가 온다"라고 말했다. 우리는 이것이 사실임을 알면서도 그 가능성을 피하려고 성급하게 쉬운 방법을 찾는다. 그러나 재정의된 독립뿐 아니라 근본적인 사실로서의 의존성을 통해 평화를

얻을 기회가 있다. 그것은 가완디가 "새로운 질문이 떠오른다. 만약 독립이 우리 삶의 모토라면 더이상 독립을 유지할 수 없을 때 우리는 무엇을 하겠는가?"라고 쓴 순간이다. Gawande, 23.

29   Kittay(2011), 57.

30   Kittay et al.(2005), 443.

31   Snyder et al., 2.

32   Snyder et al., 2.

33   Goldhagen, 183 – 218.

거리

1   Baron–Cohen, 305 – 6.

2   Silberman, 13 – 14.

3   인터뷰는 다음에서 볼 수 있다. https://www.nytimes.com/2003/01/05/weekinreview/ideas–trends–whose–sidewalk–is–it–anyway.html.

4   도시계획가 리타르도 마리니(Riccardo Marini)가 자신의 일을 다음 웹사이트에서 이렇게 설명했다. https://www.theguardian.com/cities/2018/oct/05/desire–paths–the–illicit–trails–that–defy–the–urban–planners.

5   https://peopleforbikes.org/blog/plungers–work–after–anonymous–stunt–wichita–makes–bike–lane–protection–permanent/.

6   이 현상에 관한 도시주의 학자가 있다. 다음의 예를 참조하라. Furman, 23.

7   Jacobs, 83.

8   수전 슈웨이크(Susan Schweik)는 저서 《어글리 법: 공공에서의 장애The Ugly Laws: Disability in Public》에서 공공에서의 장애에 관한 걱정스러운 역사를 다룬다. 그는 도시주의 역사학자와 이론가 대부분이 "도시에 관한 권리", 즉 도시 구조물이 모두에게 속한다는 주장을 분석할 때 장애의 개념을 무시한다고 썼다. "도시의 몸은 장해와 장애 활동주의의 저항에 적극적이고 의도적으로 나설 때 살아난다." 도시주의자는 이것이 실제로 무엇을 의미하는지에 대한 함축적 의미를 아직 받아들이지 않았다(209).

9   이 역사는 다음을 참고했다. Hamraie, 95 – 107.

10   다음 문헌에 인용된 Roberts의 말이다. Hamraie, 98.

11   Hayward and Swanstrom, 4.

12   Hayward and Swanstrom, 4. 리사 브롤리와의 대화에서 Hayward and

Swanstrom을 떠올리게 되었다. 브롤리와 수차례 나눈 디자인과 정치에 관한 대화도 이 책에 영향을 주었다.

13 Hamraie, 95.

14 Hamraie, 95.

15 도시의 이러한 상향식, 하향식 현상에 대한 가장 유명한 조치는 미셸 드 세르토 (Michel de Certeau)의 《일생생활의 실천The Practice of Everyday Life》이다. 드 세르토는 우리가 고층빌딩의 시야에서 도시계획가들의 작업을 생각하라고 권한다. 많은 사람을 위해 일하는 시스템으로서 거리를 내려다보고 그가 "전략"이라고 칭한 계획을 세운다. 동시에 사람들은 그가 "전술"이라고 부른, 아래쪽 보도의 가까운 수준에서 거리를 계획한다.

16 호헤베이크 이사인 Yvonne van Amerongen의 2015년 발표를 참고했다. '호헤베이크 마을의 치료 구상' https://www.slideshare.net/sherbrookeinnopole/sils-2015-de-hogeweyk-the-care-concept.

17 Hannah Flamm의 다음 기사를 참조하라. '왜 요양원은 동의도 받지 않고 치매 환자에게 약을 주는가?Why Are Nursing Homes Drugging Dementia Patients without Their Consent?' *Washington Post*, August 10, 2018.

18 MacFarquhar를 참조하라.

시계

1 세계보건기구, 노화와 건강에 관한 세계 전략과 행동 계획, 1.

2 뉴욕시의 노년층을 위한 안전한 거리 만들기 프로그램은 다음 웹사이트를 참조하라. https://www1.nyc.gov/html/dot/html/pedestrians/safeseniors.shtml.

3 인구 노화에 관한 싱가포르 각료 회의 *I Feel Young in My Singapore! Action Plan for Successful Ageing*, Singapore Ministry of Health, 2016, https://sustainabledevelopment.un.org/content/documents/1525Action_Plan_for_Successful_Aging.pdf.

4 Kafer, 25.

5 Kafer, 25.

6 Kafer, 26.

7 Samuels.

8 Kafer, 27.

9 다운증후군은 합병증이 일어날 위험도가 높지만 반드시 그런 것은 아니다.

10 높고 낮음이 어떻게 일반적으로 더 낫고 못함으로 여겨지는지를 분석한 다음 문헌을 참조하라. George Lakoff and Mark Johnson, *Metaphors We Live By*(Chicago: University of Chicago Press, 1980).

11 Mumford, 13.

12 Mumford, 14.

13 Mumford, 17.

14 마이클 다우닝(Michael Downing)의 흥미진진한 다음 역사 문헌을 참조하라. *Spring Forward: The Annual Madness of Daylight Saving Time*, 79 – 80.

15 Mumford, 15. 강조는 내가 한 것이다.

16 Rovelli, 98.

17 Yanni, 5. 야니는 또한 역사학자 앤드류 스컬(Andrew Scull)을 인용해 정신병원의 현상을 설명하는 더 큰 경제적 이유를 지적했다. 다음 예를 참조하라. Scull, *The Most Solitary of Afflictions: Madness and Society in Britain, 1700 – 1900* (New Haven: Yale University Press, 1993).

18 Trent, chapter 1, "Idiots in America."

19 Trent, xix – xxi. 물론 이 역사에 관한 내 요약은 수박 겉핥기에 지나지 않는다. 트렌트의 이 명저는 미국 역사 전반에서 지적장애에 관한 이해의 모든 단계를 탐구한다.

20 역사가 더글러스 베인턴은 우생학 운동의 절정은 부분적으로 시간에 대한 이해가 변한 것이 원인이었다고 썼다. 그것은 효율적인 속도와 시간표가 있는 열차 수송의 확대에서와 같이, 지적장애의 '문제'를 단지 '결점'으로서가 아니라 '지능 발달 지연'의 후진성으로 만든 산업이 야기한 일상 시간의 변화를 포함한다. 다음 문헌을 참조하라. Baynton(2014), 8 – 11. 이 문제에 관한 유용한 틀과 베인턴에 관한 언급에 대해서는 조지 에스트리히(George Estreich)의 《우화와 미래Fables and Futures》를 참조했다. 또한 우생학적 사고의 현장으로서 거리에 관해 추가 내용은 슈웨익을 참고하라. 우생학적 전략으로서 장애의 개념적 범주를 상기시킨 것은 로즈메리 갈런드톰슨이 우생학에 관해 쓴 글 덕분이다.

21 페미니스트 정치철학자들은 이 연장된 의존성이 모든 간병인에게 도달해야 한다고 강조해왔다. 특히 아이들은 '부양자'로 분류되지만, '부양자'의 지위는 부분적으로는 그들을 돌보는 사람에게도 축적된다. 전체 가족 구조는 더 광범위한 경제적, 물리적 지원의 필요성에 대해 조치를 취한다. 자세한 토론과 자료는 Fineman and Garland-Thomson(2011)을 참조하라.

22 나는 독자에게 어떻게 디자인이 물질적인 것을 초월하는지에 관한 생각의 한 방식으로 '서비스 디자인'을 경고하고 있지만, 그것을 정치와 다름없는 것으로 대신 되찾아야 하는지, 그리고 언제 되찾아야 하는지 또한 생각해볼 가치가 있다. 디자인의

행동 유도성뿐만 아니라 한계까지 분별할 수 있는 눈을 가지게 된 것은 리사 브롤리 덕분이다.

23　　바로 그 연합적 사고방식의 창조가 오랫동안 장애인 권리를 옹호하는 집단 안에서 확립되어 왔다. "장애가 사회적, 정치적 범주로 정의될 때, 다양한 조건에 있는 사람들은 공통의 사회적, 정치적 경험에 얽매인 장애인 집단으로 식별된다. 공동체에 의해 회수된 이러한 명칭은 우리를 하나의 선거구로 식별하고, 통합과 정체성에 대한 필요를 충족시키며, 정치적 행동주의의 기초가 된다." Linton, 12.

24　　이 예와 왓슨에 관한 생각은 다음 문헌을 참고했다. Kafer, 3.

25　　이 지역에서 1990년대에 시작한 시스터송 여성 유색인종 정의 운동의 업적을 참조하라. 이 운동에 관한 추가 읽을 거리는 Ross and Solinger를 참조하라. 킴벌리 윌리엄스 브라운이 장애 연구 안에서 이런 자료와 연결성을 내게 암시했다. 또한 생식적 정의의 철학적 전통에서 선택적 임신 종료에 대한 분석은 Alison Piepmeier(2014)를 참조하라. 활동 초기에 피프마이어가 세상을 떠난 것은 장애 연구에 큰 손실이었다. 피프마이어의 활동에 관한 Rachel Adams and George Estreich의 다음 편집본을 참고하라. *Unexpected: Motherhood, Prenatal Testing, and Down Syndrome*, NYU Press.

26　　미국에서의 통계는 다음 논문을 참고하라. Jaime Natoli et al., "Prenatal Diagnosis of Down Syndrome: A Systematic Review of Termination Rates (1995–2011)," *Obstetrics and Gynecology* 32, no. 2 (February 2012), https://obgyn.onlinelibrary.wiley.com/doi/full/10.1002/pd.2910. 덴마크의 통계치는 다음을 참고하라. Charlotte K. Ekelund et al., "Impact of a New National Screening Policy for Down's Syndrome in Denmark: Population Based Cohort Study," *BMJ* 337 (November 27, 2008): a2547. 선별 정책은 매우 다양하다. 추가 정보는 유럽 국가 전체를 대상으로 한 이 비교 연구를 참조하라. P. A. Boyd et al., "Survey of Prenatal Screening Policies in Europe for Structural Malformations and Chromosome Anomalies, and Their Impact on Detection and Termination Rates for Neural Tube Defects and Down's Syndrome," *BJOG* 115, no. 6 (May 1, 2008): 689–96, https://www.ncbi.nlm.nih.gov/pmc/articles/PMC2344123/.

27　　다운증후군에 관한 개념을 포함해 서사가 지능과 건강에 대한 많은 아이디어를 이끄는 방식에 관한 더 풍부한 분석에 관해서는 에스트리히를 참조하라.

28　　Allen(2016a). 그의 과거 태너 강연과 형성적 반응을 참조하라. (2016).

29　　Allen(2016). "세계를 건설하기"는 앨런이 철학자 한나 아렌트(Hannah Arendt)의 말을 인용한 것이다.

에필로그: 도움을 보이게 만들기

1   Honig, 16.

2   ISA가 휠체어 사용자 말고도 다른 장애인에 속해 있는 방식에 대한 비슷한 개념은
    다음을 참조하라. Guffey(2018). Guffey(2017)는 또한 휠체어의 디자인과 ISA의 모
    든 디자인 작업에 관한 중요한 역사를 서술한다.

3   내가 프로젝트 초기부터 아이콘 프로젝트 웹사이트의 Q&A, 에세이, 인터뷰에서 광
    범위하게 썼듯이, ISA를 위한 대체 형상을 제시한 것이 우리 아이콘 디자인이 처음
    은 아니다. 지난 20년간 수많은 디자이너가 공식적인 업데이트를 제안했고, 비공
    식적이지만 특정 건물의 미학에 어울리는 신호를 자체적으로 제작한 디자이너들도
    있다. 우리 프로젝트는 거리예술에 대해 상징에 대한 관심과 그것이 의미하는 바에
    관한 질문을 디자인에 가져왔다. 전체적인 역사는 Guffey(2017)를 참조하라.

4   그래픽 작업에 참여한 내 오랜 벗이자 동료인 팀 퍼거슨 사우더와, 최신 버전을 가
    능하게 해준 수많은 장애인, 비장애인 공동 디자이너에게 감사한다.

5   그 시절, 아이를 안고 책상 앞에 앉아 수유하면서 나는 보디치코가 인터뷰 및 수필
    에서 한 말이 적힌 종이를 읽고 또 읽었다. 그는 2011년 하버드로 돌아갔을 때 내
    멘토가 되었다. 그가 영감을 던진 질문의 정신은 내가 디자인 실험실을 꾸리는 데
    도움이 되었다.

6   Greene(2001). 내 오랜 스승 스티브 사이델(Steve Seidel)이 25년 전 나를 그린에게
    처음 소개해주었다.

7   Greene(2001).

8   Greene(2001), 5.

9   Fineman, xiv.

10 Tanya Titchkosky(2011)는 장애에 관해 좀 더 상상력을 발휘하기 위해 "경이의 정
    치"를 요구한다.

참고문헌

Adams, Rachel. *Raising Henry: A Memoir of Motherhood, Disability, and Discovery*. New Haven: Yale University Press, 2014.

Adler, Jonathan, et al. "Identity Integration in People with Acquired Disabilities: A Qualitative Study." *Journal of Personality*, December 14, 2019, 1–29.

Allen, Danielle. *Education and Equality*. Chicago: University of Chicago Press, 2016.

____. "What Is Education For?" *Boston Review*, May 9, 2016a.

Alper, Meryl. *Giving Voice: Mobile Communication, Disability, and Inequality*. Cambridge, MA: MIT Press.

Anderson, Julie, and Heather R. Perry. "Rehabilitation and Restoration: Orthopaedics and Disabled Soldiers in Germany and Britain in the First World War." *Medicine, Conflict and Survival* 30, no. 4 (2014): 227–51.

Anderson, Michael. "Plungers Work: After Anonymous Stunt, Wichita Makes Bike Lane Protection Permanent." PeopleForBikes, March 10, 2017. https:// peopleforbikes.org/blog/plungers-work-after-anonymous-stunt-wichita-makes-bike-lane-protection-permanent/.

Bachelard, Gaston. *The Poetics of Space*. New York: Penguin, 1964. 《공간의 시학》(동문선, 2003)

Bacon, Francis. *Novum Organum* (Aphorisms). Translated by Wood, Devey, Spedding, et al. https://en.wikisource.org/wiki/Novum_Organum. 《신기관》(한길사, 2001)

Baron-Cohen, Simon. "The Truth about Hans Asperger's Nazi Collusion." *Nature* 557 (2018): 305–6.

Bauman, H-Dirksen L., and Joseph Murray. *Deaf Gain: Raising the Stakes for Human Diversity*. Minneapolis: University of Minnesota Press, 2014.

Baynton, Douglas. "Deafness." In *Keywords for Disability Studies*, edited by Rachel Adams, Benjamin Reiss, and David Serlin, 48–51. New York: NYU Press, 2015.

_____. "'These Pushful Days': Time and Disability in the Age of Eugenics." *TransScripts* 4 (2014): 1–21.

Bérubé, Michael. *Life As We Know It: A Father, a Family, and an Exceptional Child*. New York: Vintage Books, 1998.

Bramley, Ellie Violet. "Desire Paths: The Illicit Trails That Defy the Urban Planners." *The Guardian*, October 5, 2018. https://theguardian.com/cities/2018/oct/05/desire-paths-the-illicit-trails-that-defy-the-urban-planners.

Brand, Stewart. *How Buildings Learn: What Happens After They're Built*. New York: Penguin, 1995.

Byrd, Todd. "Deaf Space." In *Disability, Space, Architecture: A Reader*, edited by Jos Boys. New York: Routledge, 2017.

Cachia, Amanda. "The Alterpodium: A Performative Design and Disability Intervention." *Design and Culture: The Journal of the Design Studies Forum* 8, no. 3 (2016): 1–15.

_____. *What Can a Body Do?* Exhibition catalog. Haverford, PA: Cantor Fitzgerald Gallery, Haverford College, 2012.

Cranz, Galen. *The Chair: Rethinking Culture, Body, and Design*. New York: W. W. Norton, 2000.

Cryle, Peter, and Elizabeth Stephens. *Normality: A Critical Genealogy*. Chicago: University of Chicago Press, 2017.

Davis, Lennard. *Bending Over Backwards: Disability, Dismodernism, and Other Difficult Positions*. New York: NYU Press, 2002.

_____. "Dependency and Justice." *Journal of Literary Disability* 1, no. 2 (2007).

_____. "Normality, Power, and Culture." In *The Disability Studies Reader*, edited by Lennard J. Davis, 1–16. New York: Routledge, 2013.

_____, ed. *The Disability Studies Reader*. New York: Routledge, 2013.

de Certeau, Michel. *The Practice of Everyday Life*. Translated by Steven F. Rendall. Berkeley: University of California Press, 1984.

DeJong, Gerben. "Defining and Implementing the Independent Living Concept." In *Independent Living for Physically Disabled People*, edited by Nancy M. Crewe, Irving Kenneth Zola, and associates, 4–27. San Francisco: Jossey-Bass, 1983.

Deleuze, Gilles. "What Can a Body Do?" In *Expressionism in Philosophy: Spinoza*, translated by Martin Joughin. New York: Zone Books, 1992.

Downing, Michael. *Spring Forward: The Annual Madness of Daylight Saving Time*. Berkeley, CA: Counterpoint Press, 2009.

Dryden, Jane. "Freedom, Transcendence, and Disability: Rethinking the Overcoming Story." Paper presented at joint panel of the Society for Existential and Phenomenological Theory and Culture and the Canadian Philosophical Association, University of Calgary, May 31, 2016.

Edgerton, David. *The Shock of the Old: Technology and Global History since 1900*. Oxford, UK: Oxford University Press, 2011. 《낡고 오래된 것들의 세계사》(휴머니스트, 2015)

Erevelles, Nirmala, and Andrea Minear. "Unspeakable Offenses: Untangling Race and Disability in Discourses of Intersectionality." *Journal of Literary and Cultural Disability Studies* 4 (2010): 127–45.

Estreich, George. *Fables and Futures: Biotechnology, Disability, and the Stories We Tell Ourselves*. Cambridge, MA: MIT Press, 2019.

Feddersen, Eckhard, and Insa Lüdtke. *Lost in Space: Architecture for Dementia*. Basel: Birkhäuser Press, 2014.

Figg, Laurann, and Jane Farrell-Beck. "Amputation in the Civil War: Physical and Social Dimensions." *Journal of the History of Medicine and Allied Sciences* 48 (1993): 456–63.

Fineman, Martha. *The Autonomy Myth: A Theory of Dependency*. New York: W. W. Norton, 2004.

Furman, Andrew. "Desire Lines: Determining Pathways through the City." *Transactions on Ecology and the Environment* 155 (2012): 23–33.

Garland-Thomson, Rosemarie. *Extraordinary Bodies: Figuring Disability in American Culture and Literature*. New York: Columbia University Press, 1996. 《보통이 아닌 몸》(그린비, 2015)

＿＿＿. "Misfits: A Materialist Feminist Disability Concept." *Hypatia* 26 (2011): 591–609.

Gawande, Atul. *Being Mortal: Medicine and What Matters in the End*. New York: Picador, 2017. 《어떻게 죽을 것인가》(부키, 2015)

Goldhagen, Sarah Williams. *Welcome to Your World: How the Built Environment Shapes Our Lives*. New York: HarperCollins, 2017. 《공간 혁명》(다산북스, 2019)

Greene, Maxine. *The Dialectic of Freedom*. New York: Teachers College Press, 2018.

____. *Releasing the Imagination: Essays on Education, the Arts, and Social Change*. San Francisco: Jossey-Bass, 2000.

____. "Thinking of Things As If They Could Be Otherwise: The Arts and Intimations of a Better Social Order." In Variations on a Blue Guitar: The Lincoln Center Institute Lectures on Aesthetic Education, 116–21. New York: Teachers College Press, 2001.

Guffey, Elizabeth. *Designing Disability: Symbols, Space and Society*. New York: Bloomsbury, 2017.

____. "A Symbol for 'Nobody' That's Really for Everybody." *New York Times*, August 25, 2018.

Hamraie, Aimi. *Building Access: Universal Design and the Politics of Disability*. Minneapolis: University of Minnesota Press, 2017.

Haraway, Donna. "A Cyborg Manifesto." In *Readings in the Philosophy of Technology*, edited by David M. Kaplan. Lanham, MD: Rowman and Littlefield, 2009.

Hawthorne, Paul. "Rereading Victor Papanek's 'Design for the Real World.'" *Metropolis*, November 1, 2012. https://www.metropolismag.com/ideas/rereading-design-for-the-real-world/.

Hayward, Clarissa Rile, and Todd Swanstrom. *Justice and the American Metropolis*. Minneapolis: University of Minnesota Press, 2011.

Heskett, John. *Design: A Very Short Introduction*. Oxford, UK: Oxford University Press, 2005.

Holmes, Kat. *Mismatch: How Inclusion Shapes Design*. Cambridge, MA: MIT Press, 2019.

Honig, Bonnie. *Public Things: Democracy in Disrepair*. New York: Fordham University Press, 2017.

Hurley, Amanda Kolson. "How Gallaudet University's Architects Are Redefining Deaf Space." *Curbed*, March 2, 2016.

Jacobs, Jane. *The Death and Life of Great American Cities*. New York: Vintage Books, 1961. 《미국 대도시의 죽음과 삶》(그린비, 2010)

Jackson, Liz. "We Are the Original Lifehackers." *New York Times*, May 30, 2018.

Jebelli, Joseph. *In Pursuit of Memory: The Fight against Alzheimer's*. New York: Little, Brown, 2017.

Kafer, Alison. *Feminist, Queer, Crip*. Bloomington: Indiana University Press,

2013.

Kittay, Eva Feder. "Dependency." In *Keywords for Disability Studies*, edited by Rachel Adams, Benjamin Reiss, and David Serlin, 54–58. New York: NYU Press, 2015.

_____. "The Ethics of Care, Dependence, and Disability." *Ratio Juris* 24, no. 1 (March 2011).

_____. "The Personal Is Philosophical Is Political: A Philosopher and Mother of a Cognitively Disabled Person Sends Notes from the Battlefield." *Metaphilosophy* 40, no. 3/4 (July 2009): 606–27.

_____, with Bruce Jennings and Angela A. Wasunna. "Dependency, Difference and the Global Ethics of Long-Term Care." *The Journal of Political Philosophy* 13, no. 4 (2005): 443–69.

Kolson-Hurley, Amanda. "Gallaudet's Deaf Spaces." *Washingtonian*, January 2016.

Kuang, Cliff. "The Aeron Chair Was Originally Designed as the Perfect Seat for Granny" ("The Secret History of the Aeron Chair"). *Slate*, November 5, 2012.

Kurzman, Steven. "Presence and Prosthesis: A Response to Nelson and Wright." *Cultural Anthropology* 16, no. 3 (2001): 374–87.

Lange, Alexandra. *The Design of Childhood: How the Material World Shapes Independent Kids*. New York: Bloomsbury, 2018.

Latour, Bruno. "A Cautious Prometheus? A Few Steps toward a Philosophy of Design." In *Proceedings of the 2008 Annual International Conference of the Design History Society*, edited by Fiona Hackne, Jonathan Glynne, and Viv Minto, 2–10. Falmouth, UK: Universal Publications, 2009.

Lefebvre, Henri. "The Right to the City" (1968). In *Writings on Cities*. Hoboken, NJ: Wiley-Blackwell, 1996.

Linton, Simi. *Claiming Disability: Knowledge and Identity*. New York: NYU Press, 1998.

Lorde, Audre. *The Cancer Journals*. San Francisco: Aunt Lute Books, 2006. Originally published 1980.

Lupton, Ellen, and Andrea Lipps. "Why Sensory Design?" In *The Senses: Design beyond Vision*. New York: Princeton Architectural Press, 2018.

MacFarquhar, Larissa. "The Comforting Fictions of Dementia Care." *The New Yorker*, October 8, 2018.

Manzini, Ezio. *Design, When Everybody Designs: An Introduction to Design for Social Innovation.* Cambridge, MA: MIT Press, 2015. 《모두가 디자인하는 시대》(안그라픽스, 2016)

Meadows, Donella. *Thinking in Systems: A Primer.* White River Junction, VT: Chelsea Green, 2008. 《ESG와 세상을 읽는 시스템 법칙》(세종서적, 2022)

Mills, Mara. "Deaf Jam: From Inscription to Reproduction to Information." *Social Text* 102, no. 28 (March 2010): 35–58.

____. "Technology." In *Keywords for Disability Studies*, edited by Rachel Adams, Benjamin Reiss, and David Serlin, 176–79. New York: NYU Press, 2015.

Mumford, Lewis. *Technics and Civilization.* Chicago: University of Chicago Press, 1934. 《기술과 문명》(책세상, 2013)

Opsvik, Peter. *Rethinking Sitting.* New York: Norton, 2009.

Ott, Katherine. *Artificial Parts, Practical Lives: Modern Histories of Prosthetics.* New York: NYU Press, 2002.

Papanek, Victor. *Design for the Real World: Human Ecology and Social Change.* New York: Van Nostrand Reinhold, 1971. 《인간을 위한 디자인》(미진사, 2009)

Piepmeier, Alison. "The Inadequacy of 'Choice': Disability and What's Wrong with Feminist Framings of Reproduction." *Feminist Studies* 39, no. 1 (2013).

Pullin, Graham. *Design Meets Disability.* Cambridge, MA: MIT Press, 2010.

Rose, Todd. *The End of Average: Unlocking Our Potential by Embracing What Makes Us Different.* New York: HarperOne, 2016. 《평균의 종말》(21세기북스, 2021)

Ross, Loretta, and Rickie Solinger. *Reproductive Justice: An Introduction.* Berkeley: University of California Press, 2017.

Rovelli, Carlo. *The Order of Time.* New York: Riverhead Books, 2018. 《시간은 흐르지 않는다》(쌤앤파커스, 2019)

Samuels, Ellen. "Six Ways of Looking at Crip Time." *Disability Studies Quarterly* 37, no. 3 (2017).

Schweik, Susan. *The Ugly Laws: Disability in Public.* New York: NYU Press, 2009.

Serlin, David. *Replaceable You: Engineering the Body in Postwar America.* Chicago: University of Chicago Press, 2004.

Shakespeare, Tom. *The Disability Reader: Social Science Perspectives*. London: Cassell, 1998.

Shew, Ashley. "Different Ways of Moving through the World." *Logic Magazine* 5 (2018): 207–13.

Silberman, Steve. *NeuroTribes: The Legacy of Autism and the Future of Neurodiversity*. New York: Avery, 2016. 《뉴로트라이브》(알마, 2018)

Snyder, Sharon, Brenda Jo Brueggemann, and Rosemarie Garland-Thomson. *Disability Studies: Enabling the Humanities*. New York: Modern Language Association, 2002.

Sobchack, Vivian. "A Leg to Stand On: Prosthetics, Metaphor, and Materiality." In *The Prosthetic Impulse: From a Posthuman Present to a Biocultural Future*, edited by Marquard Smith and Joanne Morra. Cambridge, MA: MIT Press, 2006.

Solnit, Rebecca. *Wanderlust: A History of Walking*. New York: Penguin, 2001. 《걷기의 인문학》(반비, 2017)

Titchkosky, Tanya. *The Question of Access: Disability, Space, Meaning*. Toronto: University of Toronto Press, 2011.

_____, and Rod Michalko. "The Body as a Problem of Individuality: A Phenomenological Disability Studies Approach." In *Disability and Social Theory: New Developments and Directions*, edited by Dan Goodley, Bill Hughes, and Lennard Davis. New York: Palgrave Macmillan, 2012.

Trent, James. *Inventing the Feeble Mind: A History of Intellectual Disability in the United States*. Oxford, UK: Oxford University Press, 1995.

Van Amerongen, Yvonne. "De Hogeweyk, the Care Concept." 2015. https://www.slideshare.net/sherbrookeinnopole/sils-2015-de-hogeweyk-the-care-concept.

Wendell, Susan. *The Rejected Body: Feminist Philosophical Reflections on Disability*. New York: Routledge, 1996. 《거부당한 몸》(그린비, 2013)

Williamson, Bess. *Accessible America: A History of Design and Disability*. New York: NYU Press, 2019.

Winter, Amos. "The Cheap All-Terrain Wheelchair." TEDxBoston 2012 (TED video). https://www.ted.com/talks/amos_winter_the_cheap_all_terrain_wheelchair.

World Health Organization. *Global Strategy and Action Plan for Ageing and Health*. Geneva: World Health Organization, 2017.

World Health Organization and World Bank. *World Report on Disability*. Geneva: World Health Organization, 2011.

Yanni, Carla. *The Architecture of Madness: Insane Asylums in the United States*. Minneapolis: University of Minnesota Press, 2007.

추천의 말

장애인이 수동적인 존재가 아닌 주체적이면서 능동적이고 독립적인 존재로 표현된 장애인 마크를 붙이는 게릴라 프로젝트를 통해 장애에 대한 기존의 시선에 질문을 던진 사라 헨드렌. 저자는 다운증후군을 가진 아이를 키우게 되면서 '장애'라는, "절대로 간단하지 않았고 앞으로도 간단하지 않을" 렌즈를 갖게 되었다고 말한다. 그 렌즈를 통해 세상은 누구를 위해 지어졌으며 몸은 무엇을 할 수 있는지 질문한다. 질문은 디자인을 경유하여 기존의 세계를 부수고 새로운 세계를 짓는다.

다른 몸들을 경유하여 세상을 바라볼 때, 끊임없이 세상과 부딪히고 삐걱대는 불구의 시간을 살아갈 때 우리는 가장 창의적이게 된다. 사라 헨드렌이 직간접적으로 경험했던 불구의 시간을 통해 확신한다. 다양하고 다채로운 감각을 열고 끊임없이 확장될 세계가 바로 여기 있다고.

_이길보라(영화감독, 작가)

세상을 근본적으로 새롭게 보게 만드는 책은 거의 없다. 이 책이 바로 그런 책이다.

_미국 과학작가협회 '2021 사회 속 과학 저널리즘 도서상' 심사평

우리가 물질세계에서 살고 있는 방식과 살 수 있는 방식들을 보여주어 진정으로 '좋은 삶'이란 무엇인가 하는 질문을 던지는 책. 이 책을 읽고 나면 어떤 것도 그 전과 같아 보이진 않을 것이다.

_제니 오델,《아무것도 하지 않는 법》저자

절제, 우아, 카리스마가 있다. 이 책은 우리에게 정의와 접근성을 향해 윤리적으로 헌신하라고 요구하며, 그 방법을 보여주는 이야기와 아이디어로 가득 차 있다.

_로즈메리 갈런드톰슨,《보통이 아닌 몸》저자

시적이고도 실용적인, 모든 신체를 위해 세상을 변형하고 다시 만들어보자는 강력한 초대장이다. 이 책 자체가 변혁적이다!

_루하 벤자민,《기술 이후의 인종Race After Technology》저자

이 책은 디자인 작업의 가장 근본적인 형태와 도전, 즉 인간 신체의 특이성과 보편성 모두를 밝게 비춘다. 저자는 건설환경과 우리가 관계 맺는 방식을 영원히 바꿔버렸다.

_마이클 비에루트, 그래픽 디자이너

저자의 강력하고 상상력을 자극하는 이야기는 우리 모두를 위한 새로운 정신적 물질적 세계를 열어젖혀 시간과 기술, 서로의 관계를 새롭게 보게 한다.

_앤마리 슬로터,《슈퍼우먼은 없다》저자

저자의 정신에 존경과 사랑을 보낸다. 이 책은 장애에 관한 생각이 모두에게 더 나은 세상을 만들 수 있는 창의적인 기회를 제공할 수 있다는 사실을 보여준다.

_오스틴 클레온,《훔쳐라, 아티스트처럼》저자

사려 깊고 설득력 있다. 저자는 세상을 다시 만들 때 인류의 모든 특이성, 불규칙성을 고려하는 매우 강력한 사례들을 제시한다.

_헨리 페트로스키,《포크는 왜 네 갈퀴를 달게 되었나》저자

아름답고 찬란한 이 책에서 저자는 더 나은 상태로 살 수 있는 세상을 상상하고 제안할 수 있도록 우리를 돕는다. 만약 당신이 인간이라면 이 책을 읽을 필요가 있다.

_캐시 데이비드슨,《새로운 교육New Education》저자

연민과 권위를 품고 나온 절박한 작품이다. 이 필수적인 책에는 우리 모두를 위한 공간이 있다.

_조앤 맥닐,《숨기Lurking》저자

마지막 장만으로도 별 다섯 개를 받을 만하다고 자신 있게 말할 수 있다. 다운증후군이 있는 아들의 엄마로서 어떻게 '불구의 시간'을 이해하게 되었는지에 관한 저자의 고민과 성찰은 매우 감동적이고 통찰력이 있다.

_에르하르트 그라프, 올린 공과대학교 사회 및 컴퓨터 과학과 조교수

이 책은 전범이다. 디자인과 떼려야 뗄 수 없고 디자인에 전적으로 의존하지도 않는 저자의 프로젝트에는 깊은 아름다움이 있다. 이 책처럼 글이 흥미로우면서도 인간적인데 어느 한쪽으로 치우쳐져 있지 않다면 분자 수준의 조화가 일어난다. 팬데믹이 우리에게 방과 건물과 거리를 재구성하고, 시간에 대해 다시 생각해볼 기회를 준다면, 우리는 사라 헨드렌과 상의해야 한다. 저자의 말대로 장애는 '세상이 얼마나 미완성인가를 증명한다'. 이것을 일종의 초대로 여기는 것이 저자의 재능일 것이다.

_〈뉴요커〉

이 다정한 에세이에서 저자는 장애가 '해결되어야 할 문제'라는 생각을 던져버리고, 대신 인간이 지어진 세계에 적응하는 일이 얼마나 경이로운지를 보여준다.

_〈내셔널퍼블릭라디오〉

저자가 던지는 질문들은 전염성이 강한 호기심을 불러일으킨다. 이 책을 읽고 나면 고개를 들어 주변을 다른 시각으로 보지 않는 것이 오히려 어려울 것이다.

_〈휴머니티〉

저자는 장애인을 위한 접근성 디자인의 목적이 몸을 고치는 것이 아니라, 몸이 있는 곳에 맞추는 디자인이어야 한다는 것을 보여준다. 매혹적이다.

_〈북페이지〉

저자는 세상이 유연하다고 본다. 친밀감과 호기심, 가능성의 밝은 감각으로 저자는 우리의 다양한 신체가 주변 세계와 상호작용하는 방식을 탐구한다.

_〈커커스 리뷰〉

저자에게 장애는 '해결되어야 할 문제'나 '치료해야 하는 결함'이 아니다. 이 책은 다양한 신체들이 지어진 세계에 대해 대안적인 이해를 만들어내고, 우리가 '표준'으로 여기는 것들에 의문을 제기하도록 용기를 준다.

_〈배플러〉

*What Can
a Body Do?*